全国职业院校智能网联汽车新形态工作手册式教材
全国技工院校智能网联汽车工学一体化教材

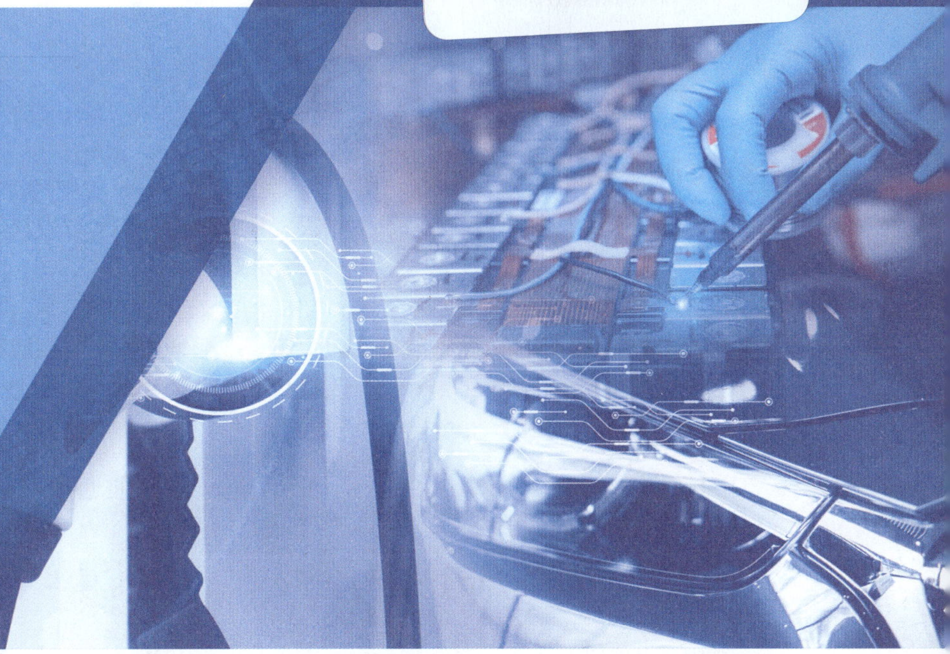

智能网联汽车电气设备检修

中德诺浩汽车职业教育研究院　组织编写

主　编　陶金忠　吕丕华
副主编　程　明　姜　红　许智达
参　编　张雪妮

中国劳动社会保障出版社

内容简介

本书以新一代汽车企业岗位（群）任职要求、职业标准、典型工作任务为主体内容，以“教、学、做”合一的形式编写而成，具有工作手册和教材的共同特征。全书共有 3 个情境、14 个任务，内容主要包括基本电路搭建及测量、熔断器及继电器选配与检测、汽车电路故障检修、辅助蓄电池检查与更换、前照灯检查与调整、转向灯和制动灯故障检修、后部灯光总成检查与更换、雨刮系统故障检修、组合仪表检测与更换、无钥匙进入系统故障检修、电动车窗故障检修和低速提示音系统故障检修等。

本书可作为职业院校与技工院校智能网联汽车相关专业教学用书，也可作为汽车企业相关技术人员与社会人士培训参考用书。

图书在版编目（CIP）数据

智能网联汽车电气设备检修 / 陶金忠，吕丕华主编 . -- 北京：中国劳动社会保障出版社，2023
全国职业院校智能网联汽车新形态工作手册式教材　全国技工院校智能网联汽车工学一体化教材
ISBN 978-7-5167-5975-2

Ⅰ. ①智…　Ⅱ. ①陶…②吕…　Ⅲ. ①汽车 - 智能通信网 - 电气设备 - 车辆修理 - 职业教育 - 教材　Ⅳ. ①U463.67

中国国家版本馆 CIP 数据核字（2023）第 152378 号

中国劳动社会保障出版社出版发行
（北京市惠新东街 1 号　邮政编码：100029）
*
三河市华骏印务包装有限公司印刷装订　　新华书店经销

880 毫米 ×1230 毫米　16 开本　11.75 印张　254 千字
2023 年 9 月第 1 版　　2023 年 9 月第 1 次印刷
定价：42.00 元

营销中心电话：400-606-6496
出版社网址：http://www.class.com.cn
http://jg.class.com.cn

前言

近年来，我国汽车产销总量连续位居全球第一，汽车产业已发展成为我国国民经济重要的战略性、支柱性产业。伴随新一轮科技革命和产业变革，智能网联汽车已成为全球汽车产业发展的战略方向。

党的二十大报告指出，“坚持把发展经济的着力点放在实体经济上，推进新型工业化，加快建设制造强国、质量强国、航天强国、交通强国、网络强国、数字中国”。国家发展和改革委员会等部门印发的《智能汽车创新发展战略》提出，“发展智能汽车，有利于提升产业基础能力，突破关键技术瓶颈，增强新一轮科技革命和产业变革引领能力，培育产业发展新优势”，具有重要的战略意义。与之呼应，汽车产业对于高素质技术技能型人才的需求越来越紧迫。

根据中共中央办公厅、国务院办公厅印发的《关于加强新时代高技能人才队伍建设的意见》，为贯彻落实全国职业教育大会精神，为我国汽车产业提供有力的人才和技能支撑，编者团队以岗位职业技能为核心，以优化课程结构、加强实践教学、突出能力培养和提高教材质量为突破口，编写了这套职业院校智能网联汽车新形态工作手册式教材。

本套教材融入企业新知识、新技术、新工艺、新方法，根据汽车产业链典型岗位工作标准，将智能网联汽车理论知识与实践应用有机结合，综合培养学生的专业知识、技术技能、职业道德等职业综合素质和行动能力，具有以下特点：

（1）产教融合，内容前瞻。集合职业院校与龙头企业等多方力量，依据职业教育国家专业教学标准，按照生产实际和岗位需求，将新技术、新工艺、新规范、典型生产案例纳入教材内容，对接职业标准和岗位（群）能力要求。

（2）理实结合，工学一体。以真实生产项目、典型工作任务等为载体，把握学生认知规律，体现先进职业教育理念，将工作过程和学习过程融为一体，培养学生的综合职业能力。

（3）模式先进，编排合理。采取行动导向教学模式，按照结构化、模块化、系统化的要求精心编排教材内容，满足项目学习、案例学习、模块化学习等不同学习方式的需求。

（4）形态创新，数字引领。采用工作手册式教材形式，图、文、表并茂，“岗课赛证”融通，配套数字资源形式多样、信息技术应用充分，附有专属二维码便于使用者浏览和学习，有效激发学生的学习兴趣和创新潜能。

（5）课程思政，导向明确。内容编写坚持正确的政治方向和价值导向，落实课程思政要求，弘扬劳动光荣、技能宝贵、创造伟大的时代风尚，培育劳模精神、劳动精神和工匠精神。

（6）彩色印刷，制作精良。全书采用彩色印刷，版面清晰，主题明确，满足理论及实训等多种教学场景。

本套教材可作为职业院校智能网联汽车相关专业核心教材，也可作为其他汽车类专业的专业课教材和拓展课教材使用，同时还可供从事汽车研究、设计、制造、使用和维修的工程技术人员学习和参考。

智能网联汽车技术是传统汽车技术与信息技术、人工智能、通信技术、传感器技术等新技术的深度融合，整个行业还在不断地创新探索技术和服务的内容、模式，加之编写团队水平有限，使本书在一些具体问题的处理上难免有不尽如人意之处，敬请广大读者批评指正！

《智能网联汽车电气设备检修》由江苏航运职业技术学院陶金忠、中德诺浩（北京）教育科技股份有限公司吕丕华担任主编，宣城市机械电子工程学校程明、广州市黄埔职业技术学校姜红、中德诺浩（北京）教育科技股份有限公司许智达担任副主编，咸阳职业技术学院张雪妮也参与了本教材编写。

此外，本教材在编写过程中还得到了相关行业、企业，以及职业院校产、学、研各方面的专家和技术骨干的参与和支持，在此致以诚挚的谢意。

编　者

Contents 目录

情境一
汽车电路检修

情境介绍

当前智能网联汽车在电气化方面已发展到较高水平，整车不仅具有大量的电子、电气设备，而且随着半导体和网络技术的广泛应用，智能网联汽车电气系统正在向集成化和网络化方向快速发展。汽车电路是整车电气系统的基石，要查看复杂的整车电气系统电路图，首先需掌握汽车电路的组成、连接形式和表示方法。此外，汽车电路故障检测基本思路和方法是处理复杂系统电路故障的出发点。

本情境包含串并联电路搭建及测量、混联电路搭建及测量、熔断器及继电器选配与检测、汽车电路故障检修和辅助蓄电池检查与更换 5 个任务，内容包括电路及电路图的定义及组成，串并联及混联电路的特点及相应电路搭建、测量内容及方法，熔断器及继电器的作用、组成、检测及选配方法，汽车电路的组成、类型、特点和故障检修方法，汽车电路图拆画方法，辅助蓄电池检查与更换方法等。

情境目标

▸ 能根据串并联电路连接方式和电压、电流及电阻的测量方法，并结合电路图，选择合适的电气元件，使用万用表正确完成串并联及混联电路的搭建及测量。

▸ 能根据电路类型及特点，按照熔断器及继电器的选配和检测方法，正确使用万用表，完成熔断器及继电器的选配与检测。

▸ 能按照电路图的拆画方法，正确使用车辆电路图和绘图工具，完成车辆单一系统电路图的拆画。

▸ 能根据汽车电路故障检修方法，结合车辆电路图，正确使用电路检修工具，规范完成汽车电路故障检修。

▸ 能按照辅助蓄电池的检查方法及标准更换流程，使用专用工具，正确完成辅助蓄电池的检查与更换。

任务一
串并联电路搭建及测量

任务导入

场景： 某国产智能网联汽车售后维修中心

人物： 张师傅（维修技师）、小张（学徒）

情节： 学徒小张新入职不久，维修技师张师傅想了解小张是否学习过电路方面的知识，是否已具备电路检修的基础能力，于是便安排小张搭建一个串联电路和一个并联电路，并对自己搭建的电路进行测量。

任务目标

- 能根据串并联电路连接方式，结合电路图，选择合适的电气元件，正确完成串并联电路的搭建。
- 能按照电压、电流、电阻测量方法，正确使用万用表，规范完成串并联电路电压、电流、电阻的测量。

任务实施

一、串联电路的搭建及测量

1. 知识学习

（1）电路的定义及组成

电路是指用导线将各电气元件按一定方式连接起来，构成的使电流流通的通路。电路一般由电源、负载、开关、导线等组成，如图 1-1 所示。

1）电源

为电路提供电能的装置称为电源。电源将其他形式的能（化学能、机械能等）转换为电能，并向电路提供能量，如蓄电池就是一种常用的电源。电源实物及符号如图 1–2 所示。

图 1–1　电路的组成

图 1–2　电源

a）电源实物　b）电源符号

2）负载

负载即用电器，是将电源中的电能转换为光能、热能和动能等其他形式能量的元器件。表 1–1 列举了部分常见负载实物及其电路符号。

表 1–1　常见负载实物及其电路符号

负载	实物	电路符号	负载	实物	电路符号
灯泡		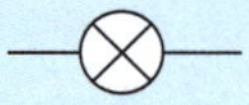	电阻	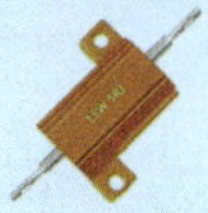	
喇叭			电动机		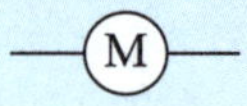 M

3）开关

开关是用于切断和接通电路回路的元器件。开关实物及符号如图 1–3 所示。

4）导线

导线连接电路中各元器件并使整个电路构成回路。导线实物及符号如图 1–4 所示。

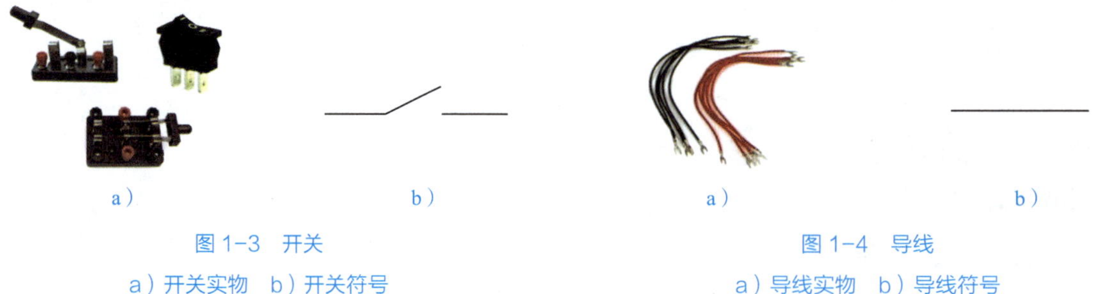

图 1–3　开关

a）开关实物　b）开关符号

图 1–4　导线

a）导线实物　b）导线符号

（2）电路图的定义

电路图是采用国家规定的元器件图形符号和文字符号代替实物，详细表示电路的基本组成、连接关系和工作原理，而不考虑其实际安装位置的一种图形。图 1–1 所示的电路就可用图 1–5 所示的简单电路图来表示。

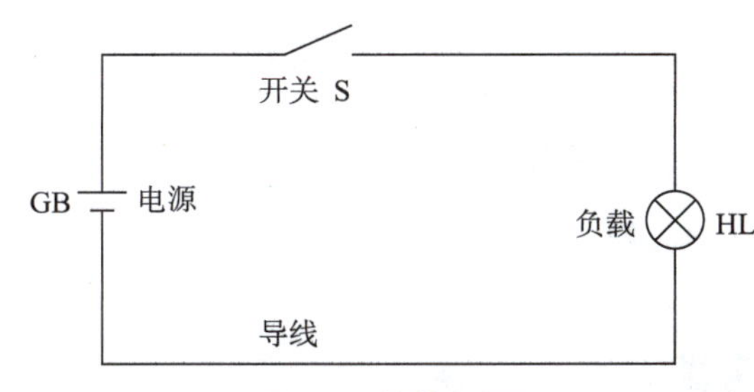

图 1–5　简单电路图

（3）串联电路的定义及特点

如图 1–6 所示，将电路中所有的元器件用导线首尾相连串接在一起并与电源组成回路的电路即为串联电路。串联电路中只要有一个元器件损坏，整个电路就会断开。

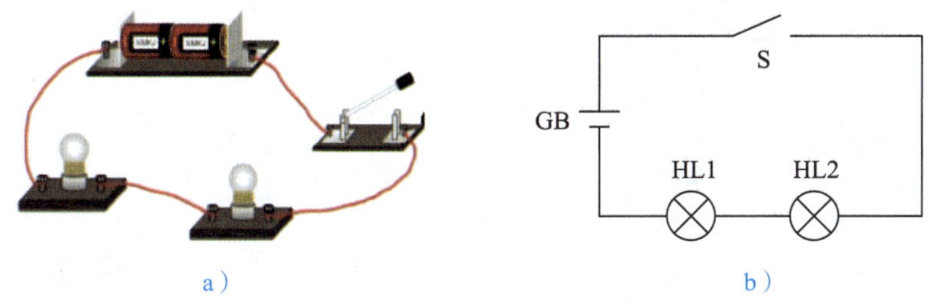

图 1–6　串联电路

a）串联电路连接示意图　b）串联电路图

串联电路具有以下特点：

1）串联电路电流处处相等：$I_{总}=I_1=I_2=I_3=\cdots=I_n$

2）串联电路总电压等于各处元器件电压之和：$U_{总}=U_1+U_2+U_3+\cdots+U_n$

3）串联电阻的等效电阻等于各电阻之和：$R_{总}=R_1+R_2+R_3+\cdots+R_n$

（4）串联电路的搭建步骤

搭建简单的串联电路其实就是将各元器件串联在一个电路中，具体的搭建步骤见表 1–2。

表 1–2　简单串联电路的搭建步骤

步骤	搭建方法	备注
1	准备搭建串联电路所需的各个元器件，包括电源（电池）、负载（灯泡）、导线、开关等	元器件数量根据所搭建的串联电路具体需要准备
2	将 2 个负载（灯泡）用导线进行连接	根据需要，准备了 2 个灯泡作为负载

续表

步骤	搭建方法	备注
3	用导线将开关与连接好的负载（灯泡）的一端进行连接	根据需要，准备了 1 个开关 注意：接线时开关应处于断开状态
4	将开关的另一端连接到电池正极	注意：接线时开关应处于断开状态
5	将串联好的负载（灯泡）的另一端用导线连接到电池负极	注意：接线时开关应处于断开状态
6	闭合开关，2 个负载（灯泡）均同时点亮，则完成串联电路搭建	其中 1 个灯泡不亮或 2 个灯泡均不亮，应检查电路连接情况或更换灯泡，重新连接

（5）串联电路测量内容及方法

电路中包括电压、电流和电阻三个主要参数，又称为电学三要素。通过测量并分析电路中的电压、电流和电阻，就可以判断出电路的类型和故障原因。

1）测量工具（万用表）

① 万用表的作用

万用表是最常用的一种测量工具，它能够测量电路中的电流、电压及用电元器件的电阻，方便人们通过测量数据来判断电路的故障原因和故障点。

② 万用表的分类

如图 1-7 所示，万用表分为两种：一种是指针式万用表，利用一个在所测数值相关刻度上摆动的弹簧指针来显示所测数据，所测数据与表内已知数据相对照得到测量结果，并反映在表盘上，其特点是能够直观地反映出所测数值的大小并进行对比，但其测量结果不够精确；另一种是数字式万用表，它的测量结果比指针式万用表更精确、更直观。目前应用较多的是数字式万用表。

③ 数字式万用表挡位与功能

数字式万用表的种类繁多，但基本功能及使用方法大同小异。以一款数字式万用表为例，其部分挡位与功能见表 1-3。

a）

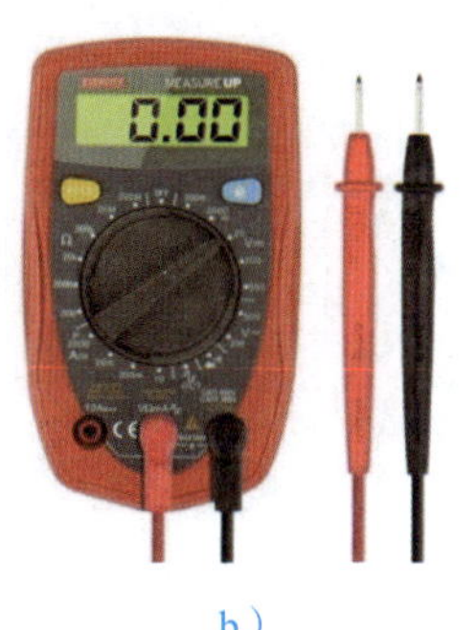
b）

图 1–7　万用表

a）指针式万用表　b）数字式万用表

表 1–3　数字式万用表部分挡位与功能

实物图	旋钮挡位	说明
数字式万用表	OFF	关闭挡：不使用万用表时，将万用表旋钮旋至此位置
	V⎓	直流电压挡：用于测量直流电的电压。测量时，为保证测量精度，应根据被测电压大小选择测量量程，如测量电压为 10~14.7 V，应选择 20 V 挡位
	Ω	电阻挡：用于测量电路负载和导线的电阻。测量时也需根据被测元件电阻值大小选用合适的量程
	▶|·))	二极管挡：用于测量二极管是否正常。若二极管被击穿，万用表会发出蜂鸣声。维修过程中，也可使用二极管挡检查导线的通断，但不可代替电阻挡使用。确定导线故障时，还需使用电阻挡
	A⎓	直流电流挡：用于测量直流电路中的电流大小。测量时也应根据被测电流大小选择合适的量程。若不知道被测电流大小时，应先从最大量程开始测量，防止万用表损坏。当选择 10 A 挡时，应将红色表笔插在“10 A”孔位置；选择其他电流挡位时，应将红色表笔插在“VΩmA”孔位置

2）电压的测量

① 电压的定义

电压是指电路中某两点之间的电位差，是形成电流的原因，用字母 U 表示。它的单位是伏特，简称伏，用字母 V 表示。在电路中，当电流流过用电设备后，其用电设备两端的电压也称为电压降。

电压不仅有大小而且有方向，电压的方向规定为由高电位（“+”极性）端指向低电位（“–”极性）端，即为电位降低的方向。对于负载来说，电流流进端为电压的正端，电流流出端为电压的负端，电压的方向由正指向负。电压的方向在电路图中有两种表示方法：一种用箭头表示，如图 1–8a 所示箭头指向为电压的参考方向；另一种用“+”和“–”表示，如图 1–8b 所示由正极指向负极的方向为电压的参考方向。

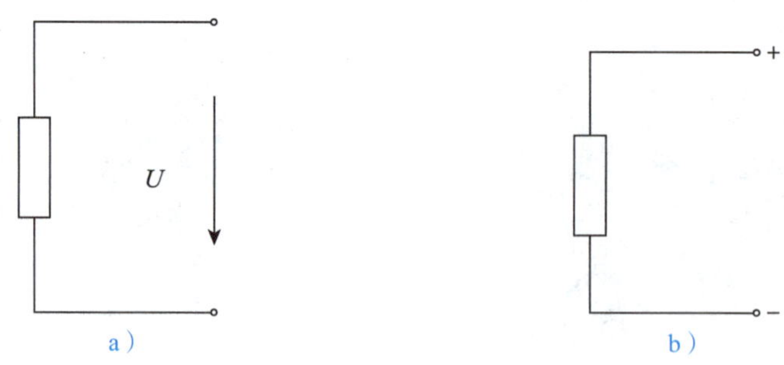

图 1-8　电压方向的表示方法

a）箭头法表示电压方向　b）“+”和“−”极性表示电压方向

② 电压的测量方法

测量电压时，首先将数字式万用表的红色表笔插入 VΩ 孔内，黑色表笔插入 COM 孔内。然后将数字式万用表旋钮挡位旋转至直流电压挡“V⎓”，并根据被测电压大小选择合适量程，如被测电压为 12~14 V，应选择“V⎓”挡的“20”位置。最后将万用表的两个表笔分别放在被测负载两端进行电压测量，读取负载两端电压值，如图 1-9 所示。

注意：测量电压时，数字式万用表必须与被测负载并联。

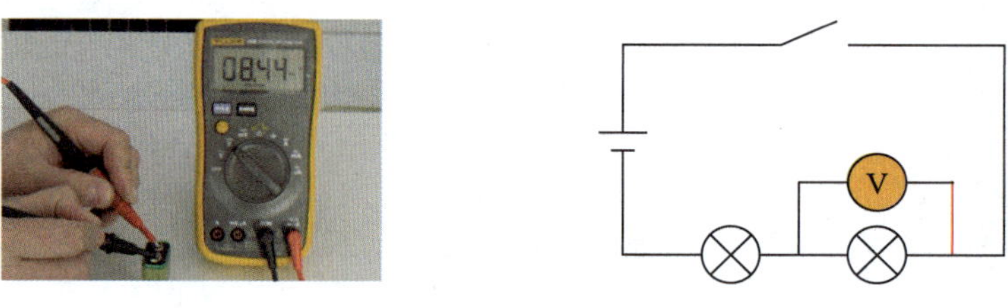

图 1-9　电压的测量

3）电流的测量

① 电流的定义

电流一词包含两个含义：一个含义是表示一种物理现象，即电荷有规则地运动形成电流；另一个含义是表示导体内单位时间内通过电量的物理量，用字母 I 表示。它的单位是安培，简称安，用字母 A 表示。

电流有直流电流和交流电流两种形式。方向不随时间变化而变化的电流称为直流电流，用字母“DC”表示，如图 1-10a 所示的电流大小也不随时间变化而变化，称为稳恒直流电流；方向随时间变化而变化的电流称为交流电流，用字母“AC”表示，如图 1-10b 所示为正弦交流电流，其大小随时间按正弦规律变化。在电路图中，电流的方向一般表示为从正极到负极。

② 电流的测量方法

测量电流时，首先预估被测电路中的电流大小，然后将数字式万用表旋钮挡位旋转至直流电流挡“A⎓”，将数字式万用表测量表笔“黑色表笔”插入 COM 孔内，“红色表笔”插入 20 A 或 VΩmA 孔内，最后将万用表两表笔串联在被测电路中进行测量，如图 1-11 所示。

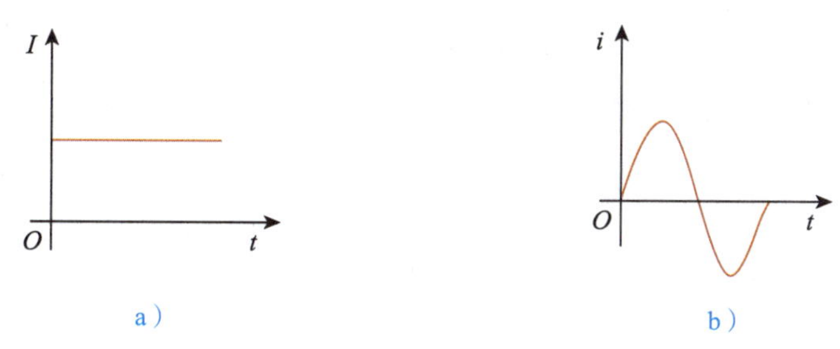

图 1-10　电流示意图

a）直流电流　b）交流电流

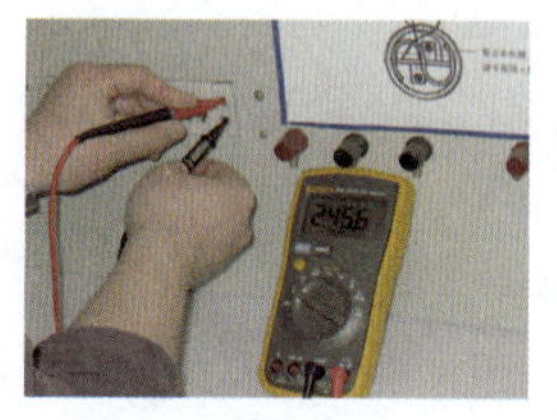

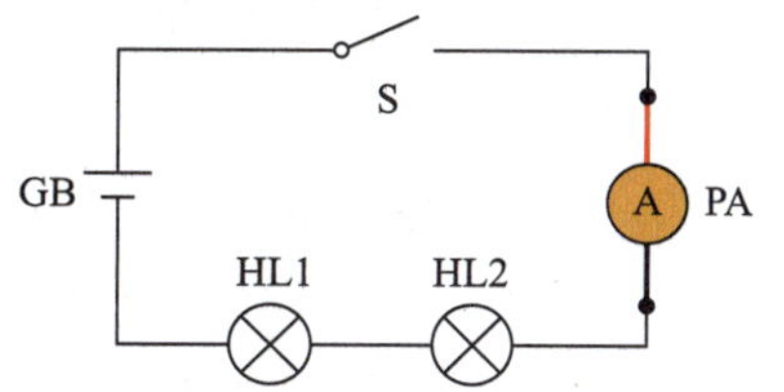

图 1-11　电流的测量

4）电阻的测量

① 电阻的定义

任何导体都有电阻，它反映导体对电流阻碍作用的大小，是导体本身的一种性质，用字母 R 表示。它的单位是欧姆，简称欧，用符号 Ω 表示。其大小一般用电阻值来表示，电阻值大，表示导体对电流的阻碍作用大；电阻值小，表示导体对电流的阻碍作用小。

决定导体电阻大小的因素有导体的长度、材料、横截面积以及温度等。其中导体的长度、材料、横截面积是导体本身的因素，例如，当材料和横截面积一定时，导体越长，其电阻越大；当材料和长度一定时，横截面积越大，其电阻越小。

② 电阻的测量方法

在测量电阻时，数字式万用表的两根表笔所放置的插孔位置与测量电压时的相同，将万用表旋钮挡位旋转至欧姆挡“Ω”，预估被测电阻的大小，选择合适的量程对电阻进行测量，测量时将数字式万用表的两表笔分别连接在被测导体的两端，测量其阻值大小，如图 1-12 所示。

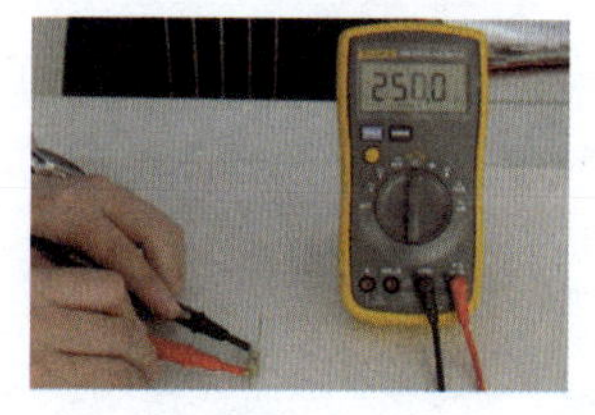

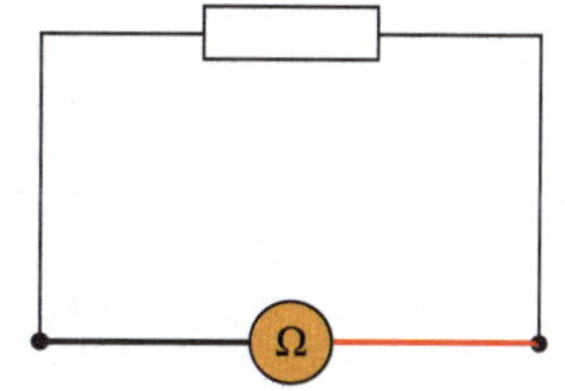

图 1-12　电阻的测量

注意：不能带电测量导体电阻。

测量时，如果量程选得过小，数字式万用表的显示屏上会显示“1”，此时应换较大的量程进行测量；反之，如果量程选得过大，数字式万用表的显示屏上会显示一个接近于“0”的数值，此时应换较小的量程进行测量。显示屏上显示的数值加上挡位选择的单位就是它的读数。

2. 技能操作

（1）操作准备

物料准备见表 1–4。

表 1–4　物料准备

类别	所需物料
绘图工具	铅笔、纸张、橡皮、尺子套装
电气元件	电源（电池）、负载（灯泡）、导线、开关
设备、工具	数字式万用表、绝缘胶带

（2）搭建并测量串联电路

根据电路组成，选择合适的电气元件搭建串联电路，并对搭建的串联电路进行测量，按照表 1–5 中的要求填写相关内容。

表 1–5　结果记录表

搭建的串联电路示意图：			
序号	检查项目	检查结果	问题处理方式及结果
1	导线是否正确连接	是□　否□	
2	负载是否正常工作	是□　否□	
3	开关是否能接通和切断电路	是□　否□	
4	负载 1（灯泡）电压（U_1）	电压值______V	
5	负载 2（灯泡）电压（U_2）	电压值______V	
6	串联电路总电压（$U_总$）	电压值______V	
7	负载 1（灯泡）电流（I_1）	电流值______A	
8	负载 2（灯泡）电流（I_2）	电流值______A	
9	串联电路总电流（$I_总$）	电流值______A	
10	负载 1（灯泡）电阻（R_1）	电阻值______Ω	
11	负载 2（灯泡）电阻（R_2）	电阻值______Ω	
12	串联电路总电阻（$R_总$）	电阻值______Ω	

二、并联电路的搭建及测量

1. 知识学习

（1）并联电路的定义及特点

并联电路是将电路中所有元器件并列连接在一起之后再连接到电源正极和负极之间的电路，如图 1–13 所示。在并联电路中，当其中一个负载损坏时，电路中的其他负载件仍能正常工作。

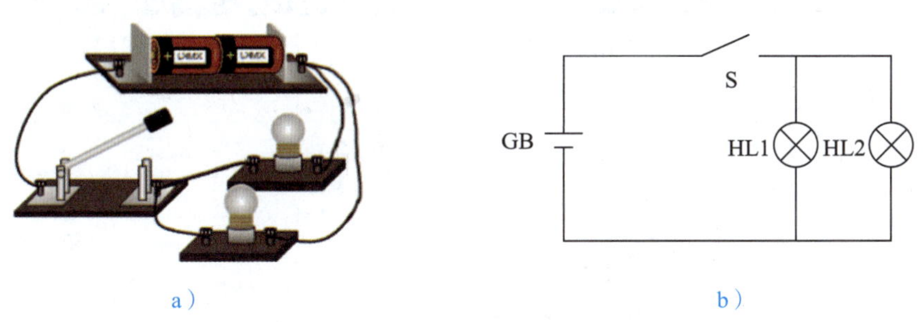

a） b）

图 1–13　并联电路

a）并联电路连接示意图　b）并联电路图

并联电路应用很广，我国日常生活中各种照明灯具、家用电器都是并联在 220 V 电源上，汽车上几乎所有用电设备也都是并联到蓄电池的两端，各用电设备均能单独控制、独立工作，互不影响。

为了方便对用电设备的单独控制，还可以在电路的每一个用电设备所在的支路中安装一个开关，独立对此用电设备进行控制，如图 1–14 所示。干路开关控制整个电路，支路开关控制其所在支路上的用电设备。一条支路断路，不影响其他支路，但一条支路短路，则整个电路都会被短路。

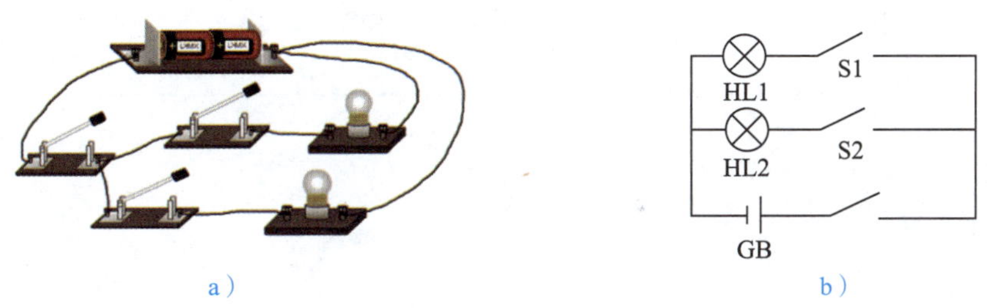

a） b）

图 1–14　独立控制的并联电路

a）独立控制并联电路连接示意图　b）独立控制并联电路图

并联电路具有以下特点：

1）并联电路的干路总电流等于各支路电流之和：$I_{总}=I_1+I_2+I_3+\cdots+I_n$

2）并联电路中，各支路两端的电压相等，且都等于电源电压：$U_{总}=U_1=U_2=U_3=\cdots=U_n$

3）并联电路中总电阻的倒数，等于各并联电路的倒数之和：$\frac{1}{R_{总}}=\frac{1}{R_1}+\frac{1}{R_2}+\frac{1}{R_3}+\cdots+\frac{1}{R_n}$

4）若只有两个电阻并联，则总电阻为：$R=\frac{R_1R_2}{R_1+R_2}$

5）若有 n 个相同的电阻并联，则总电阻为：$R=\frac{R_0}{n}$

6）并联电路中，电流的分配与电阻成反比：$\frac{I_1}{I_2}=\frac{R_2}{R_1}$

（2）并联电路的搭建步骤

搭建简单的并联电路可采用“先串后并”的方法，具体的搭建步骤见表1-6。

表1-6 简单并联电路的搭建步骤

步骤	搭建方法	备注
1	准备搭建并联电路所需的各个元器件，电源（电池）、负载（灯泡）、导线、开关	元器件数量根据所搭建的并联电路具体需要准备
2	首先用导线将负载（灯泡）、开关、电源（电池）进行串联连接，搭建并联电路的一条支路	根据需要，准备了2个灯泡、3个开关 注意：开关应处于断开状态
3	闭合开关，负载（灯泡）点亮，则完成并联电路支路搭建	若负载（灯泡）不亮，应检查电路连接情况
4	用导线将另一条支路进行并联连接	注意：开关应处于断开状态
5	闭合所有开关，两个负载（灯泡）均同时点亮，则完成并联电路搭建	其中1个灯泡不亮或2个灯泡均不亮，应检查电路连接情况

2. 技能操作

（1）操作准备

物料准备见表1-7。

表1-7 物料准备

类别	所需物料
绘图工具	铅笔、纸张、橡皮、尺子套装
电气元件	电源（电池）、负载（灯泡）、导线、开关
设备、工具	数字式万用表、绝缘胶带

（2）搭建并测量并联电路

根据并联电路连接方式，选择相应的电气元件搭建并联电路，并对搭建的并联电路进行检查，按照表1-8中的要求填写相关内容。

表 1-8　结果记录表

搭建的并联电路示意图：			
序号	检查项目	检查结果	问题处理方式及结果
1	导线是否正确连接	是□　否□	
2	负载是否正常工作	是□　否□	
3	支路开关是否能单独控制负载	是□　否□	
4	干路开关是否能控制整个电路	是□　否□	
5	负载 1（灯泡）电压（U_1）	电压值________V	
6	负载 2（灯泡）电压（U_2）	电压值________V	
7	并联电路总电压（$U_总$）	电压值________V	
8	负载 1（灯泡）电流（I_1）	电流值________A	
9	负载 2（灯泡）电流（I_2）	电流值________A	
10	并联电路总电流（$I_总$）	电流值________A	
11	负载 1（灯泡）电阻（R_1）	电阻值________Ω	
12	负载 2（灯泡）电阻（R_2）	电阻值________Ω	
13	并联电路总电阻（$R_总$）	电阻值________Ω	

检查评估

对本任务的学习情况进行检查，并将相关内容填写在表 1-9 中。

表 1-9　串并联电路搭建及测量检查表

检查项目	检查结果	结果点评
串联电路搭建及测量		
绘制的串联电路图是否正确	是□　否□	
搭建的串联电路是否正确	是□　否□	
负载是否正常工作	是□　否□	
串联电路电压、电流、电阻测量是否正确	是□　否□	
并联电路搭建及测量		
绘制的并联电路图是否正确	是□　否□	
搭建的并联电路是否正确	是□　否□	
负载是否正常工作	是□　否□	
并联电路电压、电流、电阻测量是否正确	是□　否□	
整理及恢复		
电气元件、工具、设备是否整理恢复	是□　否□	
实训工位是否打扫干净	是□　否□	
工作页是否填写完整	是□　否□	

任务小结

本任务小结如图 1-15 所示。

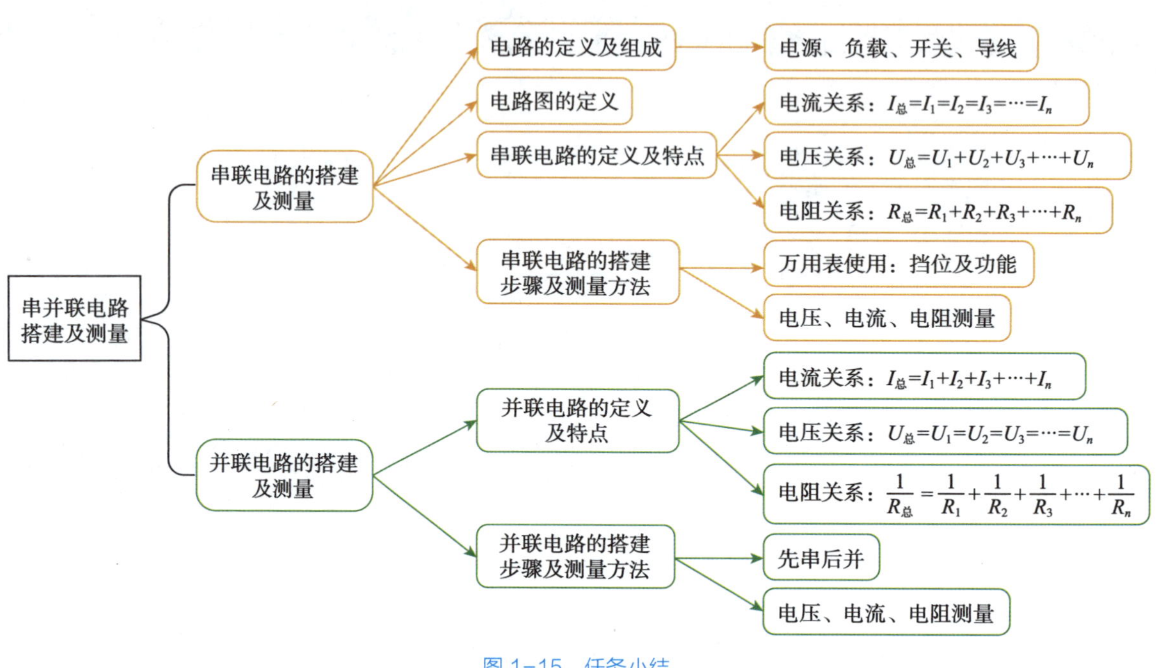

图 1-15　任务小结

任务二
混联电路搭建及测量

任务导入

场景：某国产智能网联汽车售后维修中心

人物：张师傅（维修技师）、小张（学徒）

情节：学徒小张已经出色完成串并联电路搭建及测量，为了能让他掌握汽车电路的特点并具备汽车电路检修能力，维修技师张师傅安排他搭建一个既有串联形式又有并联形式的电路，并对其进行测量。

任务目标

▸能根据混联电路连接方式，结合电路图，选择合适的电气元件，正确完成混联电路搭建。

▸能按照电压、电流、电阻测量方法，正确使用万用表，规范完成混联电路电压、电流、电阻测量。

任务实施

一、混联电路的搭建

1. 知识学习

（1）混联电路的定义

混联电路就是在电路连接中既有串联形式又有并联形式的电路，如图 2-1 所示，整个智能网联汽车的控制电路就相当于一个大型的混联电路。

（2）电路图的简化画法

在电路中涉及多种电气元件且连接方式较为复杂时，为了方便理解电气元件之间的关系，可采用更为简略直观的电路画法。

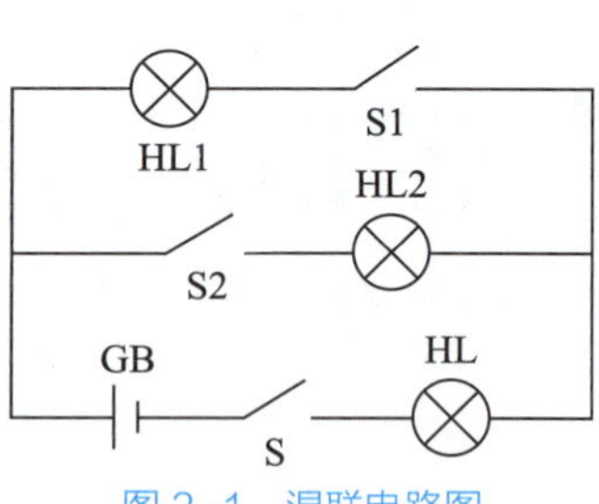

图 2-1　混联电路图

以混联电路为例，首先在纸张最上面画一条直线代表电源正极，用符号“+”表示，在最下面画一条直线代表电源负极，用符号“-”表示，然后将电路中除电源以外的所有电气元件符号画在这两条直线中间，最后将这些电气元件按电路运行路径，用直线一一连接画出，如图 2-2 所示。

注意，绘制简化的电路图时，应遵循以下原则：

1）完整、准确地反映电路的组成。

2）使用国家规定的元器件符号。

3）简化的电路图应简洁、工整、美观。通常用横平竖直的线条代表连接导线，转弯处呈直角，整个电路呈长方形。

4）元器件符号位置安排合理，分布均匀。不要将元器件画在电路图拐弯处。

5）导线与元器件符号连接处不能断开。

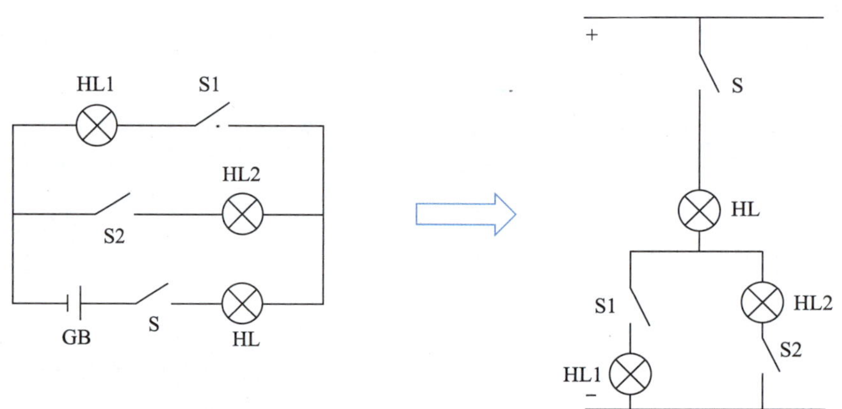

图 2-2　电路图的简化画法

（3）混联电路的搭建步骤

搭建混联电路可采用“先并后串”或“先串后并”的连接方式，如图 2-3 所示。

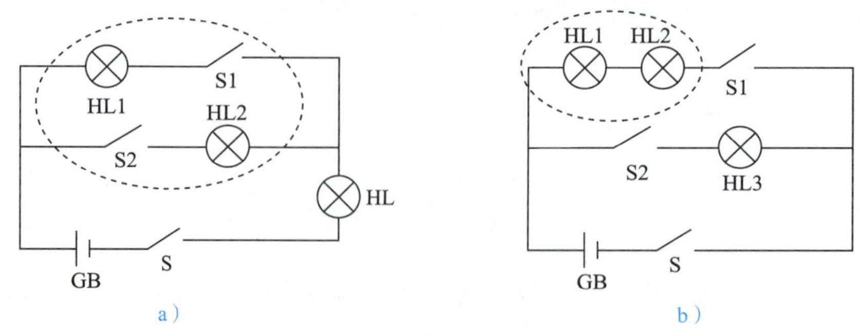

图 2-3　混联电路的连接方式

a）先并后串连接　b）先串后并连接

以“先并后串”的连接方式为例，具体的搭建步骤见表 2–1。

表 2–1　简单混联电路的搭建步骤

步骤	搭建方法	备注
1	准备搭建混联电路所需的各个元器件，电源（电池）、负载（灯泡）、导线、开关	元器件数量根据所搭建混联电路的具体需要准备
2	首先用导线将负载（灯泡）、开关、电源（电池）进行并联连接，搭建混联电路的一条支路 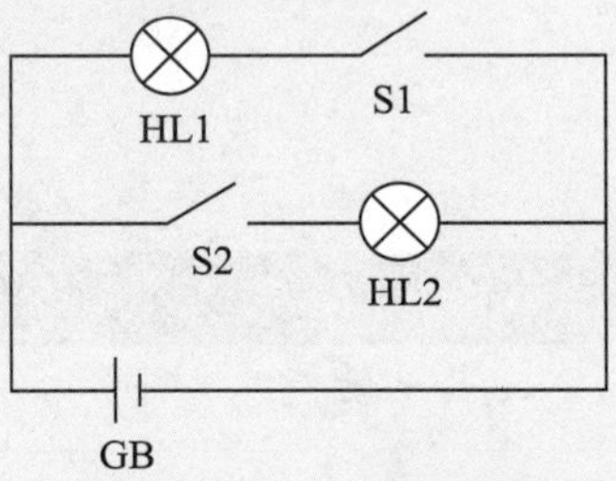 HL1 S1 S2 HL2 GB	根据需要，准备了 3 个灯泡、3 个开关 注意：开关应处于断开状态
3	闭合开关，负载（灯泡）点亮，则完成混联电路支路搭建	若负载（灯泡）不亮，应检查电路连接情况
4	用导线串接剩余负载（灯泡）和开关 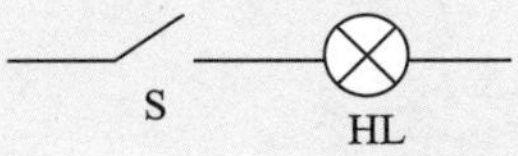 S HL	注意：开关应处于断开状态
5	将连接好的负载（灯泡）和开关串联到电路中，搭建混联电路干路 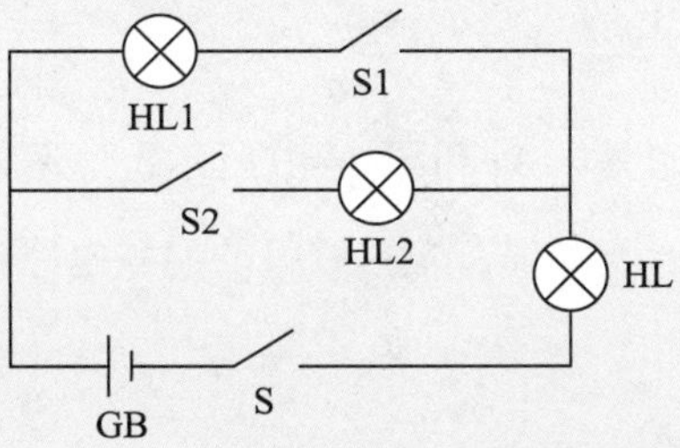 HL1 S1 S2 HL2 HL GB S	注意：开关应处于断开状态
6	闭合所有开关，三个负载（灯泡）均同时点亮，则完成混联电路搭建	其中 1 个灯泡不亮或 3 个灯泡均不亮，应检查电路连接情况

2. 技能操作

（1）操作准备

物料准备见表 2–2。

表 2–2　物料准备

类别	所需物料
绘图工具	铅笔、纸张、橡皮、尺子套装
电气元件	电源（电池）、负载（灯泡）、导线、开关
设备、工具	绝缘胶带

（2）搭建混联电路

根据混联电路连接方式，选择合适的电气元件搭建混联电路，并对搭建的混联电路进行检查，按照表 2-3 中的要求填写相关内容。

表 2-3　结果记录表

搭建的混联电路示意图：			
序号	检查项目	检查结果	问题处理方式及结果
1	导线是否正确连接	是□　否□	
2	负载是否正常工作	是□　否□	
3	支路开关是否能单独控制负载	是□　否□	
4	干路开关是否能控制整个电路	是□　否□	

二、混联电路的测量

1. 知识学习

（1）混联电路的特点

1）电流特点

混联电路中干路电流等于各支路电流之和，如图 2-4a 和图 2-4b 所示，使用万用表的直流电流挡分别测出 3 处的电流和总电流的大小 I_1、I_2、I_3、$I_{总}$，可发现，先并后串的混联电路电流 $I_{总}=I_1=I_2+I_3$，先串后并的混联电路电流 $I_{总}=I_1+I_3=I_2+I_3$（$I_1=I_2$）。

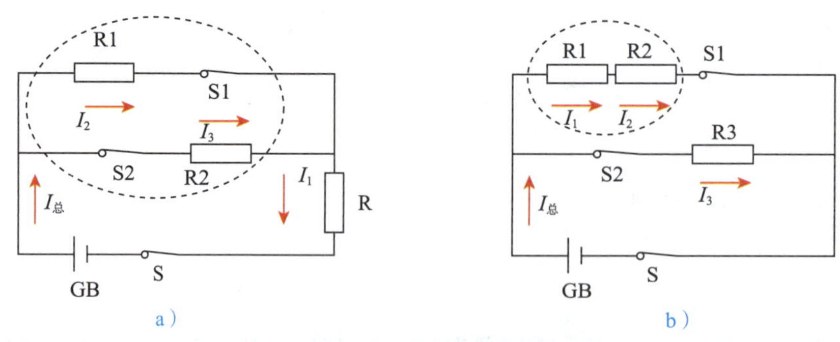

图 2-4　混联电路的电流

a）先并后串混联电路电流　b）先串后并混联电路电流

2）电压特点

如图 2-5a 和图 2-5b 所示，使用万用表的直流电压挡分别测出 3 处的电压和总电压的大小 U_1、U_2、

U_3、$U_{总}$，可发现，先并后串的混联电路的总电压等于各支路电路两端的电压之和，即 $U_{总}=U_1+U_2=U_1+U_3$（$U_2=U_3$），先串后并的混联电路各支路两端电压相等，且电路总电压等于支路两端的电压，即 $U_{总}=U_1+U_2=U_3$。

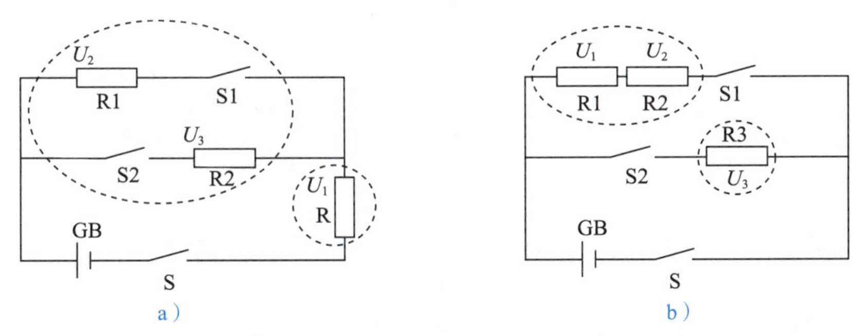

图 2-5　混联电路的电压

a）先并后串混联电路电压　b）先串后并混联电路电压

3）电阻特点

根据混联电路连接方式和串、并联电路电阻特点分析混联电路电阻时，可采用等效电阻法。几个连接起来的电阻所起的作用，可以用一个电阻来代替，这个电阻就是那些电阻的等效电阻。回路中的电阻，不论有多少，都可以等效为一个电阻来代替，而不影响原回路两端的电压和回路中电流的变化。

如图 2-6a 所示，对于先并后串的混联电路，R2 和 R3 是并联，R23 为等效电阻，其电阻值 $R_{23}=\frac{R_2R_3}{R_3+R_2}$，R23 和 R1 是串联，则 $R_{总}=R_{23}+R_1=\frac{R_2R_3}{R_3+R_2}+R_1$。如图 2-6b 所示，对于先串后并的混联电路，R1 和 R2 是串联，R12 是等效电阻，其电阻值 $R_{12}=R_1+R_2$，R12 和 R3 是并联，则 $\frac{1}{R_{总}}=\frac{1}{R_{12}}+\frac{1}{R_3}=\frac{1}{R_1+R_2}+\frac{1}{R_3}=\frac{R_3+(R_1+R_2)}{R_3(R_1+R_2)}$，即 $R_{总}=\frac{R_3(R_1+R_2)}{R_3+(R_1+R_2)}$。

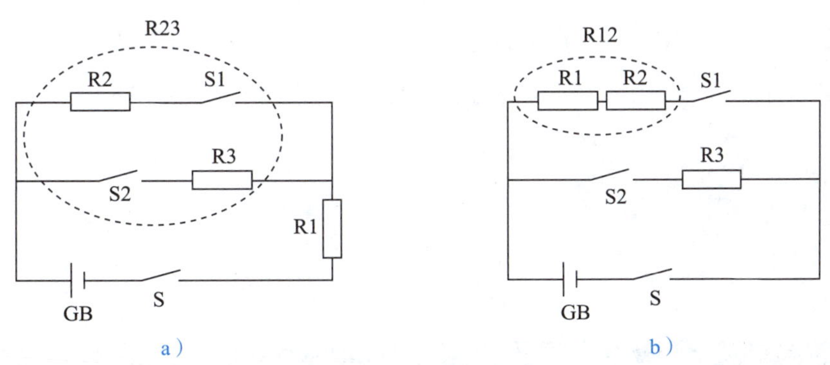

图 2-6　混联电路电阻

a）先并后串混联电路电阻　b）先串后并混联电路电阻

4）电压、电流分配特点

如图 2-7a 所示，先并后串的混联电路，电压分配满足串联电路的分压规律：各部分电路两端的电压跟它的电阻成正比，即 $\frac{U_{23}}{U_1}=\frac{R_{23}}{R_1}$。

如图 2-7b 所示，先串后并的混联电路，电流分配满足并联电路的分流规律：通过各支路电路的电流跟它的电阻成反比，即$\frac{I_{12}}{I_3}=\frac{R_3}{R_{12}}$。

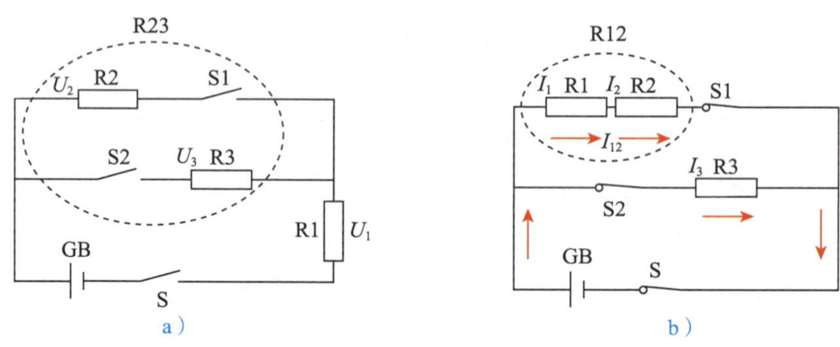

图 2-7　混联电路的电压、电流分配

a）先并后串混联电路电压分配　b）先串后并混联电路电流分配

（2）混联电路的分析方法

分析混联电路时，可按照以下步骤进行分析。

1）梳理混联电路的连接关系，按照串联电路和并联电路的特点，将复杂的混联电路进行等效变换，化繁为简，在进行等效变换时，可采用“等电位法”，利用电路中各等电位点分析电路，画出等效电路图，或采用“电路变形法”，根据电流的流向及电流的分、合，利用点线变换、折直变换等方法，画出等效电路图。

2）根据串联电路和并联电路的特点，计算各用电元器件串联和并联的等效电阻值，再计算电路的总的等效电阻 $R_{总}$。

3）根据电路的总的等效电阻和电路的端电压，计算电路的总电流 $I_{总}$。

4）利用电阻串联的分压和电阻并联的分流关系，计算各部分的电压和电流。

对于简单混联电路，步骤 2）、3）、4）可通过对混联电路实际测量进行验证。

2. 技能操作

（1）操作准备

物料准备见表 2-4。

表 2-4　物料准备

类别	所需物料
电气元件	电源（电池）、负载（灯泡）、导线、开关
设备、工具	数字式万用表

（2）测量混联电路

对搭建的混联电路进行测量，按照表 2-5 中的要求填写相关内容。

表 2-5　结果记录表

序号	检查项目	检查结果	问题处理方式及结果
1	负载 1（灯泡）电压（U_1）	电压值________V	
2	负载 2（灯泡）电压（U_2）	电压值________V	
3	负载 3（灯泡）电压（U_3）	电压值________V	
4	混联电路总电压（$U_{总}$）	电压值________V	
5	负载 1（灯泡）电流（I_1）	电流值________A	
6	负载 2（灯泡）电流（I_2）	电流值________A	
7	负载 3（灯泡）电流（I_3）	电流值________A	
8	混联电路总电流（$I_{总}$）	电流值________A	
9	负载 1（灯泡）电阻（R_1）	电阻值________Ω	
10	负载 2（灯泡）电阻（R_2）	电阻值________Ω	
11	负载 3（灯泡）电阻（R_3）	电阻值________Ω	
12	等效电阻（$R_{等效}$）	电阻值________Ω	
13	混联电路总电阻（$R_{总}$）	电阻值________Ω	

检查评估

对本任务的学习情况进行检查，并将相关内容填写在表 2-6 中。

表 2-6　检查表

检查项目	检查结果	结果点评
混联电路搭建		
绘制的混联电路图是否正确	是□　否□	
搭建的混联电路是否正确	是□　否□	
负载是否正常工作	是□　否□	
混联电路测量		
混联电路电压、电流、电阻测量是否正确	是□　否□	
整理及恢复		
电气元件、工具、设备是否整理恢复	是□　否□	
实训工位是否打扫干净	是□　否□	
工作页是否填写完整	是□　否□	

任务小结

本任务小结如图 2-8 所示。

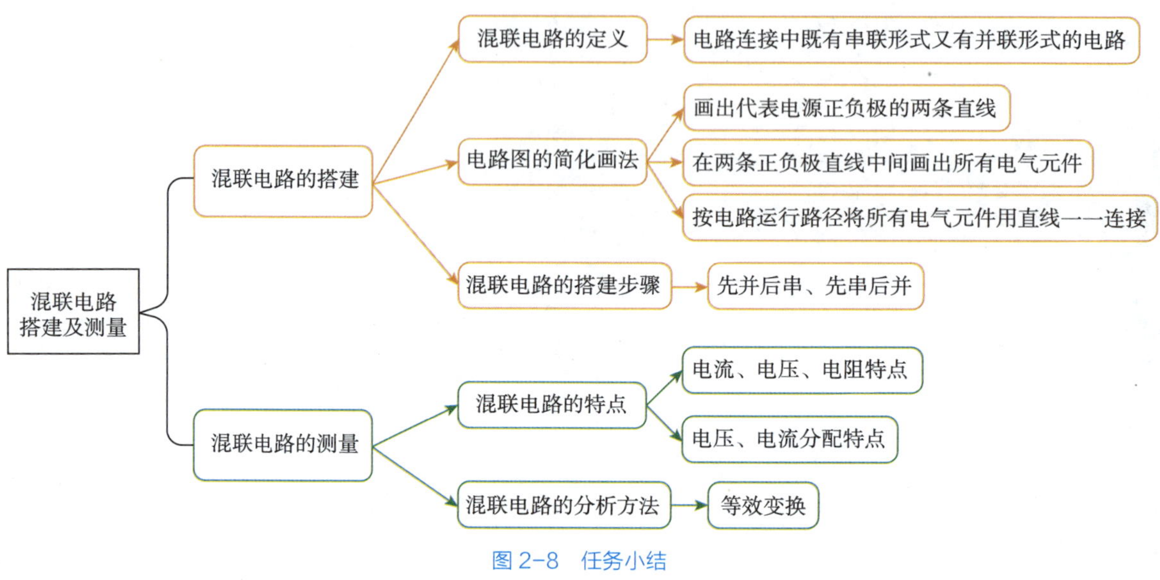

图 2-8　任务小结

任务三
熔断器及继电器选配与检测

任务导入

场景：某国产智能网联汽车售后维修中心

人物：张先生（客户）、王师傅（维修技师）、小刘（学徒）

情节：客户张先生的智能网联汽车喇叭不响，送修后，维修技师王师傅经过一番检查，怀疑是电路中的熔断器和继电器存在故障，于是安排学徒小刘对熔断器和继电器进行检测，必要时为电路选配熔断器和继电器。

任务目标

▶ 能根据电路类型及特点，按照熔断器的选配原则和检测方法，正确使用万用表，完成熔断器的选配与检测。

▶ 能根据电路类型及特点，按照继电器的检测方法，正确使用万用表，完成继电器的选配与检测。

任务实施

一、熔断器的选配与检测

1. 知识学习

（1）欧姆定律

欧姆定律是反映电路中电流、电压和电阻三者关系的基本定律，是德国物理学家欧姆在 19 世纪初期经过大量实验得出的一条关于电路的重要定律。它的内容为，在一个闭合电路中，流过导体的电流与导体两端的电压成正比，与导体的电阻成反比，用公式表示为：

$$I=U/R$$

I—电流 /A

U—电压 /V

R—电阻 /Ω

欧姆定律公式的物理意义是：当导体的电阻一定时，导体两端的电压增加几倍，通过这段导体的电流就增加几倍，这反映导体的电阻一定时，导体中的电流跟导体两端的电压成正比例关系；当电压一定时，导体的电阻增加到原来的几倍，则导体中的电流就减小为原来的几分之一，这反映了电压一定时，导体中的电流跟导体的电阻成反比例关系。

需要注意的是，欧姆定律中的电流、电压和电阻是对同一段导体而言的，对于一段电路，只要知道电流 I、电压 U、电阻 R 三个物理量中的两个，就可以应用欧姆定律求出另外一个。在利用欧姆定律计算时，三个要素对象一定要一致，例如在计算一个电阻的电阻值时，一定要用该电阻两端的电压除以流过该电阻的电流。

下面以一个形象的例子来对欧姆定律进行详细说明。如图 3–1 所示，电池相当于两个蓄水池 A 和 B，由于存在一定高度差，所以 A 与 B 之间形成水压，相当于电路中电池的电压。连接 A 与 B 的水管相当于导线，下方的涡轮相当于负载。流过水管和涡轮的水流大小就像是电路中的电流。阀门则相当于电路中的开关。

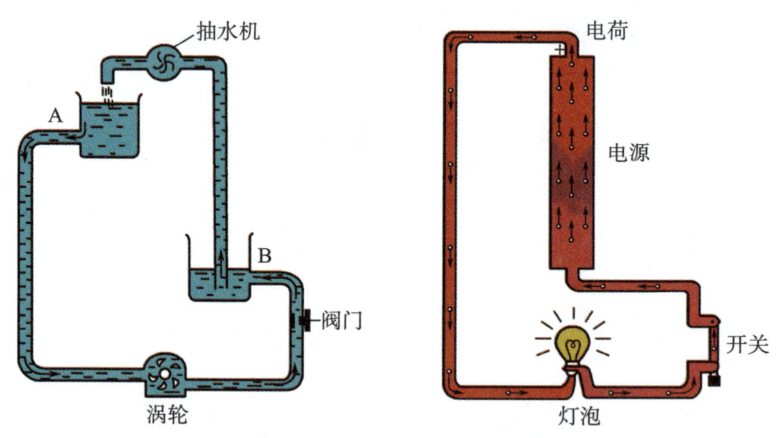

图 3–1　电压、电流、电阻的关系

从图 3–1 中不难看出，当涡轮大小不变时（负载不变），蓄水池 A 和 B 的高度差越大，则在单位时间内流过水管和涡轮的水流量就越大。这就像电路中负载不变，电压越大，电流就越大一样。

当蓄水池 A 和 B 的高度差不变时（压力不变），涡轮越大，水流速度就越慢。这就像在电路中电压不变，电阻越大，电流就越小一样。

除此之外，水管的长短和粗细也对水流的大小有影响。水管越细长，水流速度就越慢。类似地，在电路中导线的粗细会限制流过负载的电流大小。

（2）电功率

电功率是指电流在单位时间内所做的功，是用来表示用电器消耗电能快慢的物理量，用 P 表示，它的单位是瓦特，简称瓦，符号是 W。

电功率反映了电流、电压、功率三者之间的关系，其关系公式为 $P=UI$，P 表示电功率，U 表示用电器两端的电压，I 表示通过用电器的电流，即电功率等于用电器两端的电压乘以通过用电器的电流。对于一段电路，只要知道电流 I、电压 U、功率 P 三个物理量中的两个，就可以应用电功率的公式求出另外一个物理量。

（3）熔断器

1）作用

在某些情况下，电路中有可能出现较大的电流，如果电路中没有任何保护装置，一旦电路中的工作电流超过所设计的负荷，就有可能发生线路烧蚀或用电设备烧坏的故障。为了防止这种情况发生，控制电路中必须设置电路保护装置，如熔断器、易熔线或者断电器等，如图 3–2 所示。

图 3–2　电路保护装置

a）熔断器　b）易熔线　c）断电器

熔断器如图 3–2a 所示，俗称保险丝，在电路中起过载保护作用，当电路中的电流强度达到某个预定值时，熔断器自身发热而使内部熔丝熔断，从而切断电路，防止因电流过大烧坏电路连接导线和用电设备。汽车使用的电路保护装置主要是熔断器。如图 3–3 所示，熔断器可以保护整个电路，也可以保护电路的每一支路。

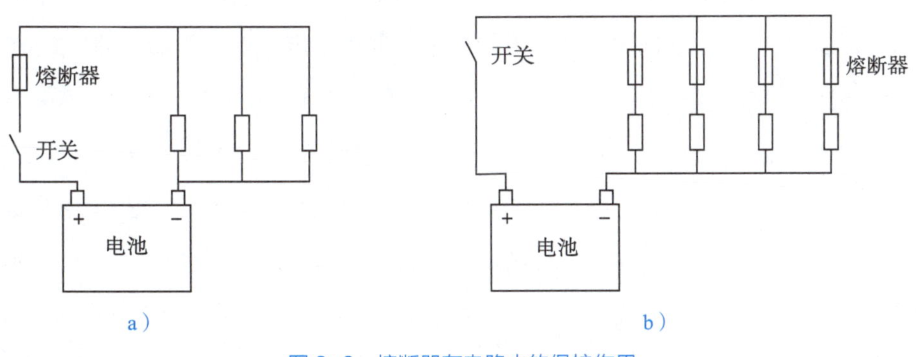

图 3–3　熔断器在电路中的保护作用

a）保护整个电路　b）保护电路的每一支路

2）类型

如图 3-4a、b 所示，熔断器根据外形的不同可分为插片式熔断器和管状熔断器。熔断器的电路符号如图 3-4c 所示。虽然各种常用熔断器的外形各不相同，但内部结构和工作原理基本一致。汽车上使用的熔断器一般为插片式熔断器。

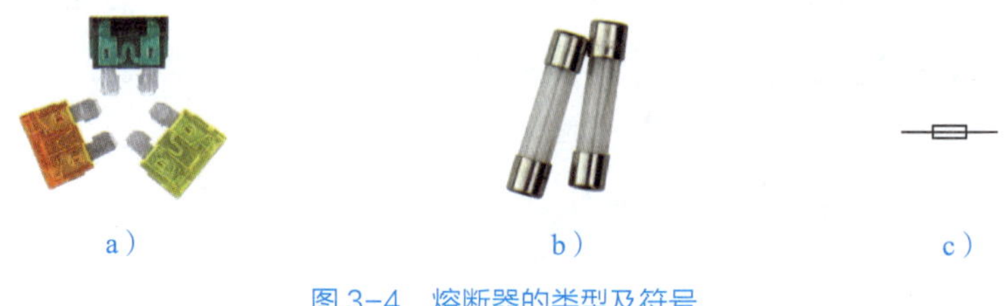

a）　　b）　　c）

图 3-4　熔断器的类型及符号

a）插片式熔断器　b）管状熔断器　c）熔断器符号

3）安装位置

如图 3-5 所示，熔断器集中安装在熔断器盒内，其标识和规格通常贴在熔断器盒内或其盒盖上。熔断器盒是一个具有过载保护装置的配电板，在它前部装有许多熔断器，各熔断器都有编号排列，检修时可以通过编号和熔断器颜色识别。

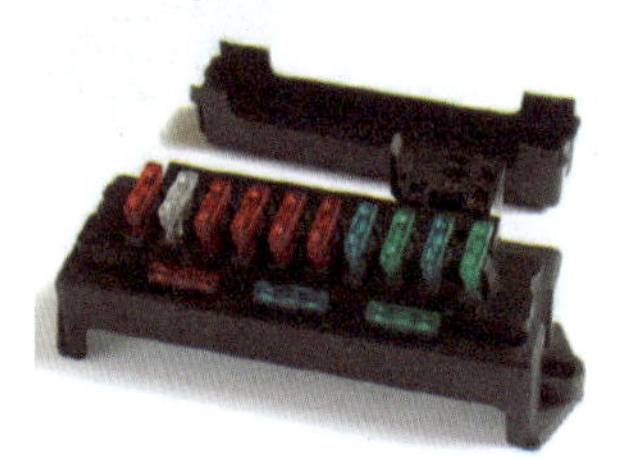

图 3-5　熔断器的安装位置

由于车型不同，熔断器盒的安装位置也不同，通常安装在驾驶室踏板附近、仪表台两侧、蓄电池附近。

4）选用原则

如图 3-6 所示，熔断器由熔断体、绝缘体（支架）、端子（电极）三部分组成。不同的熔断器上会标识不同的额定电流，这也代表着熔断器的不同型号。为了便于识别熔断器的型号，通常将不同型号的熔断器用不同的颜色加以区分，通过颜色就可以判断熔断器的额定电流。例如，插片式熔断器不同颜色所代表的不同额定电流（国际标准）为：灰色为 2 A、紫色为 3 A、粉色为 4 A、橘黄色为 5 A、咖啡色为 7.5 A、红色为 10 A、蓝色为 15 A、黄色为 20 A、透明无色为 25 A、绿色为 30 A、深橙为 40 A。

熔断器有两个重要的工作参数，一个是工作电压，另一个是额定电流，在选择熔断器时，要根据工作电路的电压、电流进行选择，同时为了使熔断器能够起到应有的线路保护作用，所选的熔断器应与其连接的导线进行合理匹配，不宜过大或过小。若选择的熔断器过大，当线路发生过载时，最先熔断的将是导线，这种情况下，熔断器起不到丝毫的保护作用；若选择的熔断器过小，会导致其频繁熔断，用电器乃至整条线路将无法正常工作。此外，也要考虑熔断器与熔断器盒的合理匹配，应经过电压降以及插

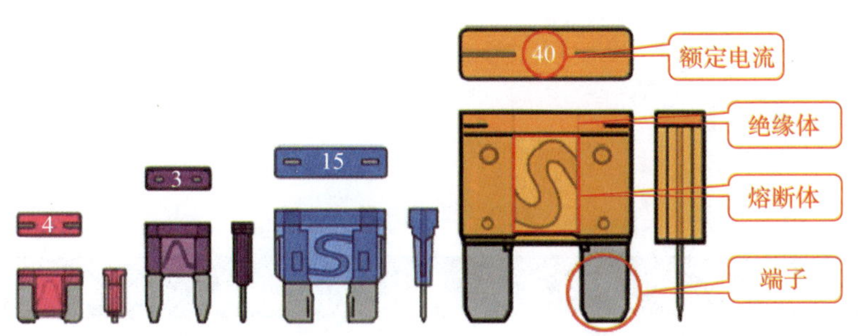

图 3-6　熔断器的组成及型号

拔试验验证，以保证熔断器在该电路系统中的可靠性。

熔断器与它保护的电路串联，熔断器的一端连接电源，另一端连接要保护的电路。在选择熔断器前要保证电路中的用电器能正常工作，也就是熔断器的额定电流要稍大于用电器的额定工作电流，且在用电器发生过载时要能及时熔断，一般按照“用电器工作电流占熔断器额定电流的 80%”原则选择熔断器，即熔断器型号 = 电路中用电器工作电流 /0.8。例如，某电路中用电器的工作电流为 12 A，则应选用 15 A 的熔断器。

5）检测方法

① 目视检查

如图 3–7 所示，目视检查熔断器的熔断体是否有熔断，若有熔断，则熔断器损坏，应更换。

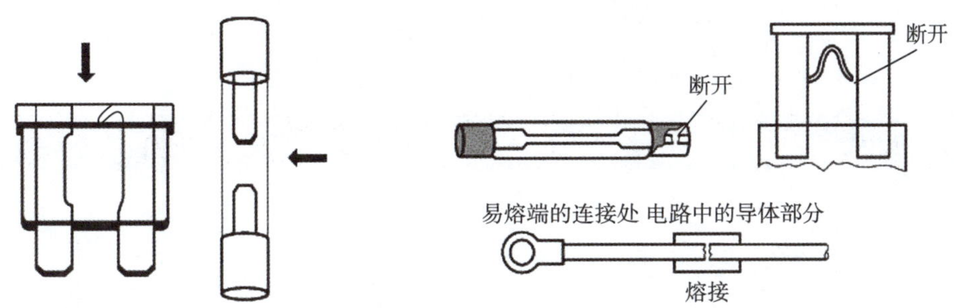

图 3–7　目视检查熔断器

② 万用表检测

某些情况下，目视检查不易判断熔断器的熔断体是否熔断，此时可采用万用表检测，如图 3–8 所示。使用万用表电阻挡检测断电状态下熔断器的电阻值，正常值应小于 1 Ω，否则熔断器损坏，应更换。此外，也可通过使用万用表的蜂鸣挡判断熔断器是否熔断，若未发出蜂鸣声，则说明熔断器的熔断体已熔断，熔断器损坏，应更换。

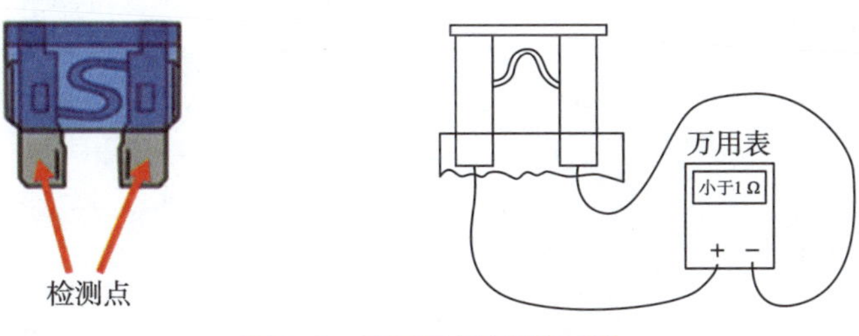

图 3–8　用万用表检测熔断器

2. 技能操作

（1）操作准备

物料准备见表 3-1。

表 3-1 物料准备

类别	所需物料
绘图工具	铅笔、纸张、橡皮、尺子套装
电气元件	电源（电池）、负载（灯泡）、导线、开关、不同型号的熔断器（含熔断器盒）
设备、工具	数字式万用表、绝缘胶带

（2）为电路选配并检测熔断器

根据电路组成，选择合适的电气元件搭建电路，为电路正确选配熔断器并进行检测，使熔断器能对整个电路或对每一支路起过载保护作用，按照表 3-2 中的要求填写相关内容。

表 3-2 结果记录表

为搭建的电路选配熔断器				
搭建的带有熔断器的电路示意图：				
序号	检测项目	检测结果	结果判断	处理方式
1	负载 1（灯泡）功率（P_1）	功率______W		
2	负载 2（灯泡）功率（P_2）	功率______W		
3	负载 3（灯泡）功率（P_3）	功率______W		
4	负载 1（灯泡）电压（U_1）	电压值______V		
5	负载 2（灯泡）电压（U_2）	电压值______V		
6	负载 3（灯泡）电压（U_3）	电压值______V		
7	负载 1（灯泡）电流（I_1）	电流值______A		
8	负载 2（灯泡）电流（I_2）	电流值______A		
9	负载 3（灯泡）电流（I_3）	电流值______A		
10	熔断器 1	颜色：________		
11		额定电流____A		
12		电阻值______Ω	正常□ 异常□	

续表

序号	检测项目	检测结果	结果判断	处理方式
13	熔断器 2	颜色：__________		
14		额定电流______A		
15		电阻值_______Ω	正常□　异常□	
16	熔断器 3	颜色：__________		
17		额定电流_____A		
18		电阻值_______Ω	正常□　异常□	

二、继电器的选配与检测

1. 知识学习

（1）电流的磁效应

1820 年，丹麦科学家奥斯特通过实验发现通电导体周围存在着磁场，且磁场方向跟电流方向有关，这种现象称为电流的磁效应，如图 3–9 所示。这一发现，明确了通电导线和磁体一样，周围也存在着磁场，证明了电与磁之间的关系。

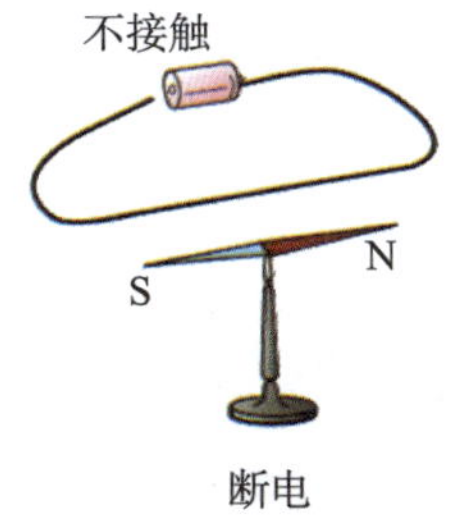

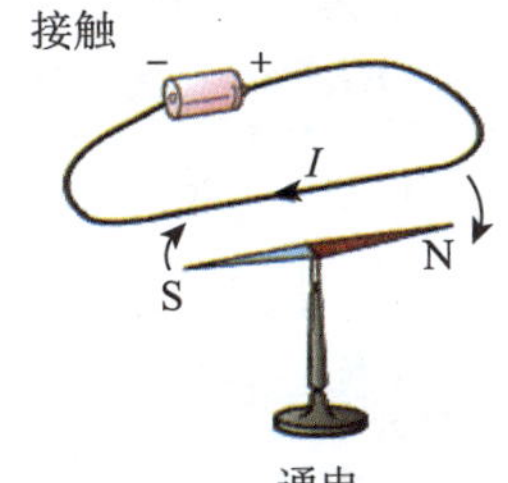

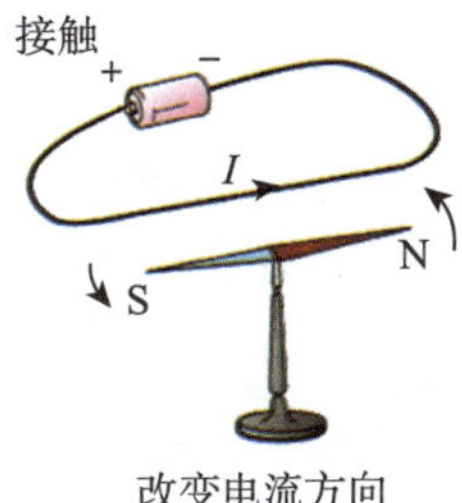

图 3–9　电流的磁效应（奥斯特实验）

如图 3–10 所示，如果将导线缠绕在圆筒上，做成螺线管（也称作线圈），通电后各圈导线产生的磁场会叠加，磁场就会增强，若在螺线管内加上铁芯，就会使周围的磁感线更密集，通电后产生的磁场会比不加装铁芯时产生的磁场更强。

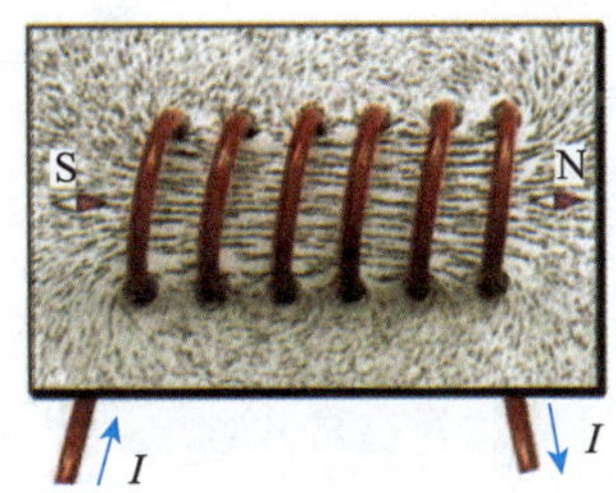

图 3–10　通电螺线管（线圈）的磁场

日常生活中见到的电铃、电动机等都是利用电流的磁效应工作的。在汽车中电流的磁效应应用也非常广泛，如继电器、点火线圈、发电机、喷油器、喇叭等。

（2）继电器

1）作用

继电器又称为电磁继电器，是汽车控制电路中常用的一种电子控制元件，它是利用电磁感应原理以较小的电流来控制较大电流的一种“自动开关”，通常应用于自动控制电路中，可以实现自动接通或切断一对或多对触点，用小电流控制大电流，减小控制开关的电流负荷，保护电路中的控制开关，起到自动调节、安全保护等作用，如启动继电器、前照灯继电器、喇叭继电器等。继电器实物及其符号如图 3-11 所示。

a）　　b）

图 3-11　继电器

a）继电器实物　b）继电器符号

2）组成及工作原理

继电器主要由电磁铁芯、线圈、衔铁、触点、弹簧等部件组成。

继电器电路由利用线圈工作的控制电路和利用触点工作的负载电路两部分组成。通过向线圈两端施加电压，线圈中就会流过一定的电流，从而产生电磁效应，使线圈产生电磁力，衔铁会在电磁力作用下吸向电磁铁芯，从而带动触点闭合，使负载与电源电路导通。当线圈断电后电磁力也随之消失，此时衔铁会在弹簧的作用力下返回原来的位置，从而使触点断开，负载与电源电路断开。通过触点的闭合、断开，实现电路的导通、切断。继电器的结构及工作原理如图 3-12 所示。

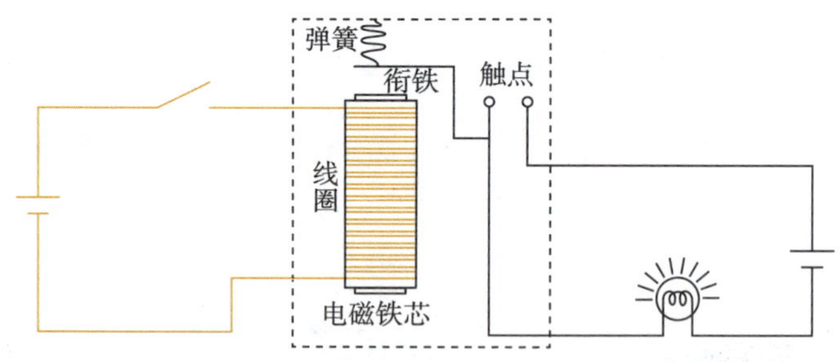

图 3-12　继电器的结构及工作原理

3）分类

继电器的种类很多，如图 3-13 所示，按照端子数量分有三端子继电器、四端子继电器、五端子继电器等；按照触点的接触形式分有常开继电器、常闭继电器和常开常闭混合型继电器。常开继电器未工作时内部触点是断开的，工作时触点闭合，该类型继电器在汽车上使用最多；常闭继电器未工作时内部

触点是闭合的，工作时触点断开；常开常闭混合型继电器内部有两个触点，一个常开触点，一个常闭触点。

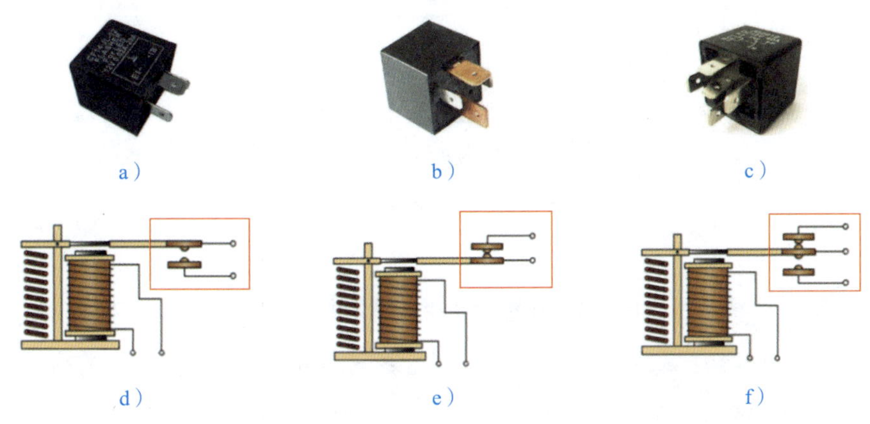

图 3-13　继电器的分类

a）三端子继电器　b）四端子继电器　c）五端子继电器　d）常开继电器　e）常闭继电器　f）常开常闭混合型继电器

如图 3-14 所示，与熔断器一样，继电器安装在继电器盒中，在汽车上，有些继电器和熔断器安装在一起，继电器的每个端子都有标号，与继电器盒正面板的继电器插孔标号相对应。

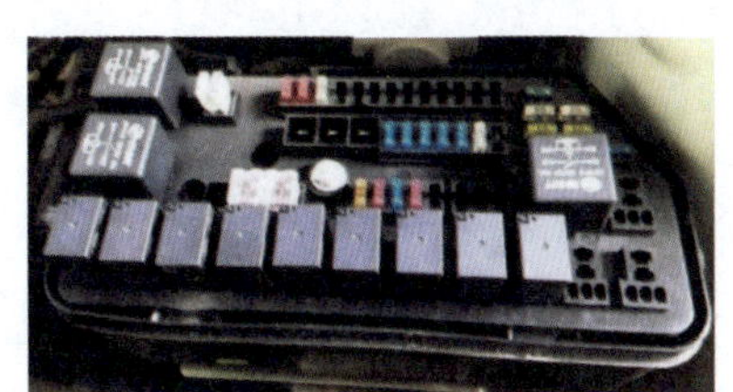

图 3-14　继电器盒的安装位置

以四端子继电器和五端子继电器为例，四端子继电器共有两组电路，一组为输入（线圈）电路，一组为输出（触点）电路，如图 3-15 所示。输入电路两个线圈端子一般标注为 85、86（或 1、2），一般是 85 端子接控制装置，若控制装置是控制线圈供电，则 86 端子接搭铁，若控制装置是控制线圈搭铁，则 86 端子接电源；输出电路两个触点端子一般标注为 30、87（或 3、5），一般是 30 端子接电源，87 端子接负载。

如图 3-16 所示，五端子继电器的输出电路共有三个触点端子，其中两个端子标注为 30、87（或 3、5），而另外一个端子标注为 87a（或 4），为常闭触点端子。当继电器线圈通电后，常闭触点 30 和 87a 断开，常开触点 30 和 87 闭合接通。

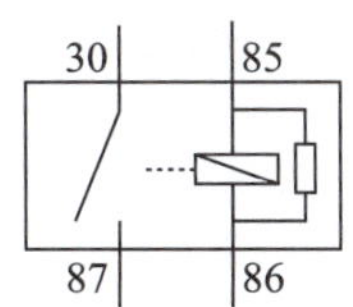

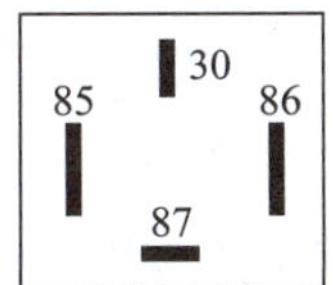

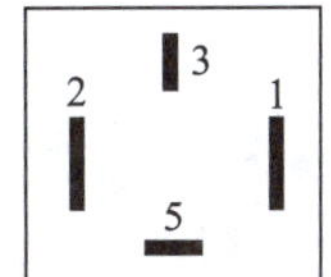

图 3-15　四端子继电器端子标注

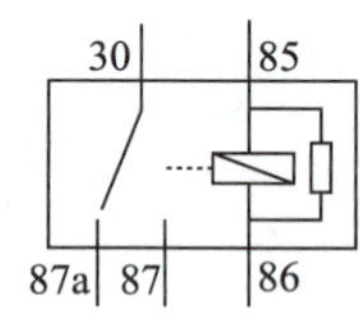

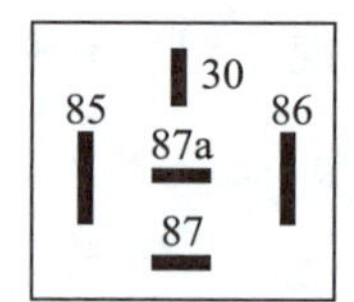

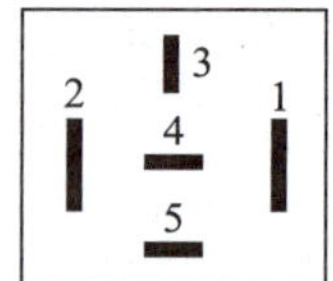

图 3-16　五端子继电器端子标注

4）常见故障及检测方法

继电器常见的故障有线圈烧坏、触点烧蚀等，可使用万用表对继电器线圈和触点进行检测，判断继电器的好坏。

①线圈检测

如图 3-17a 所示，使用万用表电阻挡测量继电器线圈，将万用表调至 R×200 Ω 挡，然后将两表笔分别与继电器线圈 85—86 端子（或 1—2）接触，测量之间的电阻值。若测量值在几十欧至一百欧，则正常；若测量值为无穷大或过小，则不正常。

②触点检测

检测常闭触点时，用万用表 R×200 Ω 挡测量，将两表笔分别与继电器常闭触点 30—87a 端子（或 3—4）接触，测量之间的电阻值。正常时，万用表应有一定大小的阻值，且阻值应小于 1 Ω，触点应处于导通状态。若阻值为无穷大，则不正常。

如图 3-17b 所示，检测常开触点时，用两根跨接线在线圈两端 85—86 端子（或 1—2）加 12 V 电压，用万用表 R×200 Ω 挡测量，将两表笔分别与继电器常开触点 30—87 端子（或 3—5）接触，测量之间的电阻值。正常时，万用表应有一定大小的阻值，且阻值应小于 1 Ω；若阻值为无穷大，则不正常。（线圈断电情况下，常开触点电阻正常应为无穷大。）

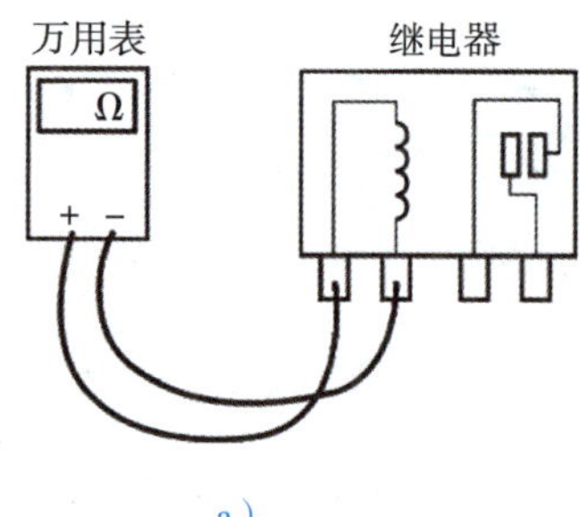

a）

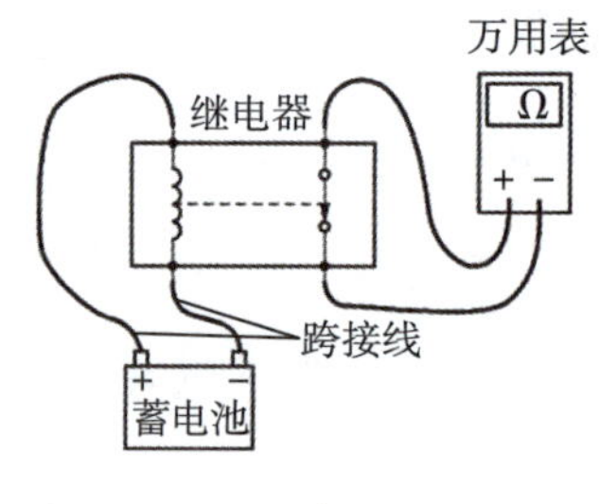

b）

图 3-17　继电器的检测

a）线圈检测　b）触点检测

2. 技能操作

（1）操作准备

物料准备见表 3-3。

（2）为电路选配并检测继电器

根据电路组成，选择合适的电气元件搭建电路，为电路正确选配继电器并进行检测，使负载电路能够实现自动接通和切断，按照表 3-4 中的要求填写相关内容。

表 3-3　物料准备

类别	所需物料
绘图工具	铅笔、纸张、橡皮、尺子套装
电气元件	电源（电池）、负载（灯泡）、导线、开关、不同类型的继电器（含继电器盒）
设备、工具	数字式万用表、绝缘胶带

表 3-4　结果记录表

<table>
<tr><td colspan="6">为搭建的电路选配继电器</td></tr>
<tr><td colspan="6">搭建的带有继电器的电路示意图：</td></tr>
<tr><td>序号</td><td colspan="2">检查项目</td><td>检查结果</td><td colspan="2">问题处理方式及结果</td></tr>
<tr><td>1</td><td colspan="2">继电器是否正确连接</td><td>是□　否□</td><td colspan="2"></td></tr>
<tr><td>2</td><td colspan="2">负载电路是否能自动接通和切断</td><td>是□　否□</td><td colspan="2"></td></tr>
<tr><td>序号</td><td>检测项目</td><td>检测端子</td><td>检测条件</td><td>检测结果</td><td>问题处理方式及结果</td></tr>
<tr><td>1</td><td>继电器线圈</td><td></td><td></td><td>电阻值______Ω
正常□　异常□</td><td></td></tr>
<tr><td>2</td><td>继电器常开触点</td><td></td><td></td><td>电阻值______Ω
正常□　异常□</td><td></td></tr>
<tr><td>3</td><td>继电器常闭触点</td><td></td><td></td><td>电阻值______Ω
正常□　异常□</td><td></td></tr>
<tr><td>4</td><td>继电器线圈工作电流</td><td></td><td></td><td>电流值______A</td><td></td></tr>
<tr><td>5</td><td>负载 1（灯泡）电流（I_1）</td><td></td><td></td><td>电流值______A</td><td></td></tr>
<tr><td>6</td><td>负载 2（灯泡）电流（I_2）</td><td></td><td></td><td>电流值______A</td><td></td></tr>
</table>

检查评估

对本任务的学习情况进行检查，并将相关内容填写在表 3-5 中。

表 3-5 检查表

检查项目	检查结果	结果点评
熔断器选配与检测		
熔断器选配是否正确	是□ 否□	
熔断器检测是否正确	是□ 否□	
负载是否正常工作	是□ 否□	
继电器选配与检测		
继电器选配是否正确	是□ 否□	
继电器检测是否正确	是□ 否□	
负载是否正常工作	是□ 否□	
整理及恢复		
电气元件、工具、设备是否整理恢复	是□ 否□	
实训工位是否打扫干净	是□ 否□	
工作页是否填写完整	是□ 否□	

任务小结

本任务小结如图 3-18 所示。

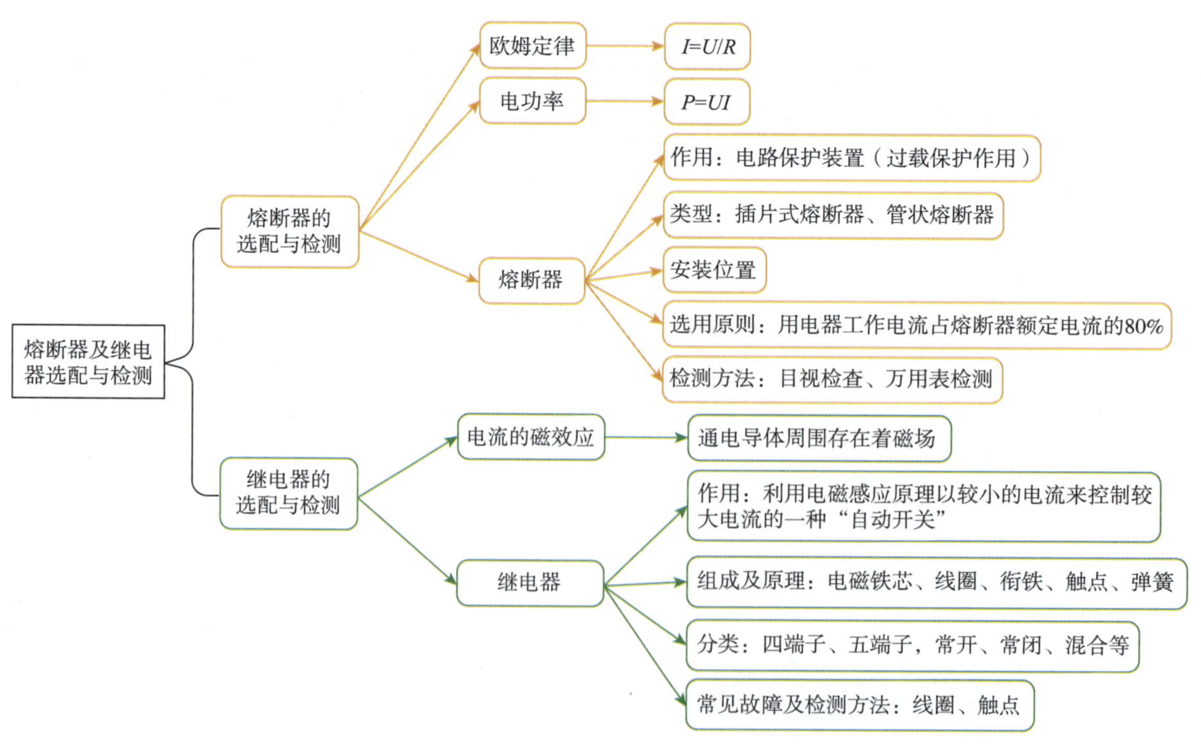

图 3-18 任务小结

任务四 汽车电路故障检修

任务导入

场景：某国产智能网联汽车售后维修中心

人物：张先生（客户）、王师傅（维修技师）、小刘（学徒）

情节：已完成电路学习的小刘，准备对客户张先生的智能网联汽车电路故障进行检修，但小刘发现自己还是无从下手，便向维修技师王师傅请教，王师傅秉承“传、帮、带”的好传统，耐心地向小刘讲解汽车电路故障检修方法。

任务目标

- 能按照电路图的拆画方法，正确使用车辆电路图和绘图工具，完成车辆单一系统电路图拆画。
- 能根据汽车电路故障检修方法，结合车辆电路图，正确使用电路检修工具，规范完成汽车电路故障检修。

任务实施

一、汽车电路图拆画

1. 知识学习

（1）汽车电路的组成

汽车电路是指将汽车上的各元器件按一定方式连接起来，构成的使电流流通的通路。汽车电路一般由电源、负载（用电设备）、保护装置、控制装置和导线等组成。除电源和负载（用电设备）外，其他部分又称为中间环节。汽车电路组成示意图如图 4-1 所示。

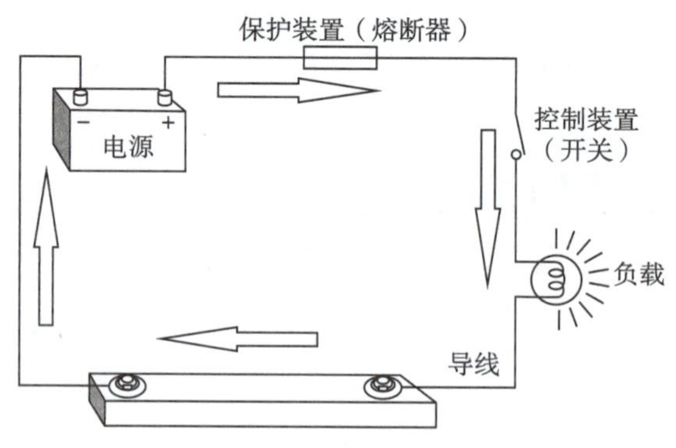

图 4–1　汽车电路组成示意图

1）电源

为电路提供所需电能的装置称为电源，电源的作用是将非电能（化学能、机械能）转换为电能，并向电路提供能量。汽车电源包括蓄电池和发电机，如图 4–2 所示。

a）　　b）

图 4–2　汽车电源

a）蓄电池　b）发电机

2）负载

负载即用电设备，是将电源中的电能转换为光能、热能和动能等其他形式能量的用电设备。汽车上负载众多，如喇叭、灯泡、电机等，如图 4–3 所示。

a）　　b）　　c）

图 4–3　负载

a）喇叭　b）灯泡　c）电机

3）保护装置

为了防止电路或元器件因短路而烧坏线束和用电设备，汽车上通常会安装有保护装置，包括熔断器、继电器等，如图 4–4 所示。此外，汽车中大电流的用电设备（如喇叭、电机等）工作时电流较大，为保护控制开关，通常需要加装继电器，用小电流控制大电流，减小控制开关的电流负荷，保护电路中的控制开关。

4）控制装置

控制装置主要指用来控制汽车上各种电气设备的控制开关，包括灯光组合开关、电子控制模块等，如图 4–5 所示。

a）

b）

图 4-4　保护装置
a）熔断器　b）继电器

a）

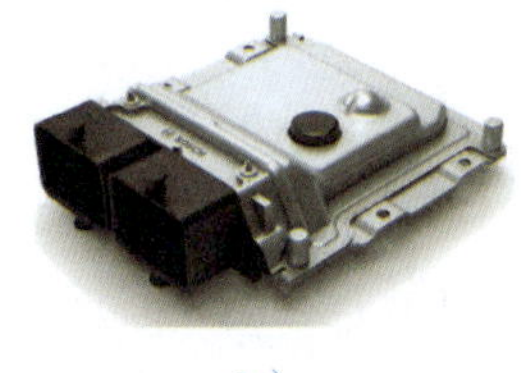

b）

图 4-5　控制装置
a）灯光组合开关　b）电子控制模块

5）导线

导线将电路中各电气元件连接起来构成回路。为了实现电路的快速组建，且保证用电安全，电气元件与导线之间、导线与导线之间都采用连接器或接线柱连接在一起。连接器如图 4-6 所示，分为插头和插座两部分，一般将插头与元器件在内部进行连接，集成一体。

a）

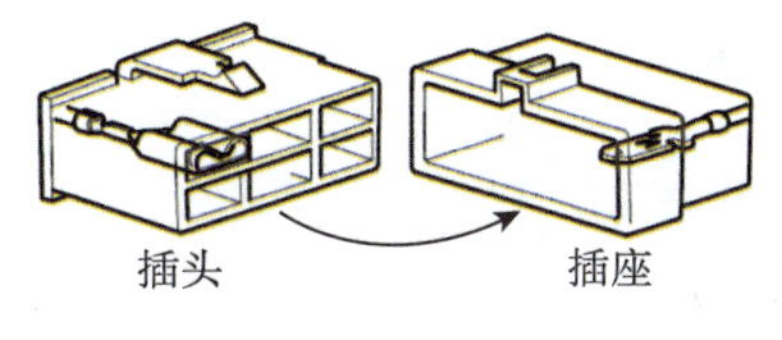

b）

图 4-6　连接器
a）连接器实物　b）连接器组成

连接器安装在导线的两端，防止连接好的金属部位裸露在表面。若需将两根导线连接在一起，应将导线连接好后缠裹绝缘胶布或使用热缩管等绝缘材料。由于汽车用电器件繁多，导线也很多，为了更合理地利用和优化空间，汽车上所有导线都采用线束方式捆扎起来后布置在车辆上，一般汽车上会包括多条线束，汽车线束如图 4-7 所示。

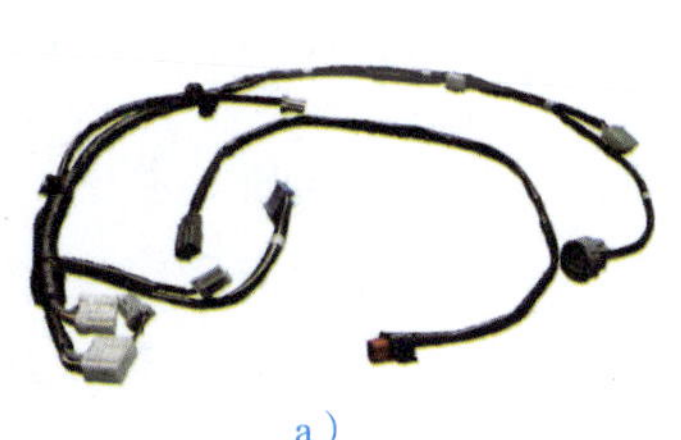

a）

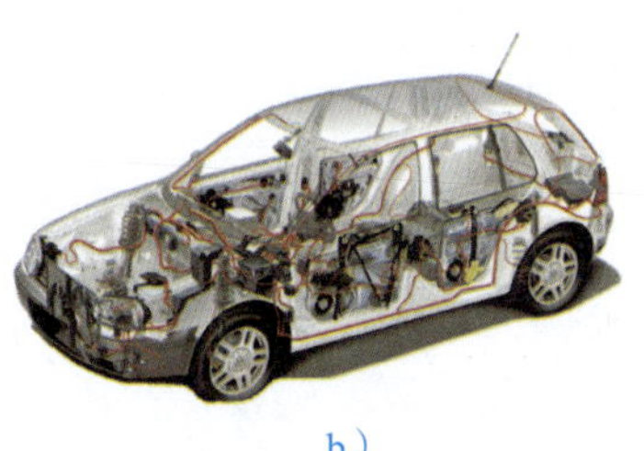

b）

图 4-7　汽车线束
a）带连接器的线束　b）汽车上的线束

（2）汽车电路的类型

汽车电路按其用途不同可分为电源电路、启动电路、空调控制电路、仪表信息系统电路、照明与信号电路、辅助电器电路、电子控制系统电路等。

电源电路由蓄电池、发电机及电压调节器和工作情况显示装置等组成，其主要任务是对全车所有用电设备供电并维持供电电压稳定。

启动电路由起动机、启动继电器、启动开关及启动保护装置等组成，其主要任务是将发动机由静止状态转变为自行运转状态。

空调控制电路由空调压缩机电磁离合器、空调控制器、控制开关及风机控制电路等组成，其主要任务是根据环境温度和空气质量控制调节车内的温度和空气质量，以满足乘员舒适度的要求。

仪表信息系统电路由仪表、指示表、传感器、各种报警器及控制器等组成，其主要任务是控制各种仪表的显示信息参数及报警。

照明与信号电路由前照灯、雾灯、示廓灯、转向灯、制动灯、倒车灯等及其控制继电器和开关组成，其主要任务是控制各种照明灯的开关及各种信号的输出。

辅助电器电路由各种辅助电器及其控制继电器和开关等组成，其主要任务是根据需要控制各种辅助电器的工作时机和工作过程。

电子控制系统电路由电子控制单元（ECU）根据车辆上所装用的电控系统内容不同采用不同的控制方式完成控制功能。

（3）汽车电路的特点

汽车各系统电路的安装位置和接线方法各有差异，但各系统电路的设计一般都遵循一定的规律，即低压直流、并联单线、负极搭铁。

1）低压直流

为了保证安全，汽车上的电气设备采用低压直流（DC）供电，汽油车大都采用 DC 12 V 电压供电，有些柴油车会采用 DC 24 V 电压供电，即使用两个 12 V 蓄电池串联，为电气设备供电。

2）并联单线

汽车上的所有用电设备都采用并联方式与电源连接，每个用电设备都由各自支路上的专用开关控制，互不干扰。

在汽车电路中，从电源到用电设备只用一根导线连接，而另一根导线则由车辆的金属部分（如底盘、车身等）代替形成回路的接线方式称为单线制，如图 4–8 所示。采用单线制，不仅可以节省导线，使电路简化，便于安装与检修，而且电气元件也不需要与车体绝缘，因此应用广泛。但在个别情况下，也需要采用双线制。

3）负极搭铁

采用单线制时，由于众多电气元件需要构成电流回路，若都通过电源负极构成回路会大量增加导线的长度，所以在车辆上将蓄电池的负极用导线连接到车身上，将整个车身作为负极，各元器件就近与车身连接构成回路，从而大量减少导线的长度。这种连接方式称为负极搭铁，是符合国家标准的一种连接方式。搭铁也被称为接地，搭铁（接地）实物及其符号如图 4–9 所示。

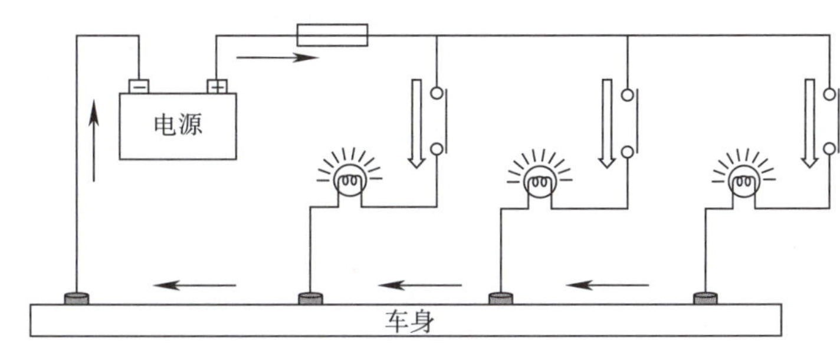

图 4–8　汽车电路的特点——并联单线

a）　　b）

图 4–9　汽车电路的特点——负极搭铁

a）搭铁（接地）实物　b）搭铁（接地）符号

（4）汽车电路图的定义

汽车电路图是指采用国家规定的元器件图形符号，表达汽车电路组成、工作原理、各元器件物理连接关系，不考虑其实际形状、位置的一种图形。汽车电路图的作用是对汽车电路作解释说明。

根据汽车电路图的不同用途，可绘制成不同形式的汽车电路图。常见的汽车电路图主要有汽车电气线路图、汽车电路原理图、汽车线路定位图。

1）汽车电气线路图

汽车电气线路图中，电气部件的外形和安装位置都与实际情况相同，很方便查线，但读图不方便，只适用于汽车电气部件少、线路连接简单的传统汽车。汽车电气线路图示例如图 4–10 所示。

2）汽车电路原理图

汽车电路原理图是重点表达汽车各系统电路组成、连接关系和电路原理，而不考虑其实际安装位置的简图。它能够清晰、准确地反映汽车各电器的连接关系和电路原理，是为方便掌握汽车电路系统和故障检修而绘制的。图 4–11 所示为某车型厂家技术手册中的一张汽车电路原理图原图。

3）汽车线路定位图

汽车线路定位图用于指示各电器及导线的具体位置。一般采用绘制的立体图或实物照片的形式，立体感强，能直观、清晰地反映电器在车上的实际位置，具有很高的实用价值。

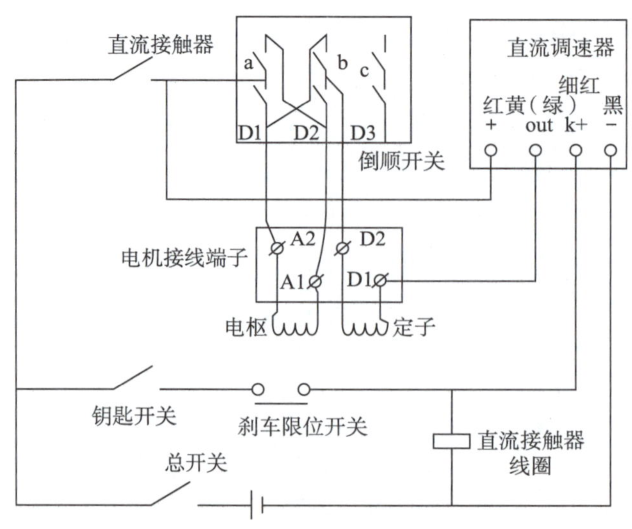

图 4-10　汽车电气线路图示例

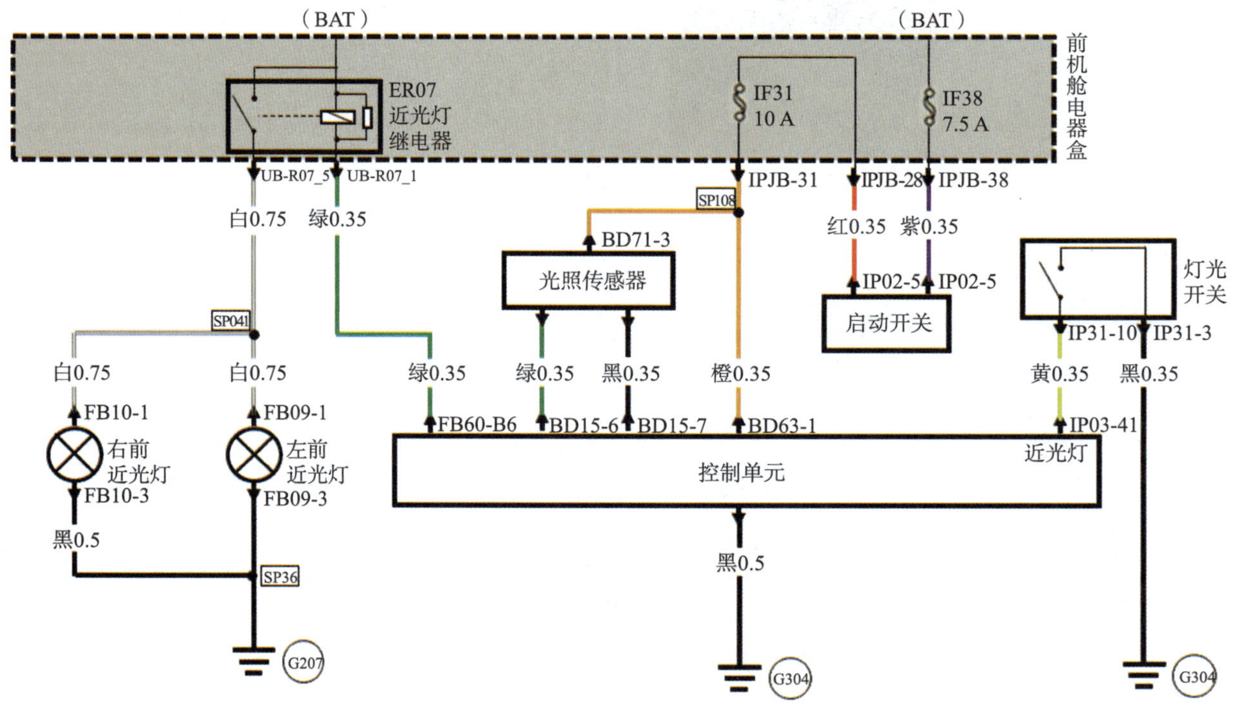

图 4-11　汽车电路原理图示例

汽车线路定位图在某些车型中还有进一步细化的分类，例如汽车线束图、汽车电器定位图等，如图 4-12 所示。

(5) 汽车电路图的拆画方法

1) 电气符号识读

汽车电路图是利用电气图形符号来表示其构成和工作原理的。因此，必须能够识读电路图形符号的含义，才能读懂电路图。部分电气元件符号见表 4-1。

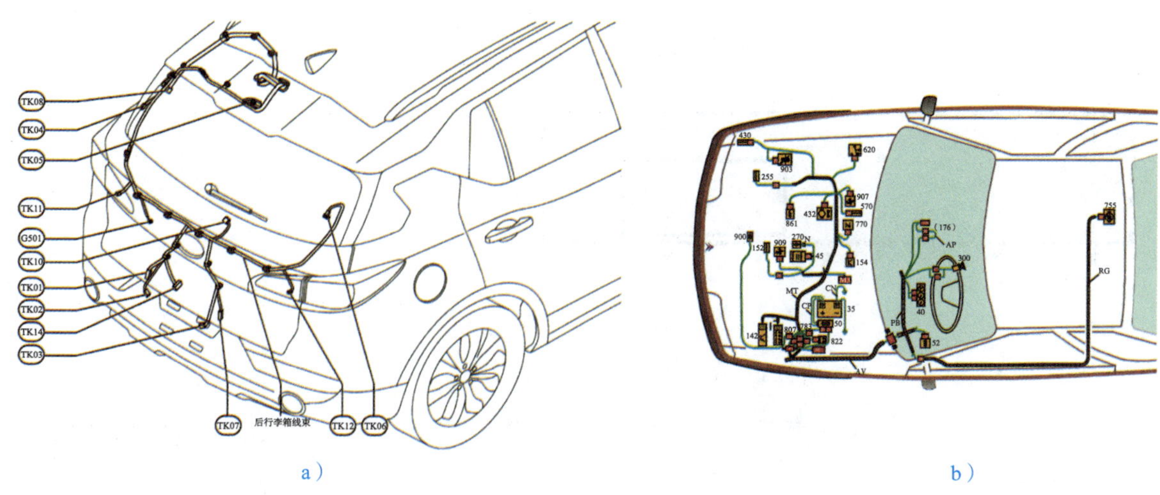

a）　　　　b）

图 4–12　汽车线路定位图

a）汽车线束图　b）汽车电器定位图

表 4–1　部分电气元件符号

名称	符号	名称	符号
电池		交流 / 直流变换器	
天线		信号灯	
接地		扬声器	

2）电路图识读

以某智能网联汽车喇叭系统为例，图 4–13 所示为其厂家技术手册中的电路图原图，该电路图分为三部分，最上面部分为前舱电器盒及仪表板电器盒电路，其中标明了熔断器的位置及容量、继电器位置编号及接线端子编号、电源性质（常电、ACC 供电、IG 供电等），中间部分是车上的电气元件及连接导线，标明了电气元件符号、导线颜色及直径，最下面是搭铁点（接地点）及位置编号等信息。电路图是在开关处于关闭位置的情况下绘制的，其各部分释义见表 4–2。

3）梳理电路运行路径

如果负载工作异常，说明负载电路出现问题，应对负载电路进行检查。当对负载电路进行检查之前，须查阅负载电路图，了解负载电路的运行路径。

电流流向必须从电源正极出发，经过熔断器、控制装置、负载到电源负极。因此识读汽车电路图有以下三种思路：

第一种，沿着电路电流的流向，由蓄电池正极出发，到熔断器、控制装置、负载回到蓄电池负极。

第二种，逆着电路电流的方向，由蓄电池负极开始，经过负载、控制装置、熔断器回到蓄电池正极。

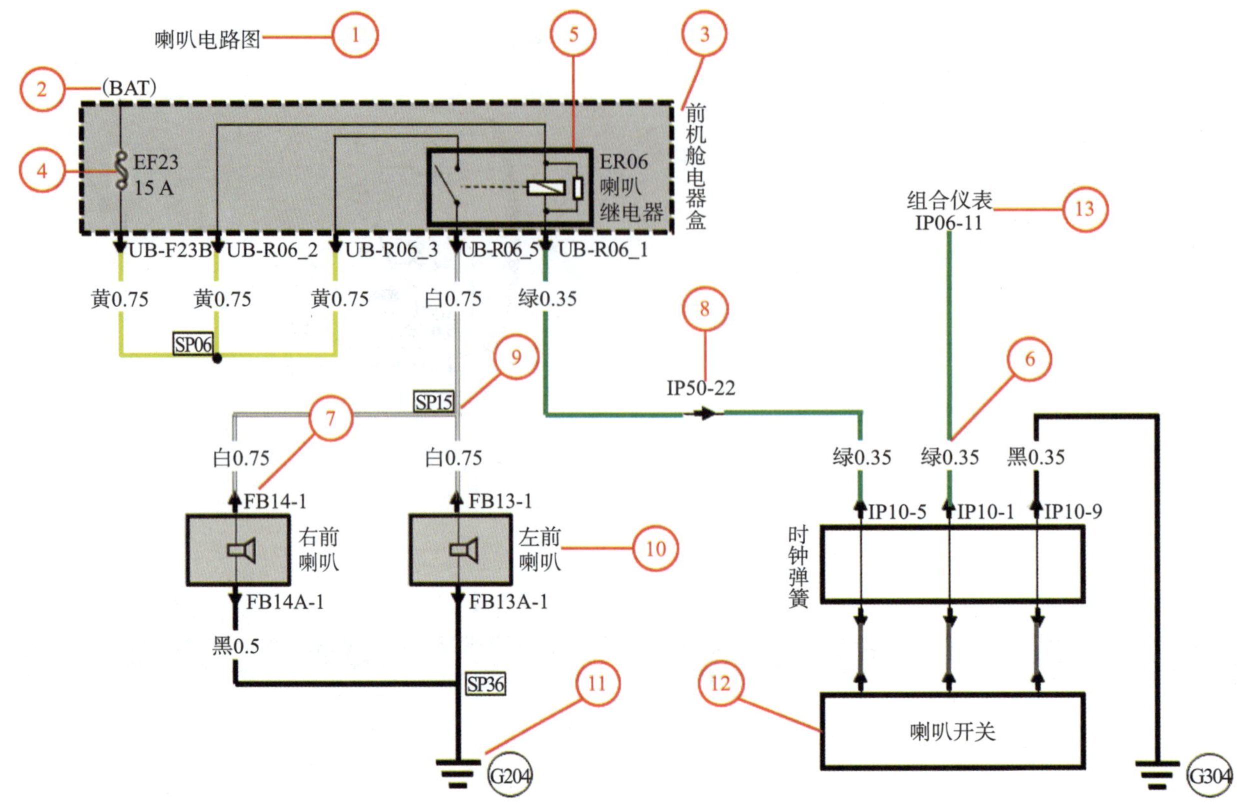

图 4-13　喇叭系统电路图

表 4-2　电路图释义

序号	说明
1	系统编号与名称，可通过车辆电路图手册的目录进行查询
2	电源性质，“BAT”表示由辅助蓄电池供电，为常电；“IG”表示启动开关位于“ON”挡时由 IG 继电器供电；“ACC”表示启动开关位于“ACC”挡时由 ACC 继电器供电
3	表示内部的熔断器、继电器位于前机舱电器盒内
4	熔断器，EF23 为熔断器编号，可以通过电器盒盖查询该熔断器具体安装位置；15 A 表示此熔断器容量为 15 A
5	继电器，ER06 为继电器编号，可以通过电器盒盖查询该继电器具体安装位置
6	“绿 0.35”中，绿表示实车上的导线颜色，分为单色导线和双色导线；0.35 表示导线直径
7	“FB13-1”中，FB13 表示连接器编号，-1 表示具体端子，连接器背面刻有孔位编号
8	线线连接器，可以通过车辆电路图手册查询该连接器具体安装位置
9	多根导线焊接点编号，可以通过车辆电路图手册查询该焊接点具体位置；若是导线交叉而并不相连，则不标注
10	部件名称，负载，此处为左前喇叭，可以通过车辆电路图手册查询该负载具体安装位置
11	“G204”表示搭铁点编号，可以通过车辆电路图手册查询该搭铁点具体安装位置
12	控制装置，此处为喇叭开关
13	跳接，表示连接的元器件及其连接器端子编号

第三种，先找到该负载，然后从负载端向电流供给方向查找，依次查找其连接导线、控制装置、继电器、熔断器等元器件，最后到达蓄电池正极。

由于汽车电路中负载较多，且都从电源正极引出然后再分流，因此，建议采用第三种方法，从负载开始采用“逆推”方式寻找电源来识读汽车电路图。

4）电路图的拆画步骤

拆画电路图时，首先在纸张最上面画一条直线代表辅助蓄电池正极，在最下面画一条直线代表辅助蓄电池负极。然后，将电路中涉及的所有电气元件按电流顺序自上向下一一画出，依次为保护装置、控制装置、负载等。最后，参照电路图将这些元器件用代表连接导线的直线连接起来，注意要标明每个插接器的插脚符号。拆画完的汽车电路图示例如图 4–14 所示。

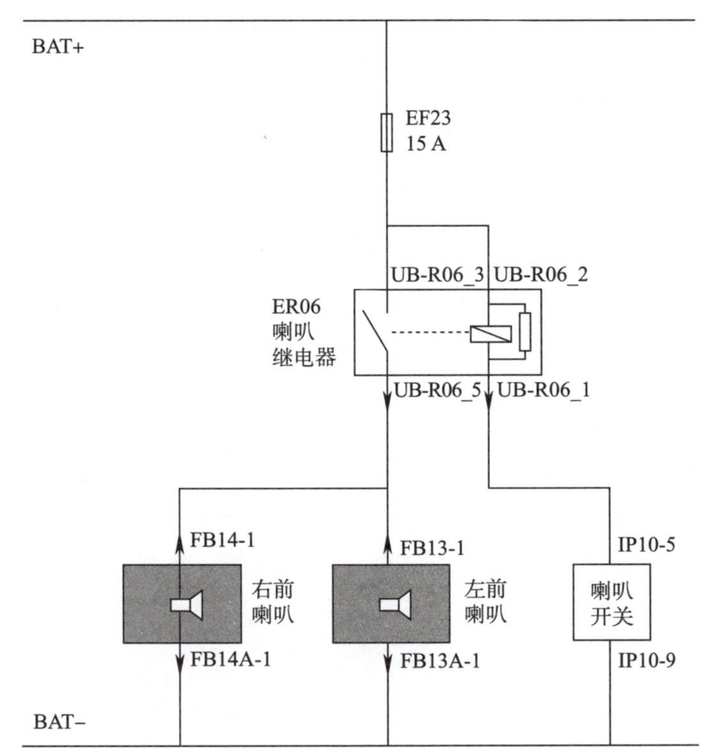

图 4–14　拆画完的电路图示例

2. 技能操作

（1）操作准备

物料准备见表 4–3。

表 4–3　物料准备

类别	所需物料
实训平台	智能网联实训整车
绘图工具	铅笔、纸张、橡皮、尺子套装
设备、工具	车辆防护用品、车辆电路图手册、绝缘胶带

（2）拆画汽车电路图

1）车辆喇叭电路图拆画

根据汽车电路图的拆画方法，拆画实训车辆喇叭系统电路图，绘制在图 4–15 中。

图 4–15　喇叭系统电路图

2）车辆其他单一系统电路图拆画

按照汽车电路图的拆画方法，拆画车辆其他单一系统电路图，绘制在图 4–16 中。

图 4–16　其他单一系统电路图

二、汽车电路检修

1. 知识学习

（1）汽车电路故障的主要形式

汽车电路故障主要出现在导线、熔断器、继电器或控制单元等易损元器件上，其故障主要形式有短路、断路或虚接等。

1）短路

发生短路时，相当于电源未经过负载而直接由导线接通成闭合回路。

短路的基本类型有电源短路和用电器短路。

电源短路就是把电源的两端用导线直接或间接相连，中间没有通过任何用电器。如果在复杂电路中，可找出一条路径直接从电源的正极走向负极，中间不通过任何用电器，则电路中存在短路，电源短路是很危险的，容易造成电源烧毁甚至火灾。

用电器短路也称为部分电路短路。可简单地理解为用一根导线把用电器两端连接起来，电流通过导线，没有电流通过用电器，用电器不工作，视为短路。容易产生烧毁其他用电器的情况。

发生短路的原因主要是导线或元器件因老化或损坏造成绝缘被破坏，或线路连接错误等。

在新能源汽车电路中，若是开关被短路，可能导致负载始终处于工作状态；若是负载被短路，则会导致电源正极与负极直接导通，烧蚀熔断器或导线，负载也无法工作；若是信号线与电源线或接地线等线路短路，可能导致信号错误，系统无法正常工作。

2）断路

断路是由外界腐蚀或电流太大烧断导线等原因造成的，断路后的电器或设备因信号或电力丢失出现故障。

电路中出现断路的原因主要有电路闭合开关损坏、导线未连接好、用电器损坏或未正确安装等。

在新能源汽车电路中，导线断裂或熔断器熔断、继电器触点无法接触、开关触点无法接触等致使负载无电流通过，会造成负载无法工作的故障。

3）虚接

虚接是常见的一种线路故障，一般是因为导线与连接器端子、元器件内部的连接器端子与电路板或导线与导线之间接触不良引起电阻过大，致使电压下降或不稳定，导致负载无法正常工作或信号线信号传输错误等。

（2）汽车电路故障的检测方法

1）电压检测法

首先，需要满足待测电路工作条件，如开关闭合、辅助蓄电池电压正常等。之后使用万用表各电压挡位依次检测待测元器件两端与搭铁之间的电压值，通过电压判断电路故障。电压检测法如图 4–17 所示。

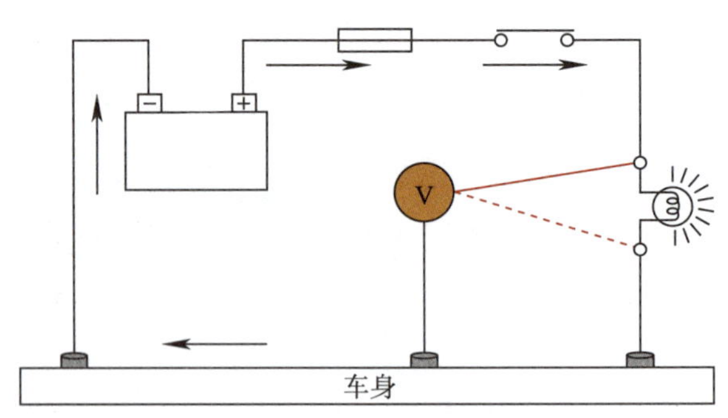

图 4-17　电压检测法

若负载供电端子电压为 0 V 则表示供电电路存在断路，若是大于 0 V 而小于辅助蓄电池正常电压则表示供电电路存在虚接，需要沿电流路径向电源方向逐一检测各元器件两端电压。

若负载供电端子电压等于辅助蓄电池正常电压，则表示供电电路不存在断路，但不排除存在虚接故障，暂时无需检测；检测负载搭铁端子电压，若等于辅助蓄电池正常电压则表示搭铁线路存在断路，若是大于 0 V 而小于辅助蓄电池正常电压则表示搭铁线路存在虚接。

若是负载供电电路与搭铁电路均正常，且排除其他线路故障，则可判断为元器件本体损坏。

2）电流检测法

首先将万用表串联在待测电路的待测位置，调节万用表至电流挡位。之后在满足待测电路工作条件下检测电流是否正常，若是电流为 0 mA 则表示电路存在断路，若是电流微弱或波动较大则电路可能存在虚接，需要沿电流路径向电源方向逐一检测。电流检测法如图 4-18 所示。

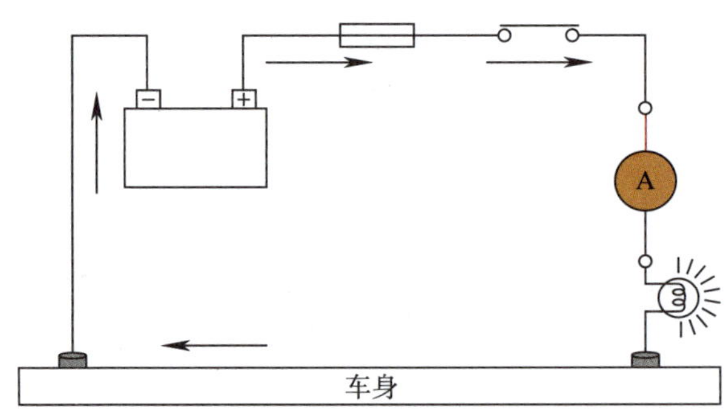

图 4-18　电流检测法

3）电阻检测法

首先将待测元器件从电路中分离，然后使用万用表电阻挡检测待测元器件两端电阻值，能够最直观的判断电路、元器件是否存在断路、虚接故障。电阻检测法如图 4-19 所示。

除电阻性元件（如玻璃升降器电动机、预充电阻、继电器线圈等）外，其他元器件阻值一般小于 1 Ω（或维修手册规定值）。如导线在正常状态下电阻应小于 1 Ω，若测得电阻为无穷大则表示导线存在断路，若电阻大于 1 Ω 而小于无穷大则表示导线存在虚接；如开关在闭合状态下电阻为无穷大或在断开状态下有电阻，则表示开关损坏。

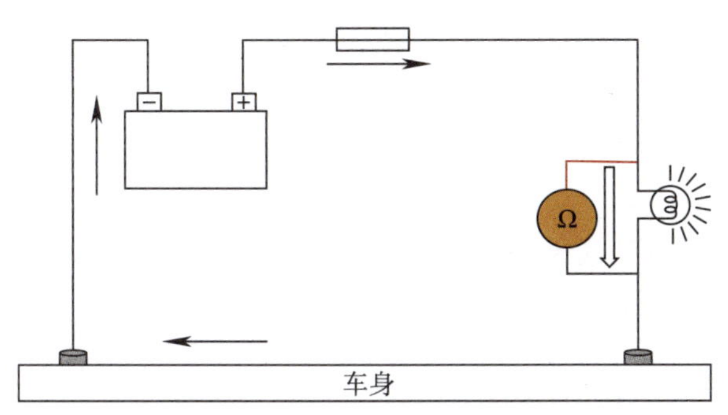

图 4-19　电阻检测法

注意：

① 切忌带电分离元器件。

② 不允许测量带电元器件电阻值。

（3）汽车电路检修工具的使用

1）测电笔

测电笔也称试电笔，简称“电笔”，是一种电工工具，用来测试电线中是否带电。笔体中有一氖泡，测试时如果氖泡发光，说明导线有电或为通路的火线。试电笔中笔尖、笔尾为金属材料制成，笔杆为绝缘材料制成。使用试电笔时，一定要用手触及试电笔尾端的金属部分，否则，因带电体、试电笔、人体与大地没有形成回路，试电笔中的氖泡不会发光，会造成误判，认为带电体不带电。测电笔外形如图 4–20 所示。

当测电笔负极与车身搭铁接触后，将测试探头接入待测电路的测量位置，通过氖泡发不发光判断该测试点是否有电流流过，若是氖泡不发光则表示电路无电，若是氖泡亮度微弱则表示电路可能存在虚接。

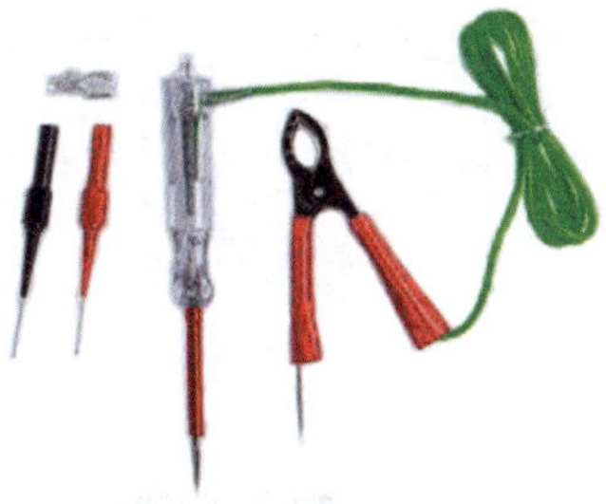

图 4–20　测电笔外形

2）辅助工具

在检测汽车电路故障时，由于需要从连接器的插头或插座背部对连接器内部端子进行检测，或者对导线进行检测时受到绝缘层限制，无法使用万用表表笔直接进行检测，这时需要将细长的探针插入连接器内部进行检测，或者使用免破线工具刺破导线绝缘层进行检测。辅助工具如图 4–21 所示。

图 4–21　辅助工具

a）探针　b）免破线工具

注意：使用免破线工具刺破导线绝缘层后，需要使用绝缘胶带对破线处进行包裹，防止短路。

3）剥线钳

剥线钳是用来剥除导线绝缘层、裸露出内部线芯的工具，还可以用来剪切导线。首先根据导线直径选择剥线钳的口径，之后将导线需要剥离点夹入剥线钳，捏紧剥线钳手柄即可剪断导线绝缘层，利用夹持区将剪断的绝缘层拉出。剥线钳如图 4–22 所示。

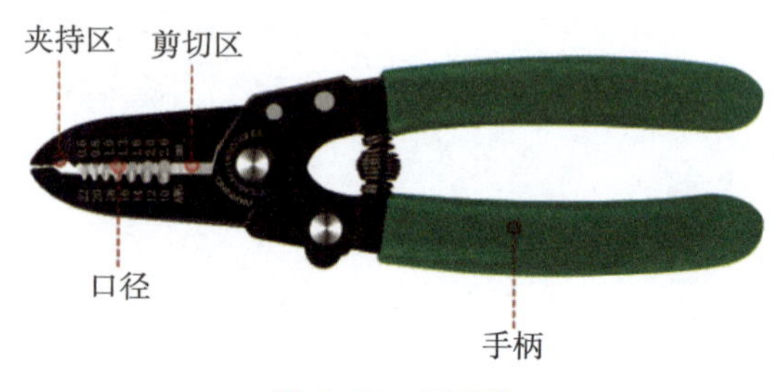

图 4–22 剥线钳

4）焊接工具

汽车电路故障检修常用的焊接工具为电烙铁。若是连接器端子脱焊，或是导线与端子连接、导线之间接线时，可以进行焊接。焊接方法如下：

① 使用小刀、砂纸等工具将要焊接部位进行刮擦，去掉表面的氧化层、油污等。

② 将加热的电烙铁刃口熔上适量焊锡。

③ 电烙铁刃口粘带助焊剂（松香、焊锡膏等）。

④ 将要焊接部件连接在一起，将焊锡熔在焊接部位。

⑤ 焊接部位形成焊点后迅速移开电烙铁。

焊接方法如图 4–23 所示。

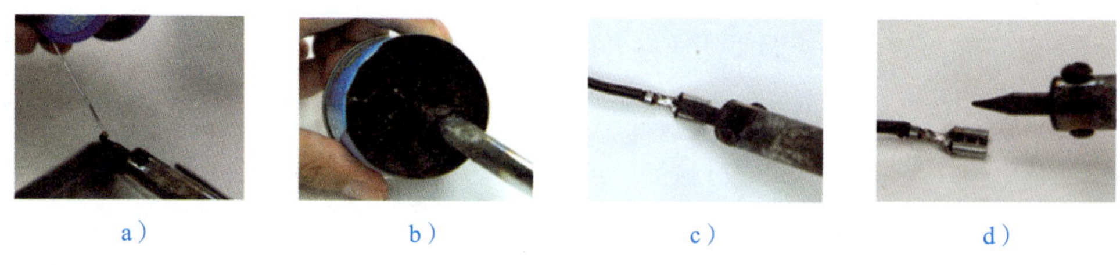

a） b） c） d）

图 4–23 焊接方法

a）刃口熔上适量焊锡 b）粘带助焊剂 c）焊接 d）移开电烙铁

注意：操作中谨防电烙铁烫伤。

（4）汽车线束的维修方法

1）连接器锁止机构解除方法

在插拔连接器时必须手持连接器壳体，不允许手持线束。断开连接器之前应先解除锁止机构，常见的几种连接器锁止机构解除方法如图 4–24 所示。

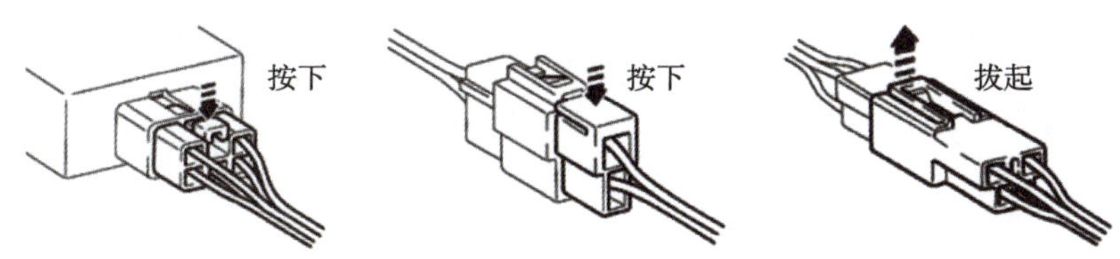

图 4-24　连接器锁止机构解除方法

2）接线方法

当电路导线存在断路故障时需要进行接线或换线。接线方法如下：

① 剥开线束缠绕的胶带或螺纹管，找到故障导线和断路点。

② 将导线断路点两端剪切平整，并剥离出 3~5 cm 的线芯。

③ 两端套入适当长度的热缩管。

④ 准备一根同样直径的导线，根据断路点两端的距离剪切出一截导线，备用导线要预留出剥线的长度，如图 4-25 所示。

图 4-25　导线剪切

⑤ 将备用导线两端剥离出 3~5 cm 的线芯。

⑥ 将备用导线两端与故障导线两端连接，连接方法如图 4-26 所示。

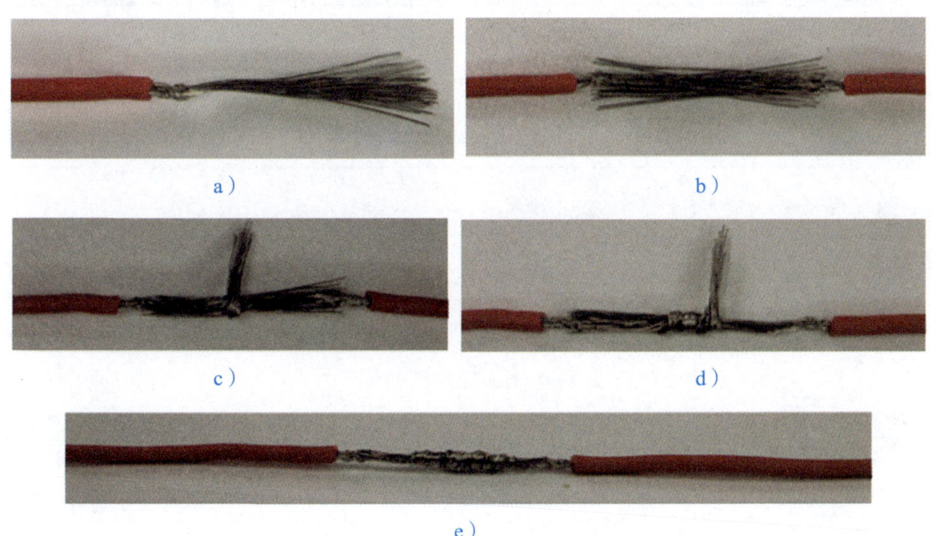

a）　b）　c）　d）　e）

图 4-26　导线连接

a）尾部拧紧　b）互相插入　c）先从一侧翘起一半线芯缠绕　d）再翘起另一半线芯进行缠绕　e）以同样的方法翘起另一侧线芯，反向进行缠绕

3）换线方法

若是电路导线存在老化、烧蚀、虚接等故障，则需要对该导线进行更换，更换导线的重点就是将端

子从连接器护套中退出，当导线与连接器端子断开或虚接故障时也需要退出端子进行维修。退出端子后导线与端子连接方法如下：

① 将导线头部剥离出 0.5 cm 的线芯。

② 将线芯放置于导体压接中、带绝缘层的导线放置于绝缘支撑中。

③ 利用尖嘴钳压紧导体压接及绝缘支撑。导线与端子连接方法如图 4–27 所示。

④ 向连接器护套内安装端子前，调整端子锁止机构，如图 4–28 所示。

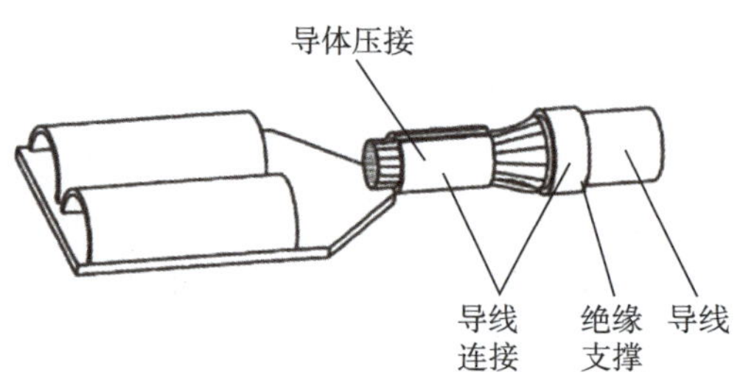

图 4–27 导线与端子连接

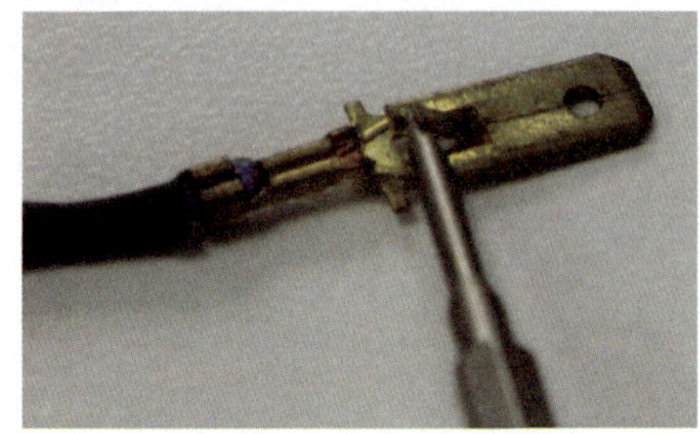
图 4–28 调整端子锁止机构

2. 技能操作

（1）操作准备

物料准备见表 4–4。

表 4–4 物料准备

类别	所需物料
实训平台	智能网联实训整车
设备、工具	车辆防护用品、车辆电路图手册、绝缘胶带、万用表、测电笔、剥线钳、热缩管、热风枪、各式端子、电烙铁、助焊剂

（2）车辆喇叭电路检修

选择合适的检测方法，对车辆喇叭电路进行检测，确定故障点并进行检修，将故障检修记录填写在表 4–5 中。

表 4–5 故障检修记录

序号	检测项目	检测方法	检测结果	问题处理方式
示例	辅助蓄电池	电压检测法	正常□ 不正常☑	更换蓄电池
1	辅助蓄电池		正常□ 不正常□	
2	负载供电端		正常□ 不正常□	
3	负载接地端		正常□ 不正常□	
4	开关		正常□ 不正常□	

续表

序号	检测项目	检测方法	检测结果	问题处理方式
5	继电器		正常□　不正常□	
6	熔断器		正常□　不正常□	
7	导线		正常□　不正常□	

检查评估

对本任务的学习情况进行检查，并将相关内容填写在表 4-6 中。

表 4-6　检查表

检查项目	检查结果	结果点评
汽车电路图拆画		
是否标注具体端子号	是□　否□	
是否标注电源性质	是□　否□	
继电器端子连接是否正确	是□　否□	
拆画的电路图是否正确	是□　否□	
汽车电路检修		
是否正确判定故障点	是□　否□	
故障是否排除	是□　否□	
用电器工作是否正常	是□　否□	
整理及恢复		
工具、设备是否整理恢复	是□　否□	
实训工位是否打扫干净	是□　否□	
工作页是否填写完整	是□　否□	

任务小结

本任务小结如图 4-29 所示。

汽车电路故障检修
汽车电路图拆画
汽车电路的组成
电源、负载（用电设备）、保护装置、控制装置、导线
汽车电路的类型
汽车电路的特点
低压直流、并联单线、负极搭铁
汽车电路图的定义及拆画方法
识读电路图
梳理电路运行路径
绘制电源及元器件符号并用直线连接
汽车电路检修
汽车电路故障的主要形式
短路、断路、虚接
汽车电路故障的检测方法
电压检测法、电流检测法、电阻检测法
汽车电路检修工具的使用
测电笔、辅助工具、剥线钳、焊接工具
汽车线束的维修方法
连接器锁止机构解除方法
接线方法
换线方法

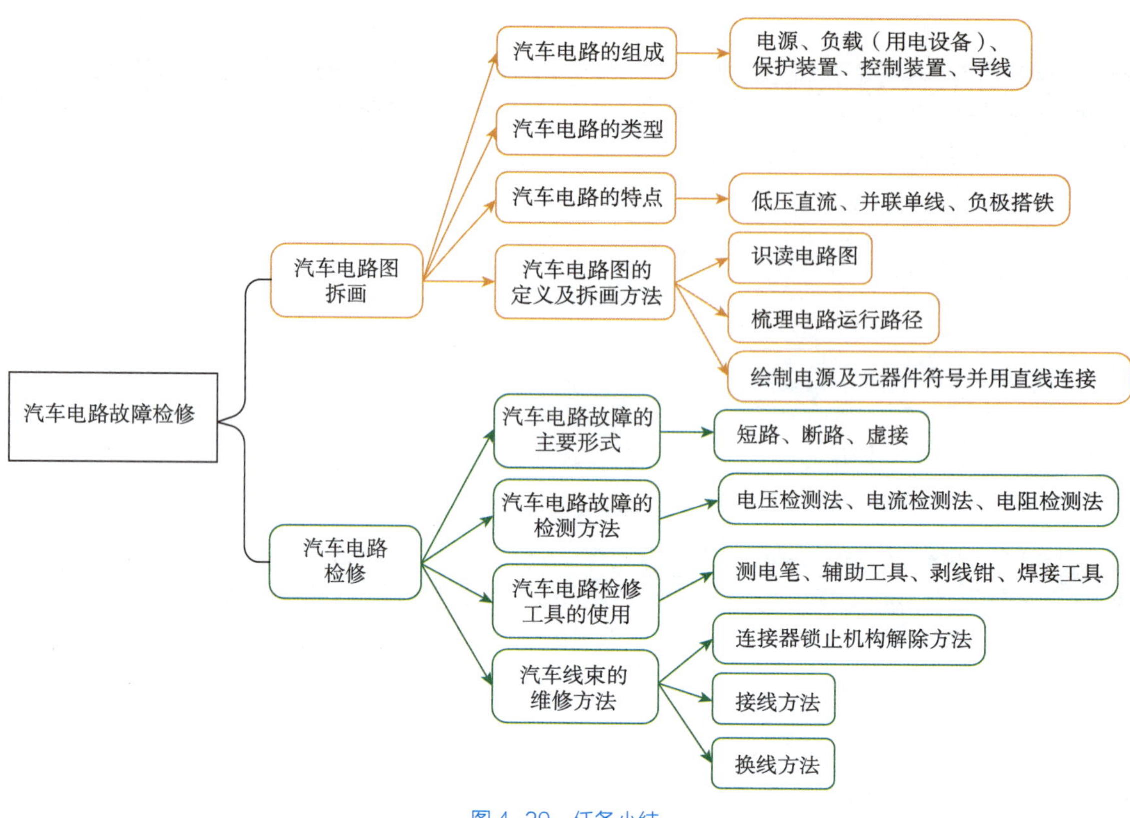

图 4-29　任务小结

任务五
辅助蓄电池检查与更换

情境一

任务导入

场景：某国产智能网联汽车售后维修中心

人物：程先生（客户）、小刘（维修技师）

情节：程先生的纯电动智能网联汽车无法上电行车，维修技师小刘经检查后发现是辅助蓄电池负极接线柱脱开，连接好蓄电池负极接线柱后车辆就能正常行驶。

任务目标

- 能按照辅助蓄电池的检查项目及方法，使用专用工具，正确完成辅助蓄电池检查。
- 能按照辅助蓄电池更换标准流程，使用专用工具，正确完成辅助蓄电池更换。

任务实施

一、辅助蓄电池检查

1. 知识学习

（1）辅助蓄电池的作用

辅助蓄电池的作用主要是给车辆小功率用电设备（例如灯光系统、娱乐系统、各种控制器等）供电，一般为铅酸蓄电池。铅酸蓄电池是指正极活性物质使用二氧化铅，负极活性物质使用海绵状铅，并以硫酸溶液为电解液的蓄电池。它是一种将化学能转变为电能的装置，属于低压直流电源，在放电时，蓄电池能将化学能转换为电能放出，在充电时，它又能将电能转化成化学能储存起来。这种能量转换的可逆过程可以多次进行，所以铅酸蓄电池也被称为二次电池。辅助蓄电池一般位于前机舱内，如图 5-1 所示。

（2）辅助蓄电池的分类

辅助蓄电池（铅酸蓄电池）分为普通蓄电池、干荷蓄电池和免维护蓄电池。

1）普通蓄电池

普通蓄电池的极板由铅和铅的氧化物构成，电解液是硫酸水溶液。它的主要优点是电压稳定、价格便宜，缺点是比能低（即每千克蓄电池存储的电能低）、使用寿命短和日常维护频繁，顶部有电解液加注孔，如图 5–2 所示。

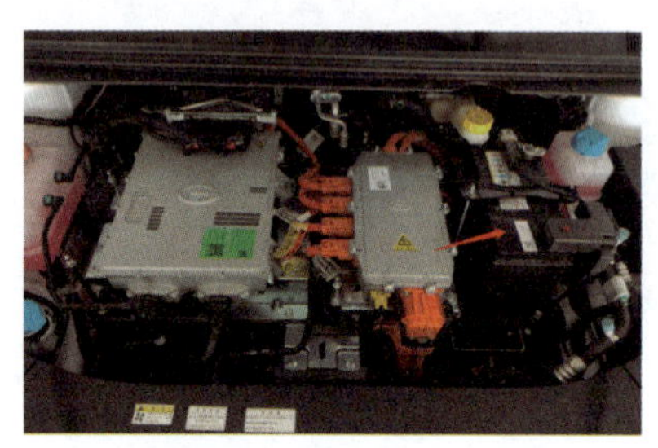

图 5–1　辅助蓄电池

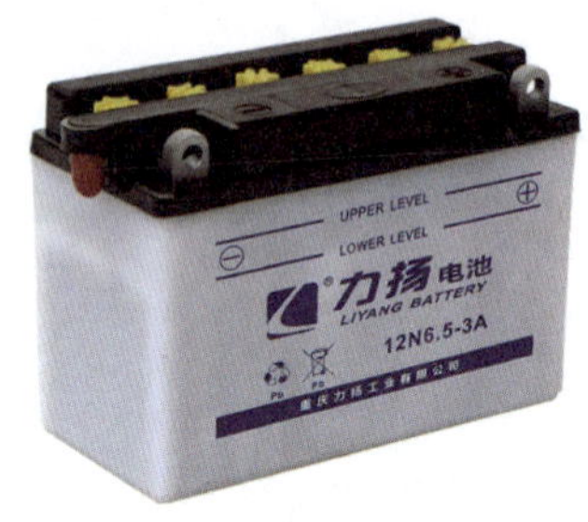

图 5–2　有加注孔的普通蓄电池

2）干荷蓄电池

它的全称是干式荷电铅酸蓄电池，主要特点是负极板有较高的储电能力，在完全干燥状态下，能在两年内保存所得到的电量，使用时，只需加入电解液，等待 20~30 min 即可使用。

3）免维护蓄电池

免维护蓄电池在正常充电电压下，电解液仅产生少量的气体，极板有很强的抗过充能力，而且具有内阻小、低温启动性能好、使用寿命长等特点，因而在整个使用期间不需添加蒸馏水，在充电系统正常情况下，不需拆下进行补充充电，但在保养时应对其电解液的比重进行检查。它还具有耐震、耐高温、体积小、自放电小的特点，使用寿命一般为普通蓄电池的两倍。

免维护蓄电池采用铅钙合金栅架，充电时产生的水分解量少，水分蒸发量低，加上外壳采用密封结构，释放出来的硫酸气体也很少，所以它与普通蓄电池相比，不需添加任何液体，没有电解液加注口，如图 5–3 所示。它还具有接线桩头少、电线腐蚀少、抗过充能力强、启动电流大、电量储存时间长等优点，因此，新能源汽车辅助蓄电池一般采用免维护蓄电池。

（3）辅助蓄电池的铭牌型号

辅助蓄电池（铅酸蓄电池）型号一般由三部分组成，第一部分为串联的单体蓄电池数，第二部分为蓄电池用途、结构特征代号，第三部分为标准规定的额定容量。例如，6–QA–100 表示 6 个单体串联的额定容量为 100 A · h 的干式荷电启动蓄电池，如图 5–4 所示。

蓄电池的用途类型及特征代号见表 5–1 和表 5–2。

（4）辅助蓄电池的组成

构成辅助蓄电池（铅酸蓄电池）的主要部分是电极板（阳极板与阴极板）、电解液、隔离板、接线柱、壳体等，如图 5–5 所示。各部分的主要材质与功能各有不同。

图 5-3　免维护蓄电池

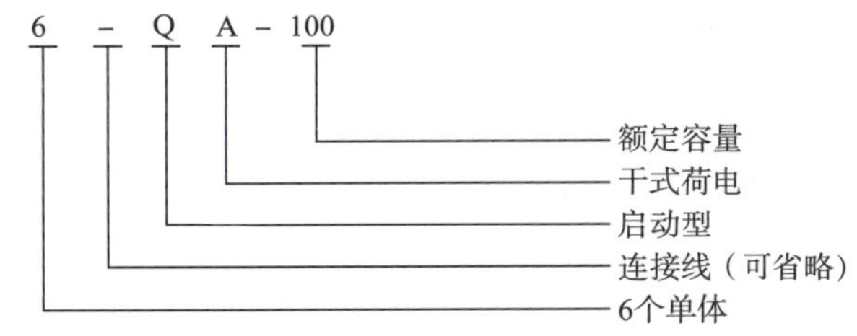

图 5-4　免维护蓄电池型号含义

表 5-1　蓄电池用途类型

序号	蓄电池用途类型	代号
1	启动型	Q
2	固定型	G
3	牵引（电力机车）用	D
4	内燃机车用	N
5	铁路客车用	T
6	摩托车用	M
7	船舶用	C
8	储能用	CN
9	电动道路车用	EV
10	电动助力车用	DZ
11	煤矿特殊	MT

表 5-2　蓄电池特征代号

序号	蓄电池特征	代号
1	密封式	M
2	免维护	W
3	干式荷电	A
4	湿式荷电	H
5	微型阀控式	WF
6	排气式	P
7	胶体式	J
8	卷绕式	JR
9	阀控式	F

1）电极板

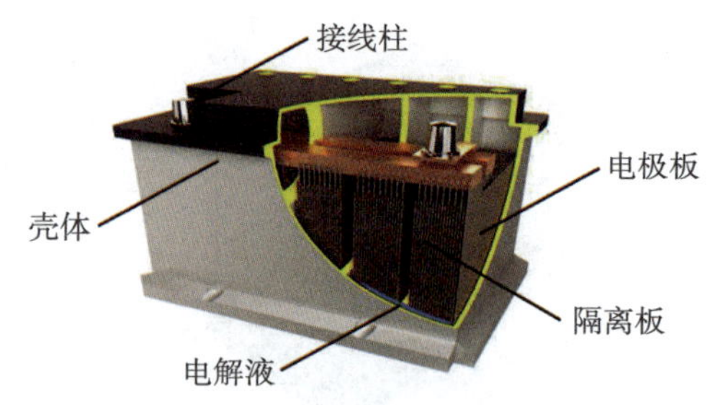

图 5-5　辅助蓄电池组成

辅助蓄电池中最为重要的材料就是电极板，构成电极板的原料为铅粉，是可转化成正、负极活性物质的材料。铅粉中的主要成分为一氧化铅。电极板中形状如格子的板栅主要材质为铅锑（Pb-Sb）系与铅钙（Pb-Ca）系合金，用以附着活性物质，具有集电体的作用。锑（Sb）的加入可以改善正极与活性物质间的接触，有助于提升耐蚀性、延长寿命，缺点在于锑若溶解于电解液中成为 SbO^- 离子，而在负极板上产生锑单质，将会产生氢气造成自放电。铅钙系合金的结晶组织中因添加了适当的钙，铅结晶细小、硬度提升，而且不会产生自放电，目前普遍使用于小型密封型铅酸蓄电池。

2）电解液

电解液中的硫酸除了导电功能外，也参与电极的反应，放电时消耗，充电即可生成。电池中电解液比重较高时，可以提供较佳的电力特性，但有可能加速极板的腐蚀与劣化，若是要延长电池的使用寿命与可靠性，则在比重上必须有所限制。

在电解液中，杂质含量的增加也会加速极板的腐蚀与劣化，减少电池使用的性能与寿命，但适当添加杂质可以避免电解液处于过放电时，发生隔离板被贯穿进而造成短路的情况。

3）隔离板

隔离板放置于两极之间，除了作为隔离电极的装置，还必须防止正、负极间发生短路。实际安装时，正、负两极板的距离相当接近，在中间插入以绝缘物质制造的多孔性隔离板，可防止两极板接触。因此隔离板必须具备良好的离子导电性，也就是低电阻的特性，还有优异的耐酸性以及抗氧化性，且不得溶出杂质，并应防止活性物质的脱落造成短路。

4）壳体

壳体用于盛放电解液和电极板组，应耐酸、耐热、耐震。壳体多采用硬橡胶或聚丙烯塑料制成，为整体式结构，底部有凸起的肋条以搁置极板组。壳内由间壁分成 3 个或 6 个互不相通的单格，各单格之间用铅质连条串联起来。

5）接线柱

铅酸蓄电池接线柱主要用于外接用电及充电设备，分为正极和负极，正极一般用“+”号或红色表示，负极一般用“-”号或黑色表示。

（5）辅助蓄电池的工作原理

辅助蓄电池（铅酸蓄电池）通过充电将电能转换为化学能贮存起来，使用时再将化学能转换为电能释放出来。它由还原物质构成负极，由氧化态物质构成正极，当外电路接通两极时，氧化还原反应就在电极上进行，从而释放出电能，这一过程称为放电过程。放电之后，若有反方向电流流入电池时，就可以使两极活性物质恢复到原来的化学状态。辅助蓄电池工作原理的化学公式为 $PbO_2+2H_2SO_4+Pb \rightleftharpoons 2PbSO_4+2H_2O$，如图 5-6 所示。

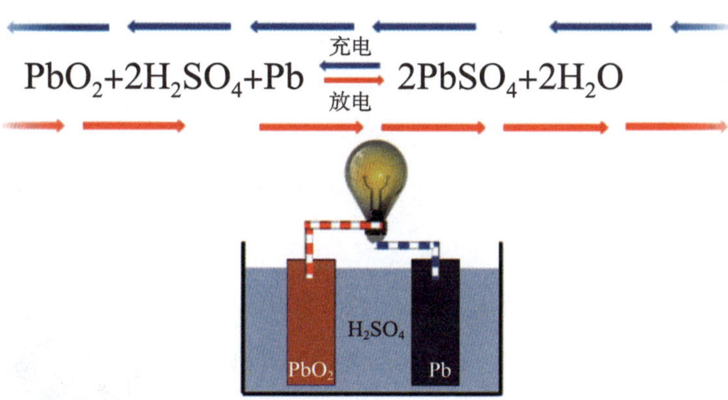

图 5-6　辅助蓄电池工作原理

根据辅助蓄电池充放电化学反应式可以看出：

1）辅助蓄电池充电后，正极板是二氧化铅（PbO_2），在硫酸溶液中水分子的作用下，少量二氧化铅与水生成可离解的不稳定物质——氢氧化铅［$Pb(OH)_4$］，氢氧根离子进入溶液中，铅离子（Pb^{4+}）留在正极板上，故正极板上缺少电子。

2）铅酸蓄电池充电后，负极板是铅（Pb），与电解液中的硫酸（H_2SO_4）发生反应，变成铅离子（Pb^{2+}），铅离子转移到电解液中，负极板上留下多余的两个电子。

3）在未接通外电路时（电池开路），由于化学作用，正极板上缺少电子，负极板上多余电子，两极板间就产生了一定的电位差，这就是电池的电动势。一个单格铅酸电池的标称电压是 2.0 V，能放电到 1.5 V，能充电到 2.4 V；在应用中，经常用 6 个单格铅酸电池串联起来组成标称电压为 12 V 的铅酸电池，还可串并成 24 V、36 V、48 V 等规格。

（6）辅助蓄电池的检查项目及方法

1）检查辅助蓄电池外观

① 检查辅助蓄电池外观是否鼓包，如图 5-7 所示。

② 检查辅助蓄电池壳体是否有破损、是否变形、是否破裂。

③ 检查辅助蓄电池接线端是否有氧化物，如图 5-8 所示。如果接线柱有氧化物需要及时使用热水冲洗，或者用砂纸进行打磨。

图 5-7　蓄电池鼓包

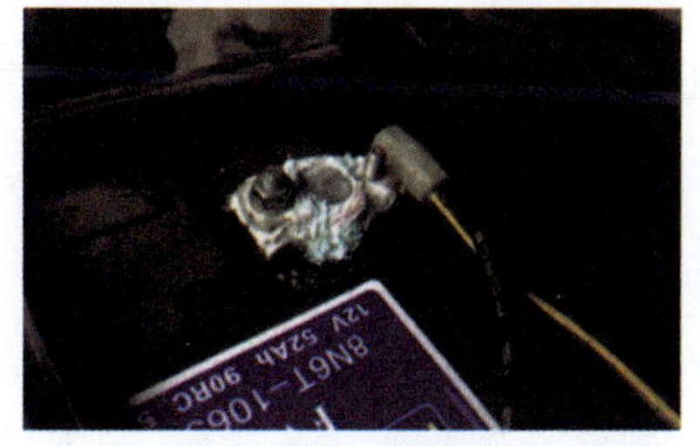

图 5-8　接线柱氧化

2）检查辅助蓄电池固定情况

① 关闭所有用电器，关闭启动开关。

② 打开辅助蓄电池正极接线端盖罩。

③ 检查辅助蓄电池是否固定牢固，若固定不牢，在车辆行驶中蓄电池壳体可能会损坏，影响使用寿命。

④ 如果辅助蓄电池未固定，需要以标准力矩对其固定螺栓进行紧固。

⑤ 左右摇动辅助蓄电池负极接线端和正极接线端，检查接线端固定是否牢固。

⑥ 如果辅助蓄电池正极接线端未固定，需要断开辅助蓄电池负极接线端，重新安装辅助蓄电池正极接线端，拧紧固定螺母，如图 5-9 所示。然后安装辅助蓄电池负极接线端，拧紧固定螺母。

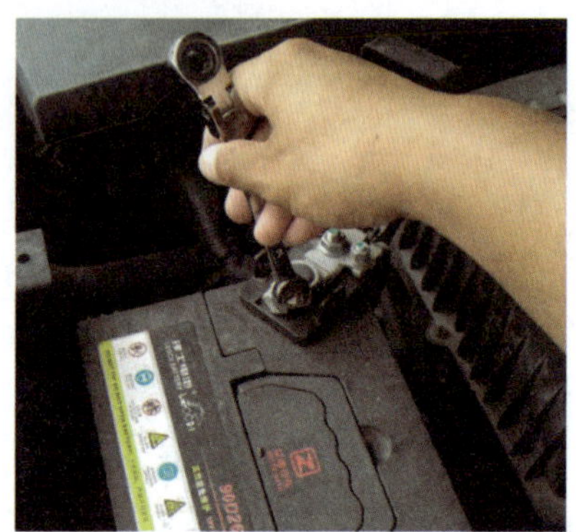

图 5-9　紧固正极接线端螺母

⑦ 如果辅助蓄电池负极接线端未固定，需重新安装辅助蓄电池负极接线端并拧紧固定螺母。

3）检查辅助蓄电池状态

大多数免维护蓄电池在盖上设有一个孔形液体比重计，它会根据电解液比重的变化而改变颜色，用来指示蓄电池的存放电状态和电解液液位的高度。当其呈绿色时，表明充电已足，蓄电池正常；当其绿点很少或为黑色时，表明蓄电池需要充电；当其颜色接近白色透明时，说明电池不能继续使用，需要更换。孔形液体比重计由观察孔、透明管、指示球和容器构成，如图 5-10 所示。

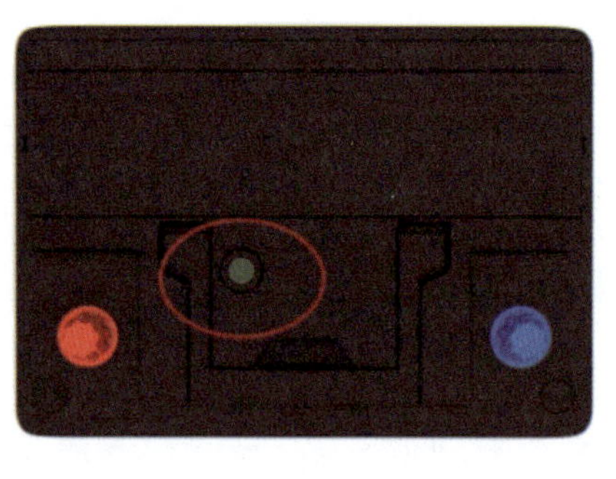

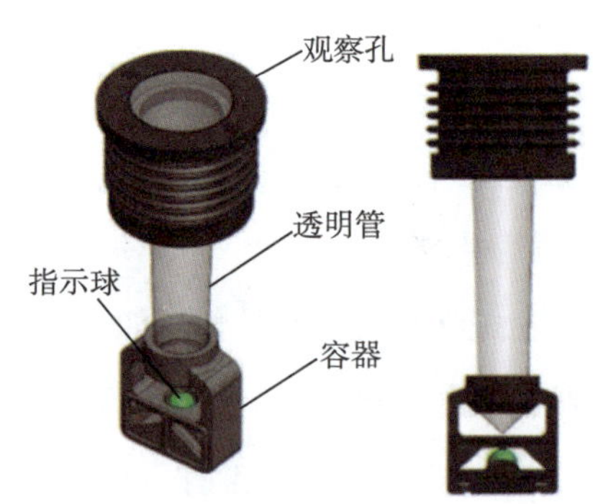

图 5-10　孔形液体比重计的结构

当辅助蓄电池电量充足时，电解液密度大，指示球会浮起来，顶起透明管，外界的光线被透明管引导至辅助蓄电池内，照亮指示球，通过观察孔即可看到绿色的指示球，代表电瓶正常，如图 5-11 所示。

当辅助蓄电池电量不足时，电解液浮力下降，指示球下沉，留在容器侧面，虽然透明管仍然向辅助蓄电池内部引入了一部分光线，但由于透明管被电解液包围着，电解液会将这些光线吸收掉，因此看到的是一片漆黑，如图 5-12 所示。

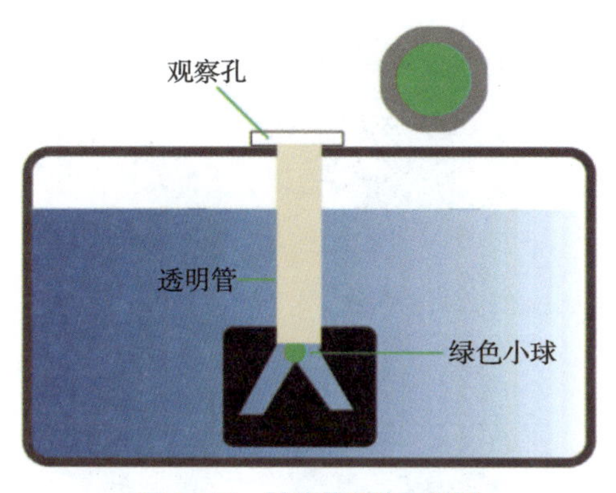

图 5-11　辅助蓄电池正常时

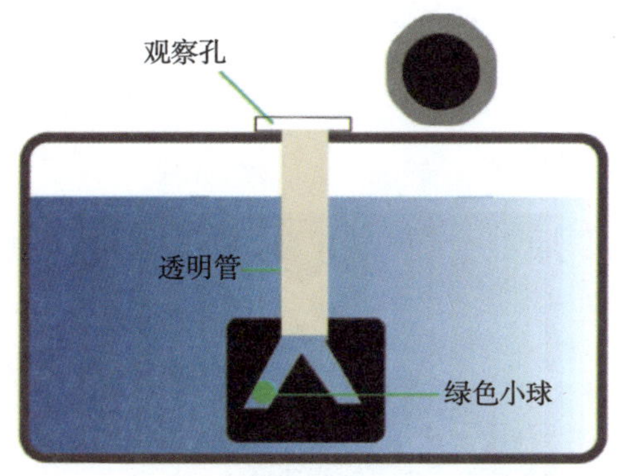

图 5-12　辅助蓄电池电压不足时

当电解液大量流失时，再透过观察孔观察，透明管四周没有电解液，将部分光线引导至辅助蓄电池内部，通过光线的反射就能看到透明管自身，因此观察到的颜色接近白色透明，如图 5-13 所示。这代表电解液已不足，辅助蓄电池基本上已不能使用。

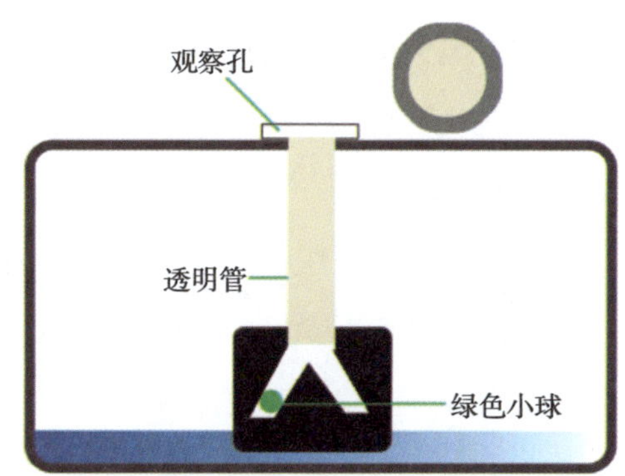

图 5-13　蓄电池不能使用时

4）检查辅助蓄电池电压

检测辅助蓄电池电压包括静态检测蓄电池电压和动态检测蓄电池电压。

静态检测蓄电池电压时，为了避免影响检测结果，在检测前的 2 h 内，不得对蓄电池进行充电或放电，并且应在断开蓄电池对外输出的状态下，进行静态蓄电池电压检测，具体步骤如下：

① 拆卸手动维修开关，如图 5-14 所示。

② 翻开蓄电池负极护盖，如图 5-15 所示。

图 5-14　手动维修开关

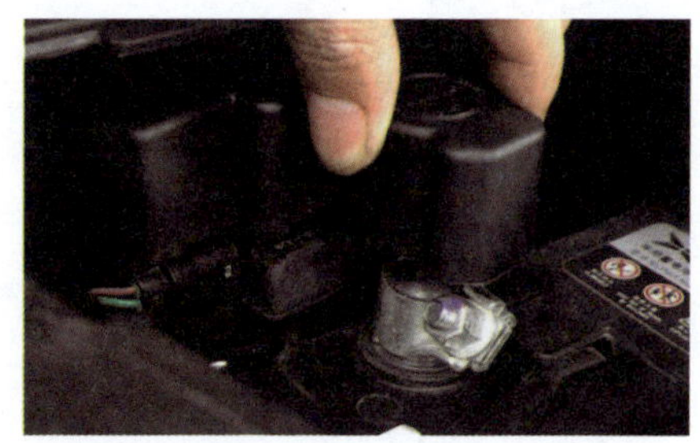
图 5-15　负极护盖

③ 旋松蓄电池负极接线柱固定螺母，脱开蓄电池负极接线柱固定端，如图 5-16 所示。

④ 翻开蓄电池正极护盖，旋松蓄电池正极接线柱固定螺母，脱开蓄电池正极接线柱。

⑤ 将数字式万用表挡位调节到直流电压挡，如图 5-17 所示。

⑥ 将万用表的红表笔放到辅助蓄电池正极接线柱上，将黑表笔放到负极接线柱上，读取万用表显示的电压数值。

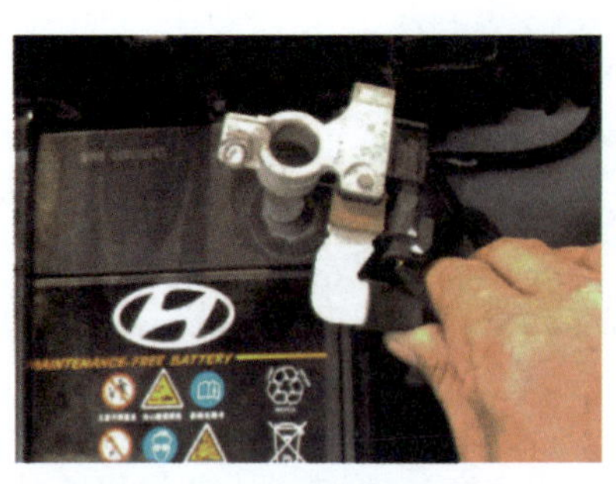

图 5-16　脱开接线柱固定端

图 5-17　万用表调节到直流电压挡

⑦ 正常的辅助蓄电池静态电压不低于 12.3 V，如果低于 12.3 V，应对其充电。

⑧ 充电完成后，需等待至少 2 h（其间不得对蓄电池进行充电或放电），使用数字式万用表再次测量辅助蓄电池电压。

⑨ 如果此时电压正常，可继续使用；如果电压仍低于 12.3 V，则应更换。

动态检测辅助蓄电池电压的操作步骤如下：

① 按下车辆启动开关。

② 将数字式万用表调节到直流电压挡。

③ 分别用万用表的红表笔、黑表笔连接到蓄电池正、负极接线柱上，如图 5-18 所示。

图 5-18　用万用表测量辅助蓄电池电压

④ 开启车上所有大功率用电器（如前照灯、收音机等）。

⑤ 从打开大功率用电器时算起，观察数字式万用表 15 s 内所显示的电压变化。

⑥ 如果辅助蓄电池电压下降比较缓慢，并且 10 s 内没有下降到 10.8 V 以下，说明其状态正常。

⑦ 如果辅助蓄电池电压快速下降到 9.8 V 以下，则应更换。

2. 技能操作

（1）操作准备

物料准备见表 5-3。

表 5-3　物料准备

类别	所需物料
教学整车 / 实训平台	智能网联实训整车、辅助蓄电池
仪器、设备、工具	数字式万用表、砂纸、十字旋具、一字旋具、套筒扳手、棘轮扳手、扭力扳手

（2）检查辅助蓄电池

根据辅助蓄电池的检查项目及方法，对辅助蓄电池进行检查，将检查结果记录在表 5–4 中。

表 5–4　辅助蓄电池检查

序号	检查项目		检查结果
1	辅助蓄电池外观	辅助蓄电池是否固定牢固	是□　否□
		正极接线端是否固定牢固	是□　否□
		负极接线端是否固定牢固	是□　否□
		外观是否鼓包	是□　否□
		外观是否破损	是□　否□
		接线端是否被氧化	是□　否□
2	辅助蓄电池观察孔	是否有观察孔	是□　否□
		观察孔是否为绿色	是□　否□
		观察孔是否为黑色	是□　否□
		观察孔是否为白色透明	是□　否□
3	辅助蓄电池电压	静态电压测量结果	____________V
		静态电压是否正常	是□　否□
		动态电压测量结果	____________V
		动态电压是否正常	是□　否□

二、辅助蓄电池更换

1. 知识学习

（1）辅助蓄电池更换注意事项

1）蓄电池电解液具有很强的腐蚀性，应避免溅洒出来，否则可能损坏车漆、车身或零部件。

2）若蓄电池电解液接触到皮肤，应使用弱碱性的溶液（如肥皂水）进行清洗。

3）若蓄电池电解液进入眼睛，须立即到最近的水龙头处对眼睛进行冲洗，必要时就医检查。

4）蓄电池充电时会产生可燃气体（氢气），应在通风良好的地方对蓄电池进行充电，并保持周围环境无烟火或容易产生火花的设备，否则会引起火灾甚至爆炸事故。

5）避免正、负极接线柱松动导致两极直接接触，以免产生火花或短路事故。

6）搬动蓄电池时，需注意防止掉落，避免造成蓄电池损坏甚至人身伤害。

（2）辅助蓄电池拆卸流程

1）关闭所有用电器，关闭启动开关。

2）拆卸手动维修开关。

3）脱开蓄电池负极护盖卡扣，向上打开辅助蓄电池负极护盖。

4）旋松蓄电池负极接头紧固螺母，脱开蓄电池负极接头连接。

5）脱开蓄电池正极护盖卡扣，向上打开辅助蓄电池正极护盖。

6）旋松蓄电池正极接头紧固螺母，脱开蓄电池正极接头连接。

7）旋松蓄电池压板固定螺母，将蓄电池压板及蓄电池螺杆一起取出，如图 5-19 所示。

8）取出蓄电池。

图 5-19　蓄电池压板

（3）辅助蓄电池安装流程

1）将辅助蓄电池放到蓄电池托盘上。

2）检查电池放置是否稳定。

3）将蓄电池压板放置在蓄电池上方。

4）用蓄电池螺杆把蓄电池压板和蓄电池固定好，使用合适的工具，按照维修手册规定力矩进行紧固。

5）将蓄电池正极接头套在蓄电池正极接线柱上，并紧固螺母。

6）将蓄电池负极接头套在蓄电池负极接线柱上，并紧固螺母。

7）将蓄电池正负极护盖盖好。

8）安装手动维修开关。

2. 技能操作

（1）操作准备

物料准备见表 5-5。

表 5-5　物料准备

类别	所需物料
教学整车 / 实训平台	智能网联实训整车、辅助蓄电池
仪器、设备、工具	十字旋具、一字旋具、套筒扳手、棘轮扳手、扭力扳手

（2）更换辅助蓄电池

1）辅助蓄电池拆卸

将辅助蓄电池拆卸过程记录在表 5-6 中。

表 5-6　辅助蓄电池拆卸

序号	操作步骤	操作记录
1	关闭用电器，关闭启动开关	是□　否□
2	拆卸手动维修开关	是□　否□
3	打开辅助蓄电池负极护盖	是□　否□

续表

序号	操作步骤	操作记录
4	选用合适的工具旋松蓄电池负极接线柱紧固螺母	是□　否□
5	脱开蓄电池正极护盖卡扣，向上打开辅助蓄电池正极护盖	是□　否□
6	旋松蓄电池正极接头紧固螺母，脱开蓄电池正极接头连接	是□　否□
7	旋松蓄电池压板固定螺母，将蓄电池压板及蓄电池螺杆一起取出	是□　否□
8	取出辅助蓄电池	是□　否□

2）辅助蓄电池安装

将辅助蓄电池安装过程记录在表 5-7 中。

表 5-7　辅助蓄电池安装

序号	操作步骤	操作记录
1	将辅助蓄电池放回蓄电池托盘	是□　否□
2	检查电池放置是否稳定	是□　否□
3	安装辅助蓄电池压板	是□　否□
4	安装辅助蓄电池固定螺栓	是□　否□
5	紧固辅助蓄电池固定螺栓	是□　否□
6	安装正极接线端并紧固	是□　否□
7	安装负极接线端并紧固	是□　否□
8	盖好接线端护盖	是□　否□
9	安装手动维修开关	是□　否□

检查评估

对本任务的学习情况进行检查，并将相关内容填写在表 5-8 中。

表 5-8　检查表

检查项目	检查结果	结果点评
辅助蓄电池检查		
辅助蓄电池检查项目是否全面	是□　否□	
辅助蓄电池外观是否变形	是□　否□	
辅助蓄电池观察孔颜色是否正常	是□　否□	

续表

检查项目	检查结果	结果点评
辅助蓄电池更换		
拆卸流程是否正确	是□　否□	
安装流程是否正确	是□　否□	
是否按照注意事项操作	是□　否□	
是否按照规定紧固螺母	是□　否□	
整理及恢复		
工具、设备是否整理恢复	是□　否□	
实训工位是否打扫干净	是□　否□	
工作页是否填写完整	是□　否□	

任务小结

本任务小结如图 5-20 所示。

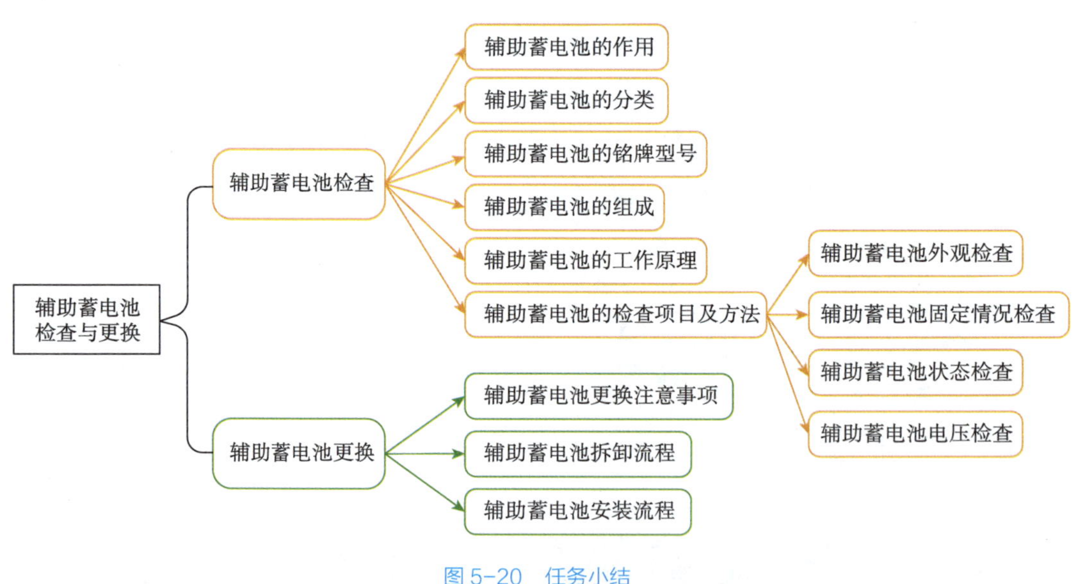

图 5-20　任务小结

情境二
照明与信号系统检修

情境介绍

照明与信号系统在智能网联汽车电气系统中扮演了非常重要的角色，是保证车辆安全行驶的重要部件。它最基本的作用是提供安全行车所必需的灯光与信号，是电气系统必不可少的部分，其重要性不言而喻。若照明与信号系统发生故障，会严重影响安全行车。因此，掌握照明与信号系统的组成及控制原理，运用故障诊断思路与检修方法，正确使用检修工具对其常见故障进行诊断排除是检修工作的重要课题。

本情境包含前照灯检查与调整、转向灯故障检修、制动灯故障检修和后部灯光总成检查与更换四个工作任务，具体内容包括前照灯、转向灯、制动灯、后部灯光总成的组成、控制原理、故障检修流程和方法等。

- 能按照前照灯检查方法及调整流程，使用专用工具，正确完成车辆前照灯的检查与调整。

▶能根据转向灯、制动灯的组成及控制原理，按照故障排除思路，结合电路图，选择合适的检修工具，正确完成转向灯及制动灯故障的初步分析、电路检测与故障部件更换。

▶能按照后部灯光总成检查方法及更换流程，使用专用工具，正确完成车辆后部灯光总成的检查与故障部件更换。

任务六
前照灯检查与调整

任务导入

场景：某国产智能网联汽车售后维修中心

人物：李先生（客户）、小王（维修技师）

情节：李先生的智能网联汽车已行驶 50 000 km，最近开车时发现车辆前照灯的照射位置较低，影响驾驶，于是将车开到售后维修中心进行处理。维修技师小王接到指派，对李先生车辆的前照灯进行调整。

任务目标

- 能按照前照灯检查项目及方法，正确完成车辆前照灯检查。
- 能按照前照灯调整流程，使用专用工具，正确完成车辆前照灯调整。

任务实施

一、前照灯检查

1. 知识学习

（1）前照灯的作用

前照灯如图 6–1 所示，是装于汽车头部两侧，用于夜间行车的照明装置，包括远光灯和近光灯。它能够照亮前方道路，使驾驶者更易识别路障、行人、交通标志，在夜间出行时更加安全、方便。它还有信息传递作用，能够通过灯光的变换，传达车辆自身行驶状态，有效避免与其他车辆的冲突，起到警示、提醒的作用，甚至能够在紧急情况下通过异常灯光变换向其他驾驶员求助。

汽车在行驶过程中，前照灯对驾驶员的安全驾驶有很大影响，照射不足会影响驾驶视野，照射过

情境二

亮则会影响对方驾驶员。虽然前照灯在整车中所占体积不大，但其照明效果直接影响夜间行车的驾驶安全，因此世界各国交通管理部门一般都以法律形式规定了汽车前照灯的照明标准。

图 6–1　前照灯

（2）前照灯的组成

汽车前照灯位于前部灯光总成内，一般由灯泡、反射镜、配光镜（散光镜）三部分组成。

1）灯泡

前照灯的灯泡按照光源类型主要分为卤素灯、氙气灯、LED 灯、激光灯等。

① 卤素灯

卤素灯内添加了卤族元素气体，一般为碘或者溴，这些卤族元素的存在可以减缓钨制灯丝在高温下的损耗，延长灯丝的使用寿命，保证连续长时间工作，亮度、色温也会有所提高。同功率的卤素灯和白炽灯相比较，卤素灯的亮度高出了 50%，使用寿命是白炽灯的 3 倍左右。其工作过程为：当卤素灯工作时，灯丝逐渐发热，此时从灯丝上蒸发出来的钨原子向玻璃管壁方向运动，同时温度也在降低，大约在 800 ℃时和卤素原子相遇产生反应，生成卤化钨（碘化钨或者溴化钨）。卤化钨向玻璃管中央继续运动时，又重新回到炽热的灯丝上，受卤化钨的工作特性影响，卤化钨极不稳定，在此条件下受热又分解还原成钨和卤素蒸气，钨回到灯丝上去填补被蒸发掉的钨原子，周而复始进行循环。卤素灯的外形如图 6–2 所示。

卤素灯价格便宜、操作简单、穿透能力强，市面上经济型轿车上配备的均是卤素灯，市场份额较大。受结构和原理的限制，存在亮度相对较低、燃料消耗高、使用寿命短、色温低等缺点。

② 氙气灯

氙气灯是一种没有灯丝结构的高压气体放电灯，其内部填充包括氙气在内的惰性气体混合体，又称为高强度放电式气体灯，简称 HID，如图 6–3 所示。氙气灯打破传统钨丝灯泡技术，运用高科技技术，在石英泡内填充 5~8 atm（$1\ \text{atm}=1.01\times10^5\ \text{Pa}$）的氙气，然后再通过增压器将车上 12 V 直流电压瞬间增压至 23 000 V，激发球泡内氙气中的电子游离，并在灯球的两端电极产生电弧，使球泡内的汞和金属卤化物汽化，产生较大的压力，使金属卤化物产生原子能级跃迁发光，再通过镇流器作用稳定其工作电压。稳定后，大约需要 85 V 的电压来维持氙气灯的正常工作。

图 6-2　卤素灯

图 6-3　氙气灯

氙气灯的使用寿命是卤素灯的 3 倍，而能耗却降低了 2/3，光照强度也比普通卤素灯增加了 2 倍，在夜间行驶时可以在一定程度上消除驾驶员的疲劳，带来更多的舒适感。氙气灯的优势是照射范围广、亮度强、工作功率低，所发出的光线色温更接近日光，在夜间行车时优势显著，可大大提高驾驶员对物体轮廓的辨识能力，看到距离较远的物体，使夜间行驶更加安全。氙气灯的缺点主要是成本高，结构系统复杂，启动时间略长（需要 4 s 左右才能达到预定亮度），恶劣天气灯光的穿透能力变差。

③ LED 灯

LED 即发光二极管，由一个 PN 结组成，具有单向导电性。施加正向电压后，发光二极管导通并产生自发辐射的荧光。其内部能量不同，发出的光颜色也不同，也就是说 LED 可以有多种颜色，并且用少量的电就可以使其发光。在 LED 灯内，除 LED 外还要安装一个反射碗和透镜，灯头里还需安装一个散热器来驱散 LED 散发的热量。LED 灯的外形如图 6-4 所示。

图 6-4　LED 灯

LED 灯将电能直接转化为光能，发热较少，是一种冷光灯。其使用寿命可达 20 000 h，比卤素灯平均高出 20 倍。其点亮效果非常接近普通日光，照明效果更加自然，可减少道路交通事故发生的概率。达到同等发光强度时，LED 灯的能耗仅为传统灯泡的 6%，更加节能环保。LED 灯只需直流 12 V 电压就可以点亮，无须担心氙气灯两万多伏高压所带来的风险，并且点亮无滞后，响应速度更快，随点随用。此外，LED 灯的体积小，设计灵活，有助于提升汽车形象。但 LED 灯目前还存在系统复杂、生产非标准化、成本相对较高等不足，目前未能普及，仅用于中高端品牌汽车。

④ 激光灯

激光灯由激光光源（激光二极管）、激光反射镜、黄磷滤镜和反射碗四个部分组成，如图 6-5 所示。其工作过程包括激光的“射出、穿透、反射、再反射”四个阶段，先从激光器射出三束蓝色激光，经过激光反射镜后，聚焦到黄磷滤镜产生白光，之后在反射碗上再一次反射，最后形成圆锥形的光束射出。在此过程中，蓝色单色光和黄磷滤镜配合使用产生白光，不受激光二极管的工作特性影响，确保光束的可靠性和稳定性。

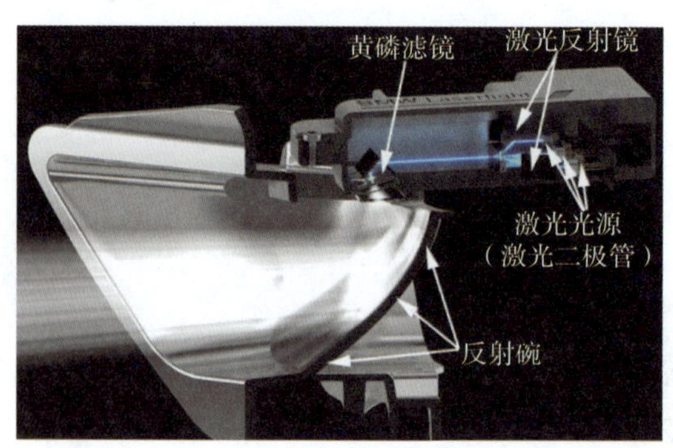

图 6–5　激光前照灯结构组成

激光灯与 LED 灯有共同的优点，如响应时间短、亮度衰减低、体积小、能耗低、使用寿命长等，但比 LED 灯更明显的优势在于：激光前照灯总成的体积更小，一个激光二极管的尺寸仅为标准 LED 元件尺寸的百分之一，这可以给汽车设计师留出更多的空间来设计前脸造型。激光灯的照明效率也比 LED 灯高，其光输出是 LED 灯的 1.7 倍；激光灯的能耗也比 LED 灯减少 30% 以上，并且解决了灯总成质量和灯光发热等问题。但受成本昂贵、技术条件要求严苛、系统集成复杂等因素的影响，激光灯迄今未全面推广。

2）反射镜

反射镜的作用是最大限度地将灯泡发出的光线聚合成强光束，以增加照射距离。

反射镜的表面为旋转抛物面，一般由 0.6~0.8 mm 的薄钢板冲压而成，或由玻璃、塑料制成。其内表面镀银、铝或铬，然后抛光处理。灯丝位于反射镜的焦点处，其大部分光线经反射后，成为平行光束射向远方。无反射镜的灯泡只能照清周围 6 m 左右的距离，而经反射镜反射后的平行光束可照清远方 100 m 以上的距离。经反射镜后，尚有少量的散射光线，其中向上的完全无用，向侧方和下方的光线则有助于照明 5~10 m 的路面和路缘。反射镜的外形如图 6–6 所示。

3）配光镜

配光镜又称散光玻璃，由透光玻璃压制而成，是多块特殊棱镜和透镜的组合，外形一般为圆形和矩形，如图 6–7 所示。配光镜的作用是将反射镜反射出的平行光束进行折射，使车前的路面有良好而均匀的照明。

图 6–6　反射镜

图 6–7　配光镜

（3）前照灯的分类

按光学系统结构不同，前照灯可分为半封闭式、封闭式和投射式三种。

1）半封闭式前照灯

半封闭式前照灯的配光镜与反射镜粘在一起不可拆开，灯泡可以从反射镜后端装入，如图 6–8 所示。半封闭式前照灯的优点是损坏后只需更换灯泡，缺点是密封性不良。组合式前照灯为半封闭式，将前转向灯、前示宽灯、远光灯和近光灯组合成一个整体，同时将反射镜和配光镜使用有机材料制作成一个整体，灯泡可以方便地从后面装入。使用组合式前照灯，汽车制造厂才能按需要生产任何式样的前照灯配光镜，以便改进汽车空气动力特性、燃料经济性和汽车造型。

2）封闭式前照灯

以采用卤素灯泡的标准封闭式前照灯为例，其反射镜和配光镜熔焊为一个整体，形成灯泡外壳，灯丝焊在反射镜底座上。反射镜的反射面经真空镀铝，灯内充以惰性气体与卤素。这种结构的优点是密封性能好，反射镜不会受到大气的污染，反射效率高，使用寿命长，但灯丝烧坏后，需更换整个灯光组，成本较高，如图 6–9 所示。

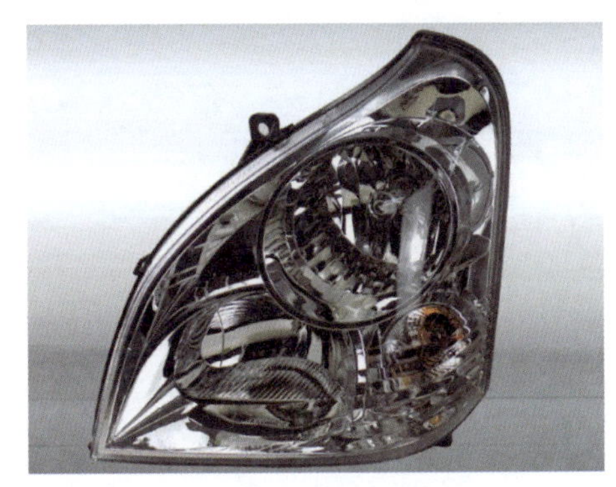

图 6–8　半封闭式前照灯

图 6–9　封闭式前照灯

3）投射式前照灯

投射式前照灯使用很厚的无刻纹凸型配光镜，反射镜为椭圆形，如图 6–10 所示。投射式前照灯具有两个焦点，第一个焦点为灯泡，第二个焦点在灯光中形成。经过凸型配光镜聚集光线投向远方。其优点是焦点性能好，其光线投射途径是，灯泡射向上部的光线经过反射镜投向第二焦点后，经过凸型配光镜聚焦投向远方，同时灯泡射向下部的光线经过遮光镜反射，反射回反射镜再投向第二焦点，经过凸型配光镜聚焦投向远方。

图 6–10　投射式前照灯

（4）前照灯的要求

前照灯主要有光束调整、防炫目和发光强度的要求。

1）前照灯光束调整的要求

前照灯应具有光束调整装置，但如果前照灯设计为经垂直调整后能够保持正确的水平方向，那么此装置可不提供水平调整；对于反射镜和配光镜不可分开的，如果前照灯只能装在可用其他方式调整前照灯的车辆上，则无需安装该装置；除远光灯和近光灯不能单独调节的前照灯外，如果远光灯和近光灯形成一组合体，并各自装有灯泡，调整装置应能对它们分别进行调整；对于远光灯和近光灯不能单独调节的前照灯，在近光灯调整后，远光灯应随之调整，且其配光性能满足要求。

2）前照灯防炫目的要求

汽车前照灯应具有防炫目装置，以免夜间两车交会时使对面汽车的驾驶员炫目而导致交通事故。夜间两车交会时，光束向下倾斜，照亮车前 50 m 内路面，从而避免迎面来车的驾驶员炫目。

3）前照灯发光强度的要求

在用车远光发光强度要求为：二灯制不小于 15 000 cd，四灯制不小于 12 000 cd。新注册车远光发光强度要求为：二灯制不小于 18 000 cd，四灯制不小于 15 000 cd。

随着车辆高速化的发展，有些国家开始试行三光束系统。三光束系统包括高速远光、高速近光、近光。在高速公路上行驶时，用高速远光；在无迎面来车的道路上行驶或在高速公路会车时，用高速近光；在有迎面来车和市区运行时，使用近光。

（5）前照灯的使用

驾驶汽车时，使用前照灯应注意以下几点：

1）保持前照灯配光镜清洁，尤其在雨雪天气行驶时，泥尘等污垢会使前照灯的照明性能降低 50%。为便于清洁，有的车型装有前照灯刮水器和喷水器。

2）夜间会车时，两车在相距 150 m 时就要关闭前照灯远光，换用近光，以保证行车安全。

3）为保证前照灯的各项性能，在更换前照灯后或汽车每行驶 10 000 km 后，应对前照灯光束进行检查调整。

4）定期检查灯泡、线路插座以及搭铁有无氧化和松动现象，保证插接件接触性能良好，搭铁可靠。如果接点松动，在接通前照灯时，会因电路的通断产生电流冲击，从而烧坏灯丝，如果接点氧化，则会因接点压降增大而使灯泡亮度降低。

（6）前照灯的检查项目及方法

1）外观检查

前照灯位于车辆前方，时常会因为驾驶环境、天气情况等造成前照灯灯罩的外表面被覆盖上灰尘、泥土等，影响前照灯光源正常照射，如图 6-11 所示，因此，需要经常检查并清理前照灯，保持清晰的光源。

前照灯不是完全密封的。制造过程中会留下一些通风口。其目的一个是通过空气流动来冷却前照灯，另一个是调整前照灯内外气压平衡。若有水进入前照灯后，打开前照灯时温度升高，灯罩内的水就会蒸发，在灯罩上形成一层水雾，如图 6–12 所示。开启前照灯一段时间后雾气便会蒸发消失。如果车辆涉水后灯罩内有大量水雾或积水，并且一直存在，会大大影响光线的穿透力。严重的话会有散光偏差，影响夜间行车安全，此时应检查前照灯的密封性，需要拆下整个前照灯总成，检查是否有损坏的迹象。如果有损坏，需要及时更换损坏的零件。

图 6–11　脏污的前照灯

图 6–12　有水雾的前照灯

汽车前照灯灯罩通常是由聚碳酸酯材料加热融化后加压注入模具做成的，做成以后还要在表面喷涂一层防紫外线的保护层，聚碳酸酯对紫外线很敏感，若不加以防护，老化速度很快，颜色发黄，影响正常照明，如图 6–13 所示。生产时使用的材料品质对产品性能会有一定的影响，喷涂的防护层材料、厚度、工艺对产品品质也有影响，并且汽车前照灯工作时会产生很多热量，虽然灯罩材料可以耐 120 ℃的高温，但经常在高温环境下也会加速老化。卤素灯发热量最大，氙气灯次之，LED 灯发热量最少，发热对灯罩的老化速度也有着不同的影响，经常清洁车灯外表面也有助于减缓车灯的老化过程。

图 6–13　发黄的前照灯总成

检查前照灯外壳是否有划痕、破损或松旷，如图 6–14 所示。破损的外壳会影响光线的正常传递，并且还无法防水防雨，会引起前照灯灯泡短路故障，若在行驶中脱落，还会对行人或其他车辆造成伤害，应及时处理。

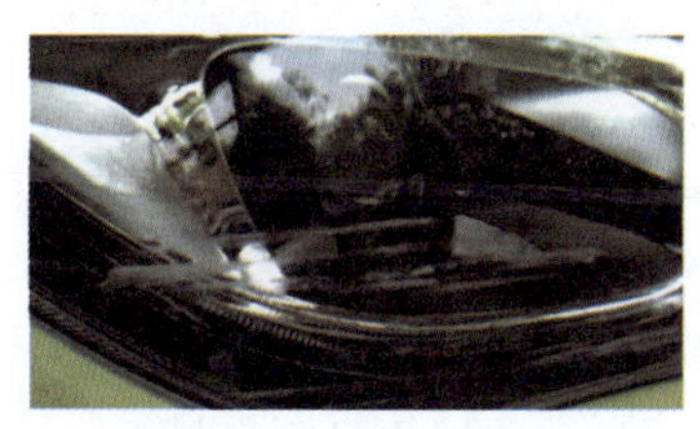

a）

b）

图 6–14　前照灯外观有划痕和破损情况

a）前照灯外观有划痕　b）前照灯外观破损

2）功能检查

图 6-15　组合开关灯光关闭位置

前照灯的功能检查主要是检查前照灯是否可以正常开启和关闭，具体步骤如下：

① 启动车辆。

② 将组合开关调整到关闭挡，如图 6-15 所示。该挡位下所有的车辆外部灯光均被关闭，日间行车灯除外。

③ 将组合开关置于自动前照灯挡，查看仪表自动前照灯信号指示灯是否点亮，如图 6-16 所示。

a）

b）

图 6-16　自动前照灯
a）组合开关调整位置　b）仪表指示灯

④ 将组合开关置于近光灯挡位，查看仪表近光灯信号指示灯是否点亮，查看车辆的近光灯是否开启，如图 6-17 所示。

a）

b）

图 6-17　近光灯
a）组合开关调整位置　b）仪表指示灯

⑤ 将组合开关置于近光灯挡位，再将灯光手柄向外推压（远离转向盘），此时远光灯打开，查看仪表远光灯信号指示灯是否点亮，查看车辆远光灯是否开启。再次往下或往上推压组合开关，查看车辆远光灯是否关闭。

将转向盘左下方或仪表板左下方的灯光组合开关旋钮旋转到任意挡位时，将转向盘左下方的灯光组合开关往上推压至极限位置（靠近转向盘）且保持，查看远光灯是否持续点亮，之后松开组合开关，查看远光灯是否关闭。连续往上推压、松开灯光组合开关，查看远光灯是否交替点亮、关闭。灯光手柄调整位置与仪表指示灯如图 6-18 所示。

a）

b）

图 6-18　远光灯

a）灯光手柄调整位置　b）仪表指示灯

2. 技能操作

（1）操作准备

物料准备见表 6-1。

表 6-1　物料准备

类别	所需物料
教学整车 / 实训平台	智能网联实训整车

（2）检查前照灯

根据前照灯检查内容，对前照灯进行检查，将检查结果记录在表 6-2 中。

表 6-2　前照灯检查

序号	检查项目		检查结果
1	前照灯外观检查	前照灯是否有破损	是□　否□
		前照灯是否有裂痕	是□　否□
		前照灯是否松旷	是□　否□
		前照灯是否有水雾	是□　否□
		前照灯是否发黄	是□　否□
		前照灯是否被灰尘、泥土覆盖	是□　否□
2	前照灯功能检查	近光灯开启是否正常，仪表是否显示正常	是□　否□
		近光灯关闭是否正常	是□　否□
		远光灯开启是否正常，仪表是否显示正常	是□　否□
		远光灯关闭是否正常	是□　否□
		自动前照灯开启是否正常，仪表是否显示正常	是□　否□
		灯光关闭是否正常	是□　否□

二、前照灯调整

1. 知识学习

（1）前照灯调整注意事项

1）调整前应确认轮胎充气压力正常。

2）不得损坏或污损前照灯的灯罩。

3）反光罩和灯泡正常。

4）必须已加载汽车负荷，使前照灯位于标准高度。

5）汽车行驶一段距离，多次压缩前后部悬挂，使悬挂调整到位，前照灯位于标准高度。

（2）前照灯的出厂设置

车辆出厂时，前照灯的照射宽度和照射高度已经设置好，通常情况下车辆的前照灯左右照射高度是不一样的，一般为右边比左边高一些，如图 6–19 所示。

图 6–19　前照灯左右高度

这是因为我国采用左舵驾驶车辆。左边灯光低，当有对向行驶车辆或行人时，不会给对方造成光污染，如图 6–20 所示。所有路牌和指示牌都在道路的右边，并且非机动车与行人一般也在右侧，因此右侧灯光要高一些。

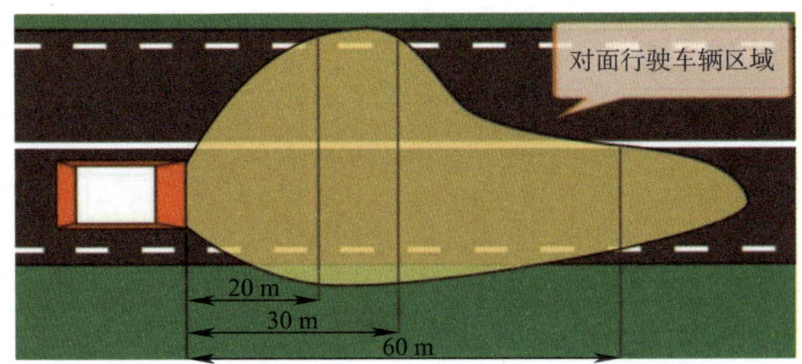

图 6–20　前照灯照射位置

（3）前照灯的调整流程

一般智能网联汽车的前照灯调整旋钮在车内主驾驶位左上方或车载显示屏中，如图 6–21 所示，用户可以通过调整旋钮的挡位来调整前照灯的高度。当车辆的负载情况发生变化时，前照灯的照射范围也会发生改变，前照灯高度调整旋钮的挡位不同，前照灯的高度也会随之变化，通常车内乘坐人员较多时，前照灯的高度会比预设高度要低，此时需要调整前照灯的挡位来使前照灯的照射高度提升。当车辆后备箱装载货物较多时，车辆的尾部位置会变低，同时车辆前部会翘起，导致车辆前照灯照射高度变

高。驾驶员需要根据车辆负载情况及负载位置自行调整前照灯高度调整按钮，前照灯调整方法如下：

1）打开前照灯。

2）用手调整前照灯旋钮，观察车辆灯管高度变化情况。

3）根据车辆负载情况，调整前照灯高度挡位。

图 6–21　前照灯调整旋钮

当车辆的前照灯高度调整旋钮调整到挡位极限值后依然不能达到合适的高度时，需要进一步进行调整，方法如下：

1）将车辆停在光线较暗的环境内，距离墙面 5~6 m 处。

2）打开车辆近光灯开关，使车辆灯光光线照射到墙面上。

3）将前照灯在墙面的光照范围中心用胶带做一个标记，同时在车标（车头正中心）位置对应的墙面处也做一个标记。

4）打开电池仓盖。

5）在前照灯后方位置查找前照灯调整标志，有 L–R（英文 left 和 right 的缩写）标志的是前照灯左右调整按钮，有 D–U（英文 down 和 up 的缩写）标志的是前照灯上下调整按钮，如图 6–22 所示。

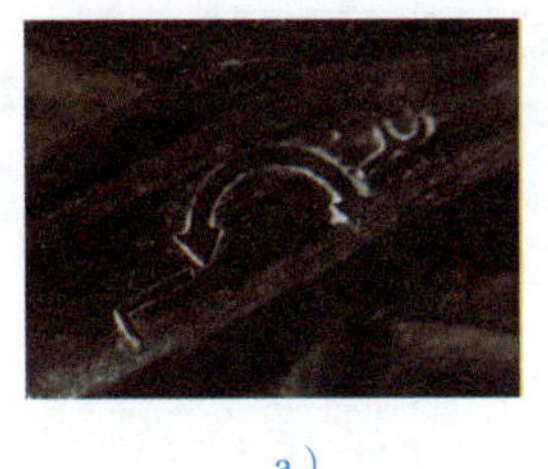

a）

b）

图 6–22　前照灯调整标志

a）L–R 标志　b）D–U 标志

6）根据前照灯调整位置的螺母形状选择合适的调整工具，一般为十字旋具或内六角扳手，相应的螺孔如图 6–23 所示。

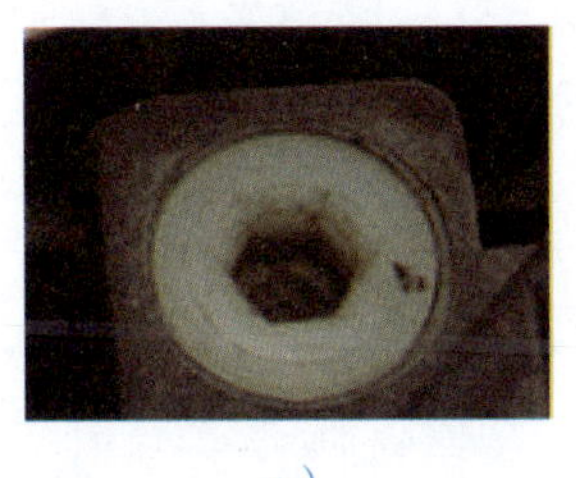

a）

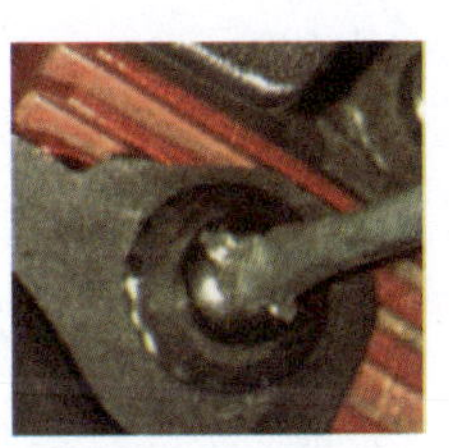

b）

图 6–23　前照灯调整位置的螺孔

a）内六角孔　b）十字螺孔

7）使用工具调整近光灯高度，使近光灯上切线高度处于合适位置，满足维修手册的要求。

8）使用工具调整远光灯高度，使远光灯上切线高度处于合适位置，满足维修手册的要求。

情境二

9）分别测量两侧车灯记号与中心位置的距离，两个距离应该相等。如果发生向外或者向内偏的现象，则应该查看车辆维修手册，用螺钉旋具进行细微调整，使得两个前照灯的位置左右对称。

10）使用工具调整远光灯两侧灯光的焦点位置，使焦点至车辆前部中心线的距离相等，满足维修手册的要求。

2. 技能操作

（1）操作准备

物料准备见表 6–3。

表 6–3　物料准备

类别	所需物料
教学整车 / 实训平台	智能网联实训整车
仪器、设备、工具	胶带、十字旋具、内六角扳手、维修手册

（2）调整前照灯

使用专业工具，按照标准流程，将前照灯调整过程记录在表 6–4 中。

表 6–4　前照灯调整

序号	操作步骤		操作记录
1	通过车内旋钮调整	打开前照灯	是□　否□
		查找灯光高度调整旋钮	是□　否□
		调整旋钮挡位	是□　否□
		观察前照灯高度	是□　否□
2	通过维修工具调整	将车辆停在昏暗环境中	是□　否□
		打开车辆近光灯开关	是□　否□
		做好灯光位置标记	是□　否□
		做好车辆中心线标记	是□　否□
		打开电池仓盖	是□　否□
		查找前照灯上下调整标志	是□　否□
		查找前照灯左右调整标志	是□　否□
		根据维修手册查找前照灯位置要求	是□　否□
		调整前照灯水平位置	是□　否□
		调整前照灯高度位置	是□　否□

检查评估

对本任务的学习情况进行检查，并将相关内容填写在表 6–5 中。

表 6-5　检查表

检查项目	检查结果	结果点评
前照灯检查		
前照灯检查项目是否全面	是□　否□	
前照灯内部是否有水雾、发黄	是□　否□	
前照灯调整		
前照灯调整旋钮是否找到	是□　否□	
前照灯调整工具是否正确	是□　否□	
前照灯调整高度是否符合维修手册规定	是□　否□	
整理及恢复		
工具、设备是否整理恢复	是□　否□	
实训工位是否打扫干净	是□　否□	
工作页是否填写完整	是□　否□	

任务小结

本任务小结如图 6-24 所示。

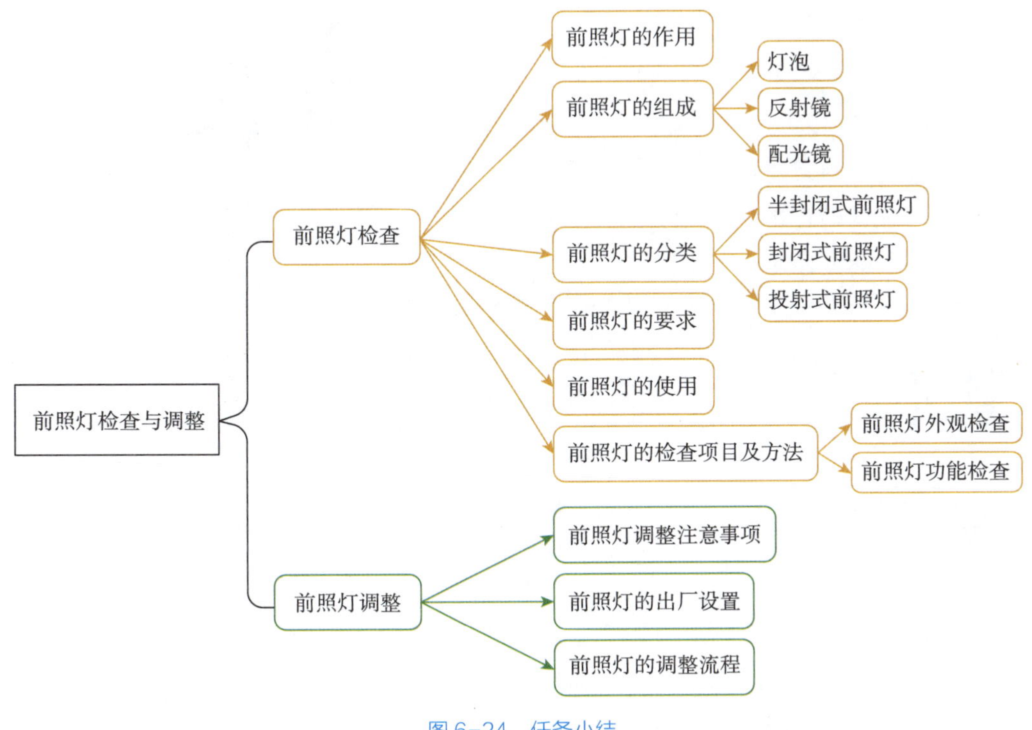

图 6-24　任务小结

任务七 转向灯故障检修

任务导入

场景：某国产智能网联汽车售后维修中心

人物：李先生（客户）、小张（维修技师）

情节：李先生最近发现自己的智能网联汽车左转弯时，车辆前部、中部、后部的左侧转向灯全都不亮，于是驱车来到售后维修中心，维修技师小张对车辆进行了故障验证，发现确实存在该问题，但在使用危险警报功能时，灯光能够正常闪亮。

任务目标

▸能按照电路图的拆画方法，正确使用车辆电路图和绘图工具，梳理转向灯电路走向，完成车辆转向灯电路图拆画。

▸能结合车辆维修手册和电路图，独立使用测量工具，对转向灯电路进行测量，并正确判断测量结果。

▸能根据所学的转向灯知识，结合维修手册内容，选用合适的工具，规范完成故障转向灯部件的检查、更换作业。

任务实施

一、转向灯电路图拆画

1. 知识学习

（1）转向灯的技术规格

1）转向灯的作用

转向灯的作用是在车辆转向、路边停车、变更车道、超车时，发出明暗交替的闪光信号，给前后车辆、行人提供行车信号。转向灯还作为危险警报信号的发光设备，开启危险警报信号后，左右两侧的转向灯会同时闪亮。

转向灯光色均采用琥珀色，其开关独立于其他灯具。在车辆同一侧的所有转向灯，由一个开关控制，同时打开或关闭，并同步闪烁。琥珀色的侧标志灯以与转向灯相同的频率闪烁。转向灯配备工作指示器，可以是指示灯（视觉）或发声器（听觉），或者两者兼有。转向信号灯的指示距离为：前、后转向灯白天距 100 m 以外可见，侧转向灯白天距 30 m 以外可见。

2）转向灯的位置

通俗地讲，转向灯在汽车的前保险杠两侧、后保险杠两侧、前部翼子板（左右各一）、后视镜外框（左右各一）共 6 处对称安装，侧转向灯可以安装在后视镜外框处，也可以安装在前翼子板上，两种方案选其一。转向灯的位置示意如图 7–1 所示。

a）

b）

c）

d）

图 7–1　转向灯位置示意

a）安装在后视镜外框的侧转向灯　b）安装在前翼子板上的侧转向灯
c）安装在前保险杠两侧的前转向灯　d）安装在后保险杠两侧的后转向灯

侧转向灯的后部几何可见度死角值上限为 5°，$d \leqslant 2.50$ m。对于离地高度不大于 750 mm 的转向灯，在水平面下方的向内几何可见度角可由 45° 减至 20°。在基准轴线方向上，离车辆纵向对称平面最远的视表面边缘，到车辆外缘端面之间的距离应不大于 400 mm。在基准线方向上，两相邻视表面内边缘之间的距离应不小于 600 mm。若车辆宽度小于 1 300 mm，上述距离可减至 400 mm，如图 7–2 所示。

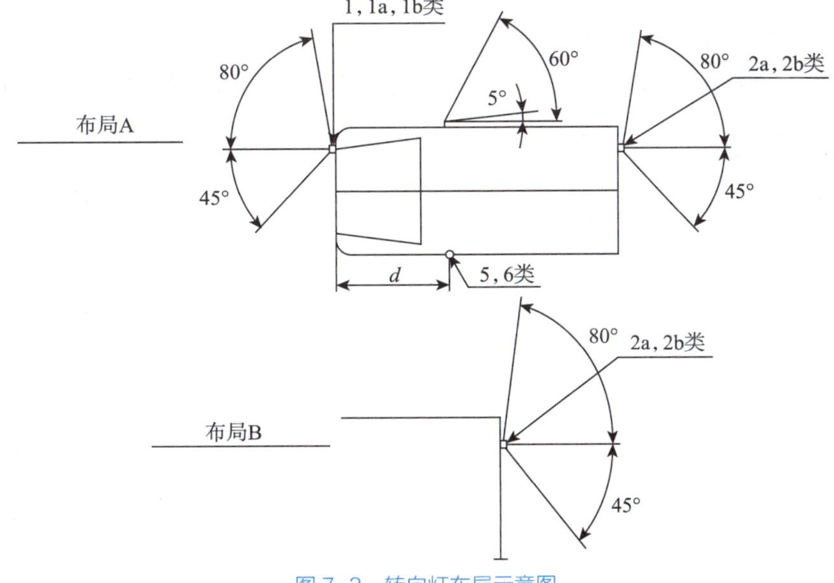

图 7–2　转向灯布局示意图

图 7-2 中的字母代号含义见表 7-1。

表 7-1 字母代号含义

序号	灯光装置代号	具体解释
1	1 类装置	前转向信号灯，与雾灯或近光灯距离不小于 40 mm
2	1a 类装置	前转向信号灯，与雾灯或近光灯距离大于 20 mm、小于 40 mm
3	1b 类装置	前转向信号灯，与雾灯或近光灯距离不大于 20 mm
4	2a 类装置	具有一个光强等级的后转向信号灯
5	2b 类装置	具有两个光强等级的后转向信号灯
6	5/6 类装置	用于在车辆上装有 1、1a、1b、2a、2b 类装置场合的辅助侧转向信号灯

转向灯闪光频率为（90 ± 30）次 /min，启动转向灯开关后，应在不大于 1 s 时间内发光，并在 1~1.5 s 内首次熄灭；如某一转向灯发生故障（短路除外）时，其他转向灯应继续工作，但闪光频率可以不同于上述规定的频率。

危险警告信号不能仅采用电子式开关，还应能由单独配置的手动开关打开各转向信号灯并同步闪烁；在车辆发生碰撞特殊紧急制动信号关闭后，危险警告信号允许自动开启。在这种情况下，应能够手动关闭该信号。

（2）转向灯电路的组成及工作原理

转向灯电路主要由转向灯控制杆、控制单元、转向灯灯具及仪表组成。

对于电子控制的转向灯系统，当转向灯控制杆拨至左转向位置时，内部触点闭合，将转向信号传递给控制单元，控制单元接收到左转向信号后为所有左侧转向灯提供间歇性供电，以此控制转向灯点亮并闪烁，转向灯另一端子搭铁形成回路。同时，控制单元将左转向信号传递给仪表，仪表控制左转向信号装置点亮并闪烁，并控制蜂鸣器间歇性工作，发出“咔哒咔哒”的转向提示音。电子控制式转向灯电路组成及工作原理如图 7-3 所示。

电子控制式转向灯电路可分为两个部分，一部分是控制部分，另一部分是执行部分。由转向灯开关发起控制命令，转向灯开关（S1）一共有四个闸位，其中 L1 和 R1 是固定挡位，拨动转向开关到 L1 和 R1 时，转向灯持续闪亮；L2 和 R2 是点动挡位，当拨动到点动挡位时，转向开关将会受到弹簧力的作用而自动复位，同时转向灯会短暂闪亮三下（不同车型有差异）。

转向灯开关的上游线束连接至转向柱控制单元，L1、L2 和 R1、R2 两两一组，分别在开关内部连接着不同的电阻，即 L1、L2 连接着电阻 RA，R1、R2 连接着电阻 RB 和 RA，当转向柱控制单元因转向灯开关的拨动接通到不同挡位的电阻时，转向柱控制单元就能检测到不同的电阻信号，进行一次判定，

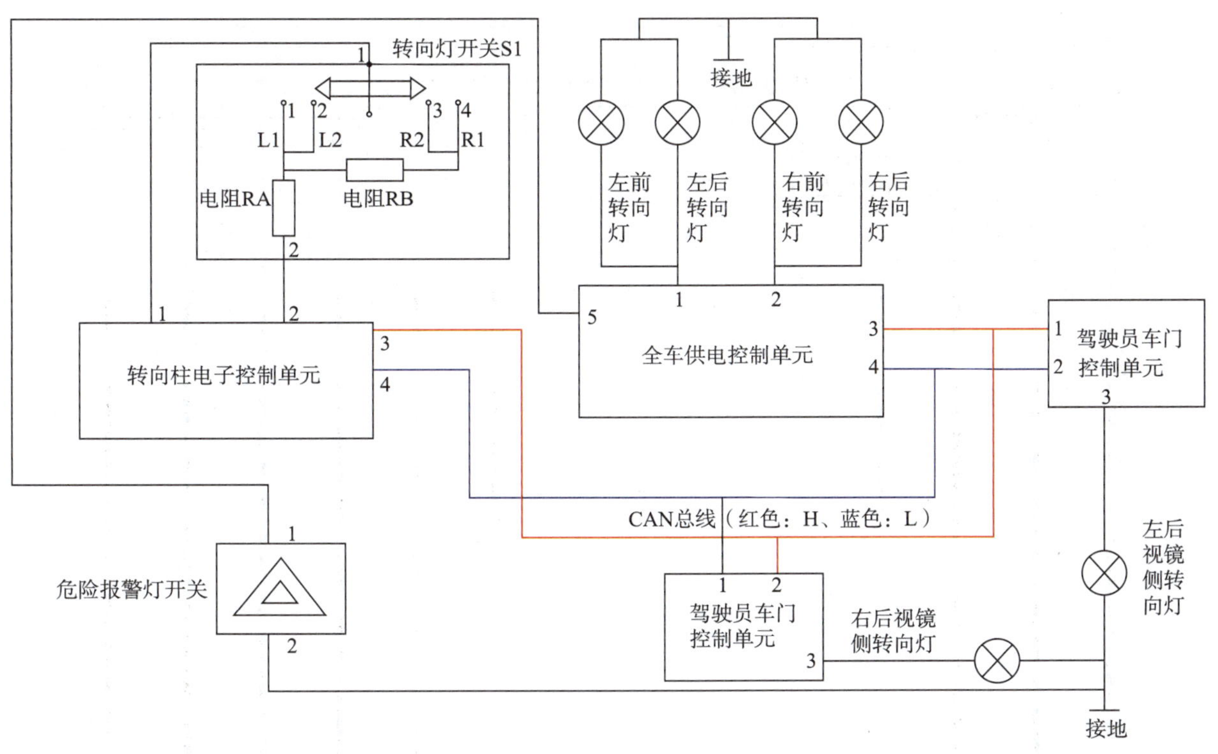

图 7-3　电子控制式转向灯电路图

决定该亮起哪一侧转向灯以及闪亮多久，最终形成动作请求，通过 CAN 总线发送至全车供电控制单元。全车供电控制单元控制着车身电器的运行与关停，当它收到转向灯开启的请求讯息时，将控制下辖的转向灯闪亮。但需要注意的是，位于车门后视镜上的侧转向灯是由车门模块控制的，全车供电控制单元还要经 CAN 总线，将控制请求发送至两侧的车门控制单元，相关的车门控制单元才会点亮本侧的转向灯，使其同步闪亮。

危险警告信号具备独立的开启方式，在车辆未启动时，危险警告信号也能做到一触即亮。当按下危险警告信号开关时，其 1 号脚和 2 号脚之间是通路状态，全车供电控制单元收到一个接地信号，于是发出开启两侧转向灯闪亮的指令，同时通过 CAN 总线发送请求给两前门控制单元，使两个侧转向灯同步点亮。

对于继电器直接控制的转向灯系统，当转向灯控制杆拨至左转向位置时，内部触点闭合，将转向操纵信号传递给继电器的输入脚，继电器随即按照自身固有的输出频率控制转向灯闪烁，转向灯另一端子搭铁形成回路。同时，转向灯回路中的并联支路传递间歇信号至仪表某一针脚，仪表控制左转向指示灯闪烁并控制蜂鸣器间歇性工作，发出“咔哒咔哒”的转向提示音。

右侧转向灯工作原理与左侧相同，某车原厂电路图如图 7-4 所示，红色箭头是继电器控制的电流走向。

危险警告信号开关对转向灯的控制原理与转向灯控制杆基本相同。

启动开关位于任意挡位时都可以开启危险警告信号，而开启单侧转向灯则需要启动开关位于“ON”挡。

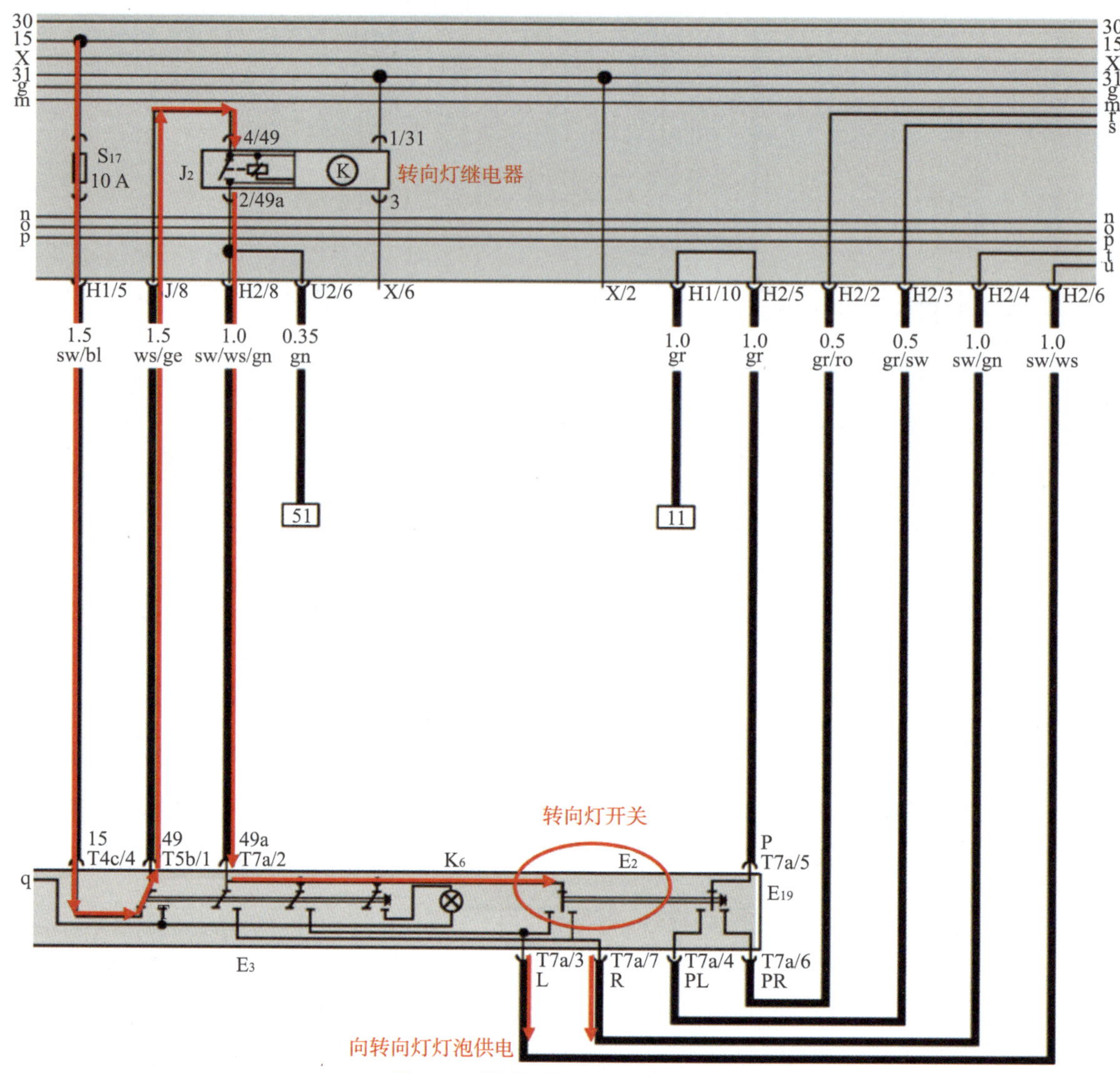

图 7-4 带外置继电器的转向灯电路

（3）转向灯继电器的类型

1）直热翼片式继电器

直热翼片式继电器主要由翼片、热胀条、触点等组成，如图 7-5 所示。其工作原理是：静态时，弹性翼片在热胀条（热膨胀系数较大的金属板条）的拉力下呈弓形，触点处于闭合状态。接通左或右转向灯开关后，转向灯与转向信号指示灯电路接通，灯点亮。电流流通路径如下：蓄电池正极→翼片→热胀条→触点→转向灯开关→转向灯及转向指示灯→搭铁→蓄电池负极。由于电流流经热胀条，故热胀条伸长。翼片在自身弹力作用下伸直，活动触点随热胀条向上移动，与固定触点分离，电路被切断，转向灯与转向信号指示灯熄灭。热胀条中电流消失后，冷却收缩，牵动翼片再次呈弓形，活动触点下移，与固定触点再次闭合，电路接通，转向灯与转向指示灯又点亮。如此反复变化，就产生了闪烁的转向信号。

2）旁热翼片式继电器

旁热翼片式继电器与直热翼片式继电器的不同点在于热胀条上绕有电阻丝，如图 7-6 所示。电阻丝下端与热胀条相接，上端与静触点相连，匝间与热胀条绝缘。其工作原理为：静态时，翼片受热胀条拉力作用而呈弓形，触点张开。转向灯开关闭合后，电阻丝通电加热热胀条，使其膨胀伸长，翼片在自身弹力作用下伸直，使触点闭合。触点闭合后，转向灯与转向指示灯点亮。电阻丝被触点短路，热胀条冷却收缩，翼片被拉成弓形，触点再次张开，转向灯与转向指示灯变暗，电阻丝再次通电。如此反复变化，产生闪烁的转向信号。当电阻丝通电时，电流虽经转向信号灯构成回路，但因为电流很小，故转向灯不会亮。

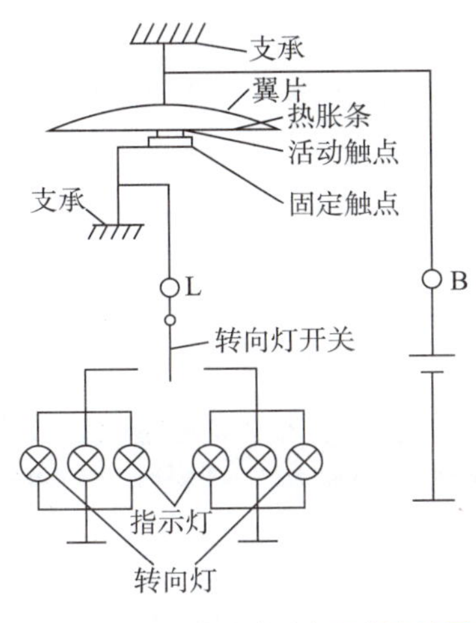

图 7-5 直热翼片式继电器电路简图

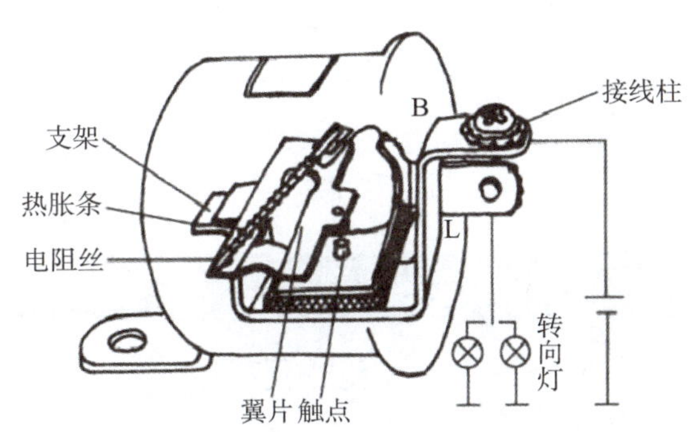

图 7-6 旁热翼片式继电器

3）电容式继电器

电容式继电器主要由一个继电器和一个电容器组成，在继电器的铁芯上绕有串联线圈和并联线圈，电容器采用大容量的电解电容器。电容式继电器利用电容器充、放电的延时特性，使继电器的两个线圈产生的电磁吸力时而相加、时而相减，继电器便产生周期性的开关动作，从而使转向灯闪烁。

4）电子控制式继电器

电子控制式继电器种类繁多，有由晶体管和小型继电器组成的有触点电子式继电器、由集成电路和小型继电器组成的有触点集成电路继电器以及全晶体管式无触点继电器等。由于前两种使用的电子元件少，成本较低，特别是继电器触点能发出有节奏的声响提示驾驶员电子闪光器的工作情况，故目前应用较多。

（4）转向灯与危险警告信号故障分析

结合图 7-3 中的电路图及工作原理可知，转向灯故障可以分为控制电路故障和执行电路故障，主要有以下几种情况：

1）当某一个单独的转向灯不亮，同侧其他转向灯正常时，重点怀疑该侧转向灯的执行电路或灯具本身存在故障，此时应检查由全车供电控制单元发出的电信号是否正常，灯泡是否损坏、烧蚀、松动，接地线束是否虚接、断路等。

2）当某一侧转向灯全部不亮时，若打开危险警告信号开关，该侧转向灯正常点亮，可以判断为该侧转向灯控制开关或控制电路故障，此时应重点检查转向灯开关是否损坏，转向灯开关接插件是否虚接，转向灯开关中的电阻是否异常。

3）当某一侧转向灯全部不亮时，若打开危险警告信号开关，该侧转向灯也不点亮，可以判断为该侧转向灯执行电路故障，此时重点检查全车供电控制单元的接插件是否松动、虚接，转向灯共用搭铁是否虚接、断路，全车供电控制单元内部损坏等。

4）当两侧转向灯同时不亮，但危险警告信号开关控制正常时，应根据电路图重点检查转向灯开关触点电阻是否正常，转向灯开关上的电阻 RA 和 RB 是否正常等。

5）当两侧转向灯同时不亮，且危险警告信号开关控制的灯光也异常时，重点检查左、右转向灯接地电阻是否正常，左右转向灯执行电路供电故障，全车供电控制单元接插器是否虚接或断路等。

2. 技能操作

（1）操作准备

物料准备见表 7-2。

表 7-2　物料准备

类别	所需物料
实训平台	智能网联实训整车
绘图工具	铅笔、纸张、橡皮、尺子套装
设备、工具	车辆防护用品、车辆电路图手册、维修手册

（2）拆画转向灯电路图

根据实训车辆电路的实际装配情况，结合电路图和维修手册，对转向灯电路图进行拆画（含危险警报信号部分），绘制在图 7-7 中。

图 7-7　转向灯电路图

（3）分析转向灯电路走向

分别从左转向灯、右转向灯、危险警报信号三个方面，进行电路走向的分析，填写在表 7–3 中。

表 7–3　电路走向

序号	电路名称	电路走向分析
1	左转向灯电路	
2	右转向灯电路	
3	危险警报信号电路	

二、转向灯电路检修

1. 知识学习

（1）转向灯的结构和光源类型

转向灯的结构和光源类型与前照灯相似，由灯泡、反射镜、遮光罩等组成，按光源不同，有卤素灯、氙气灯、LED 灯等类型。

（2）转向灯的检查

检查转向灯应从两个方面入手，一方面应检查转向灯发光原件的附件，如转向灯座、转向灯罩、转向灯插座、转向灯壳体部件等，重点检查外观是否完好，功能是否正常，有无损坏、变形、老化、失效；另一方面应检查转向灯灯泡外观有无损伤，灯泡内部的发光元件是否有断裂、松动、剥落等，灯泡的电极是否干净，灯泡的电阻测量值是否正常（卤素灯泡应小于 3 Ω、LED 灯珠应正向导通）。

（3）转向灯电路的测量方法

本任务中的转向灯电路测量可参照图 7–3 进行，对于一个转向灯系统中的故障，应根据不同的故障现象进行不同部件和电路的重点测量。

在此介绍一种常规的测量步骤，即按照电路的走向从头至尾进行测量，步骤如下：

1）测量 S1 的 1 号端子与转向柱电子控制单元之间 1 号端子的电阻，正常电阻应不大于 3 Ω。

2）拨动转向开关到 L1 挡，测量 S1 的 1 号端子与 2 号端子之间的电阻值（即 R_A），查询维修手册得知标准值，确认测量结果是否正常。

3）拨动转向开关的 R1 挡，测量 S1 的 1 号端子与 4 号端子之间的电阻值（即 R_B+R_A），查询维修手册得知标准值，确认测量结果是否正常。

4）测量 S1 的 2 号端子与转向柱电子控制单元的 2 号端子之间的电阻，正常电阻应小于 3 Ω。

5）关闭全车供电，测量转向电子控制单元的供电、搭铁电阻值是否正常；若正常，测量 3 号端子与全车供电控制单元的 3 号端子的电阻值，应不大于 3 Ω；再测量转向柱电子控制单元 4 号端子与全车供电控制单元的 4 号端子的电阻值，应不大于 3 Ω。

6）测量 CAN 总线波形，并确认波形是否正常。

7）测量全车供电控制单元供电、搭铁是否正常；若正常，则拨动转向开关至 L1 挡，测量该模块 1 号端子是否有 12 V 间歇供电（建议使用示波器测量）；若正常，则拨动转向开关至 L2 挡，使用同样方法测量 2 号端子是否有 12 V 间歇供电。

8）分别测量全车供电控制单元 1 号端子、2 号端子与相应灯泡的电阻值，应不大于 3 Ω。

9）检查灯泡状态（可拆下灯泡跨接正极、负极，验证灯泡好坏）、灯座状态；若正常，则检查灯泡对地电阻，正常电阻值不大于 3 Ω。

10）左、右后视镜侧转向灯及危险警报电路的检查在逻辑上与上述步骤相同，具体可按照电路图进行排查，在此不做赘述。

（4）转向灯部件的更换方法

转向灯系统中，因使用寿命、工作环境、开关频度等原因，转向灯的灯泡更换相对较多。

1）更换前部转向灯（以左前转向灯为例）的步骤

① 关闭起动开关。

② 打开前机舱盖。对于前部转向灯安装在前保险杠上的，还需要拆卸前保险杠。

③ 如图 7-8 所示，断开箭头所指的转向灯连接器，然后逆时针转动转向灯灯座①，取出转向灯灯泡及灯座。

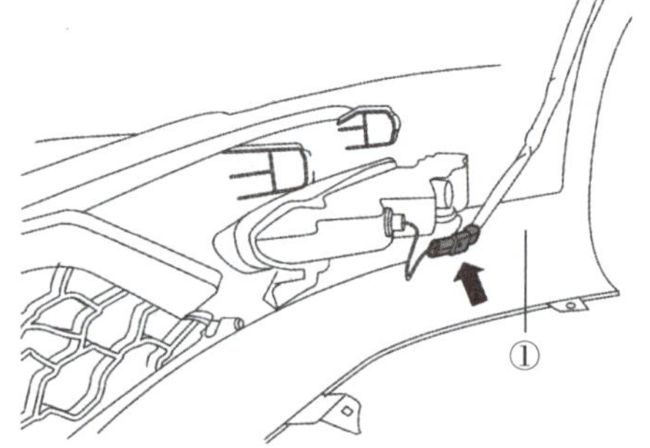

图 7-8　拆下转向灯灯泡及灯座

④ 如图 7-9 所示，一只手捏住转向灯灯座①，一只手捏住转向灯灯泡②，逆时针转动灯泡或向外拔出灯泡，将灯泡从灯座上脱离。

图 7-9　取下转向灯灯泡

a）灯泡转动取出式　b）灯泡向外拔取出式

注意：在安装灯泡时不要接触灯泡玻璃，因为手指会在灯泡玻璃上留下油脂痕迹，在接通灯泡时蒸发，使灯泡玻璃变得混浊。

⑤ 安装大体以倒序进行，不再赘述。

2）更换后视镜侧转向灯泡（以左侧灯泡为例）的步骤

① 关闭起动开关。

② 如图 7-10 所示，拆下后视镜镜片①，断开箭头所指的连接器，取下后视镜镜片①。

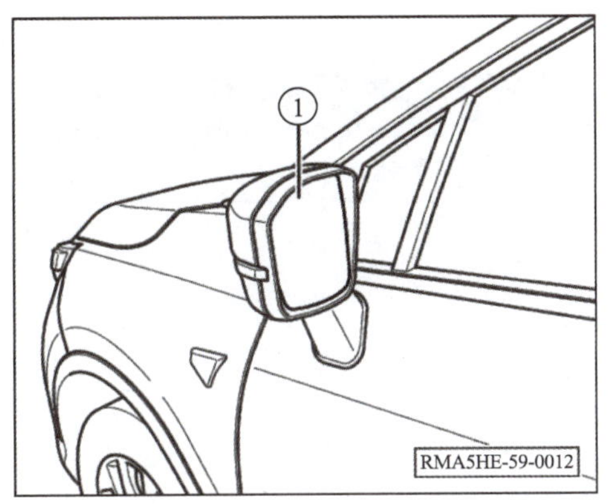

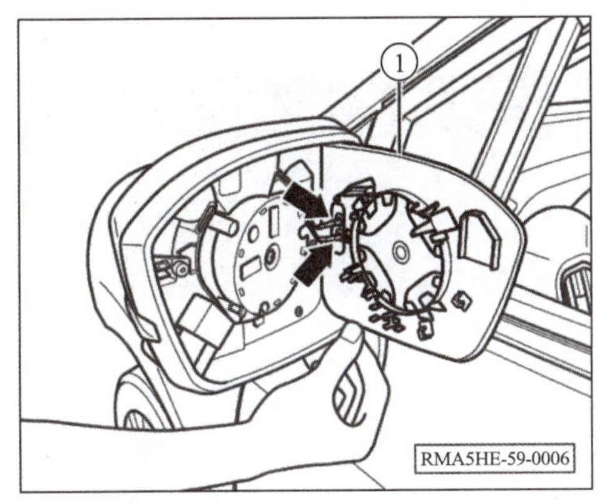

图 7-10　拆下后视镜镜片

③ 如图 7-11 所示，拆卸箭头 A 所指的后视镜卡框固定螺栓，之后使用合适的工具脱开箭头 B 所指的后视镜卡框的固定卡扣，取出后视镜卡框①。

④ 如图 7-12 所示，拆下后视镜面罩①。

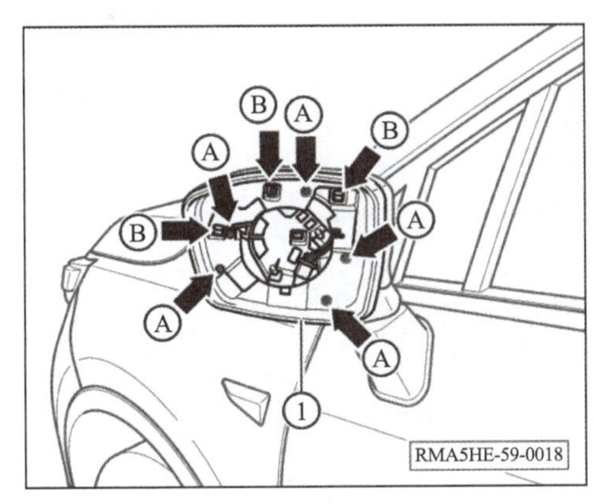

图 7-11　拆下后视镜卡框

图 7-12　拆下后视镜面罩

⑤ 安装大体以倒序进行，不再赘述。

2. 技能操作

（1）操作准备

物料准备见表 7-4。

表 7-4　物料准备

类别	所需物料
实训平台	智能网联实训整车
设备、工具	车辆防护用品、车辆电路图手册、维修手册、手套、撬具、常用拆装工具、手电筒、万用表、示波器、试灯、诊断仪

（2）转向灯功能检查

根据转向灯故障现象，对转向灯进行常规检查和故障验证，将相关结果、数据等填写在表 7-5 中。

情境二

表 7-5 转向灯检查表

检查项目	检查状态	结果判定	检查项目	检查状态	结果判定
转向灯罩壳外观		正常□ 异常□	转向灯开关功能		正常□ 异常□
危险警报灯工作状态		正常□ 异常□	危险警报灯开关功能		正常□ 异常□
转向灯插座状态		正常□ 异常□	转向灯闪亮频率		正常□ 异常□

（3）转向灯电路测量

根据故障现象，结合所学知识，参照电路图，对转向灯电路进行测量，并将测量数据、判定结果等填写在表 7-6 中。

表 7-6 测量记录表

序号	测量项目	测量点	测量类型	测量条件	测量结果	测量结果判定
1						
2						
3						
4						
5						
6						
7						
8						

（4）前转向灯泡更换

根据所学知识，结合维修手册指引，对可能存在故障的转向灯灯泡进行更换，将更换步骤及关键信息填写在表 7-7 中。

表 7-7 拆装记录表

序号	步骤描述	选用工具	注意事项
1			
2			
3			
4			
5			
6			
7			
8			

（5）后视镜转向灯座更换

根据所学知识，结合维修手册指引，对存在故障的转向灯座进行更换，将更换步骤及关键信息填写在表 7–8 中。

表 7–8 拆装记录表

序号	步骤描述	选用工具	注意事项
1			
2			
3			
4			
5			
6			
7			
8			
9			
10			

检查评估

对本任务的学习情况进行检查和评估，并将相关检查结果填写在表 7–9 中。

表 7–9 检查评估表

检查项目	检查结果	结果点评
转向灯电路图拆画		
是否标注电源性质	是□ 否□	
是否标注具体端子号	是□ 否□	
电路图标注是否完整	是□ 否□	
拆画的电路图是否正确	是□ 否□	
转向灯电路检修		
故障点判定是否正确	是□ 否□	
故障是否排除	是□ 否□	
转向灯工作是否正常	是□ 否□	
整理及恢复		
工具、设备是否整理恢复	是□ 否□	
实训工位是否打扫干净	是□ 否□	
工作页是否填写完整	是□ 否□	

情境二

任务小结

本任务小结如图 7-13 所示。

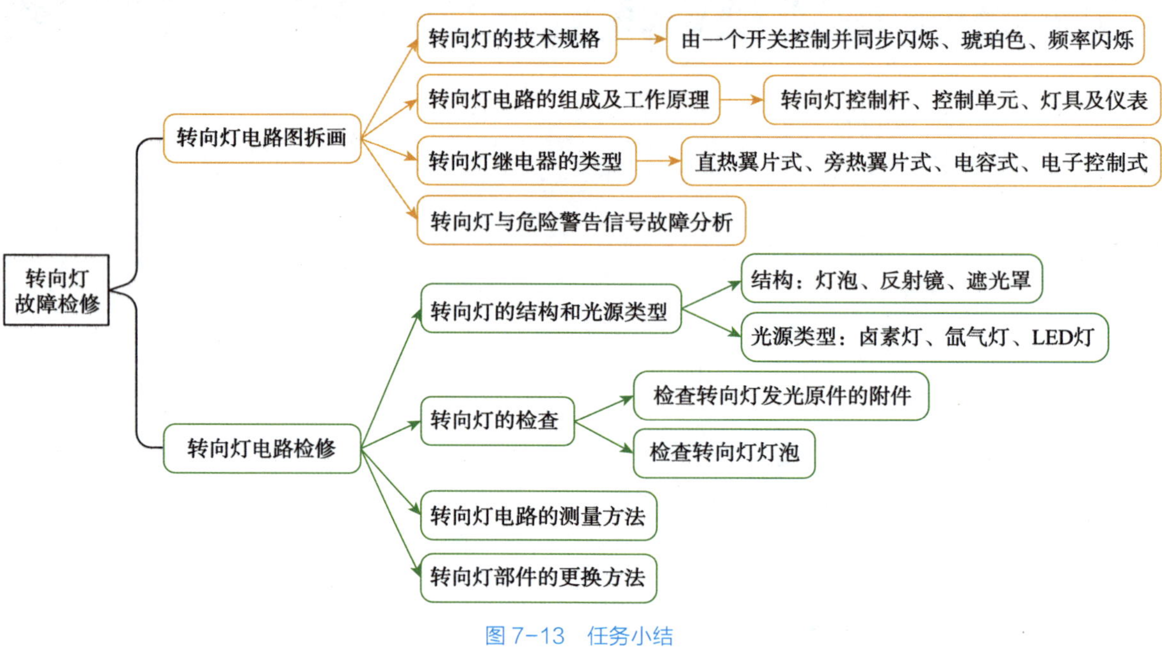

图 7-13　任务小结

任务八 制动灯故障检修

任务导入

场景：某国产智能网联汽车售后维修中心

人物：王先生（客户）、小李（维修技师）

情节：王先生最近发现踩下车辆制动踏板时，智能网联汽车后部的制动灯不亮，于是到售后维修中心进行维修，维修技师小李对车辆进行了故障验证，发现确实存在该问题，且所有的制动灯都不亮。

任务目标

▸ 能根据制动灯的控制原理，结合电路图，通过故障验证及电路图拆画，完成制动灯故障初步分析。

▸ 能按照故障排除思路，结合电路图，选择合适的检修工具，完成制动灯控制电路检测与故障部件更换。

任务实施

一、制动灯故障分析

1. 知识学习

（1）制动灯的作用

汽车制动灯俗称刹车灯，安装在车辆后部，左右各一个，同时还配有一个高位制动灯，安装在后风窗玻璃上，现在大多数车型高位制动灯均采用 LED 灯泡。在汽车刹车减速时，制动灯发出红色灯光信号，以提醒后方车辆或行人，防止发生追尾事故。制动灯多为组合灯具，一般与尾灯共用双灯丝灯泡，功率为 20 W 左右。制动灯安装位置如图 8–1 所示。

图 8–1　制动灯的安装位置

（2）制动灯的位置参数

制动灯横向位置：9 座以下客车的制动灯在基准轴线方向上离车辆纵向对称平面最远的视表面上的点，到车辆外缘端面之间的距离应不大于 400 mm，对沿基准轴线方向上的视表面的各个内缘之间的距离无特殊要求；两侧制动灯的离地高度应不小于 350 mm 且不大于 1 500 mm。对于高位制动灯，与其视表面下缘相切的水平面，应不低于与后玻璃下边缘相切的水平面 150 mm，或其离地高度不小于 850 mm。

制动灯几何可见度：9 座以下客车两侧制动灯的水平方向角为车辆纵轴线左、右各 45°，垂直方向角为上、下各 15°（离地高度不大于 750 mm 的，水平方向角可由 45° 降低至 20°，垂直方向角可由 15° 降低至 5°）；对于高位制动灯，其水平方向角为车辆纵轴线的左、右各 10°，垂直方向角为水平面上 10°、水平面下 5°。

高位制动灯不应与任何其他灯混合。车辆的制动灯应能够在白天距其 100 m 处观察到工作状态，制动灯的发光强度应明显大于后尾灯。

（3）制动灯的重要组成部件

1）制动开关的作用及位置

制动开关用于检测制动踏板状态，当制动踏板被踩下时制动开关会被触发，有直接的供电电流（应用于不带电子控制的制动系统中）或制动信号（应用于带有电子控制的制动系统中）被传输出来，用于车辆启动、制动灯开启关停和制动控制。制动开关多位于制动踏板后部，如图 8–2 所示。

2）制动开关的类型

① 磁电式制动开关

磁电式制动开关利用电磁感应原理工作。当制动踏板在初始位置时，感应器始终与制动踏板金属部件贴近但不接触，当驾驶员踩下制动踏板时，踏板金属部件与感应器的相对位置发生变化（分离），感应器将产生电信号传输至控制单元，控制单元点亮制动灯。磁电式制动开关如图 8–3 所示。

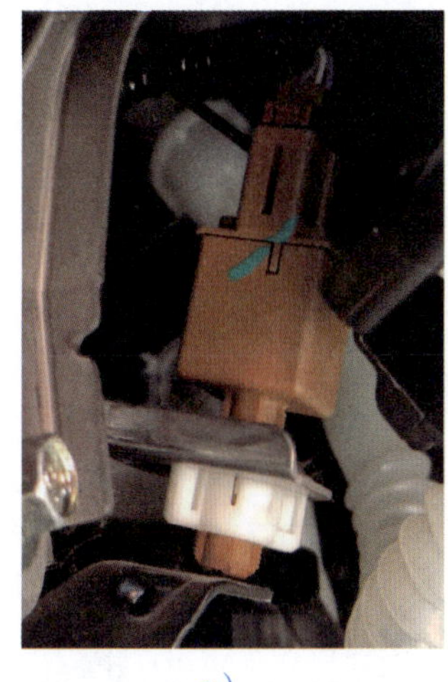
a）

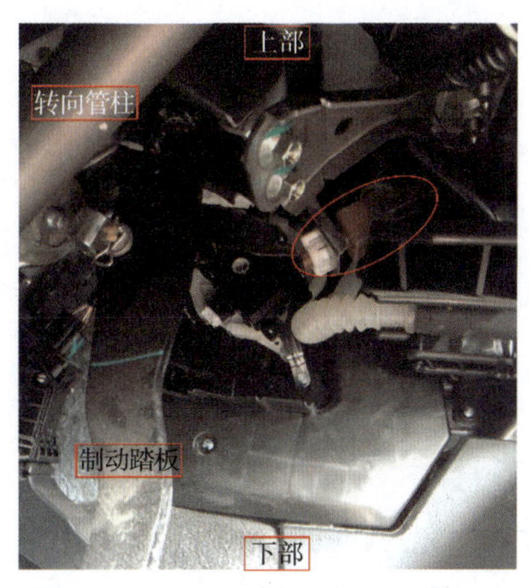

b）

图 8-2　制动开关的安装位置
a）制动开关　b）制动开关位置

②机械式制动开关

机械式制动开关内有复位弹簧、触片等，当驾驶员踩下制动踏板时，踏板会因自身的位移释放出一个行程空间，制动开关在复位弹簧的作用下移动推杆，使触片接合，信号或电流被直接输出。机械式制动开关如图 8-4 所示。

图 8-3　磁电式制动开关

图 8-4　机械式制动开关

③液压式制动开关

对于液压式制动开关，踩下制动踏板时，制动系统压力增大，膜片向上弯曲，触片接通接线柱制动灯，通电发亮；松开制动踏板时，制动系统压力降低，触片在回位弹簧的作用下复位，制动灯电路被切断而熄灭。液压式制动开关如图 8-5 所示。

④气压式制动开关

气压式制动开关在制动时，制动压缩空气推动橡胶膜片向上弯曲，使触点闭合，接通制动信号灯电路。气压式制动开关如图 8-6 所示。

3）制动开关的工作原理

制动开关电路分为常开电路和常闭电路，分别由常电供电和 IG 供电。当踩下制动踏板时，常开电路变为闭合电路，常闭电路变为开路电路。制动开关工作原理如图 8-7 所示。

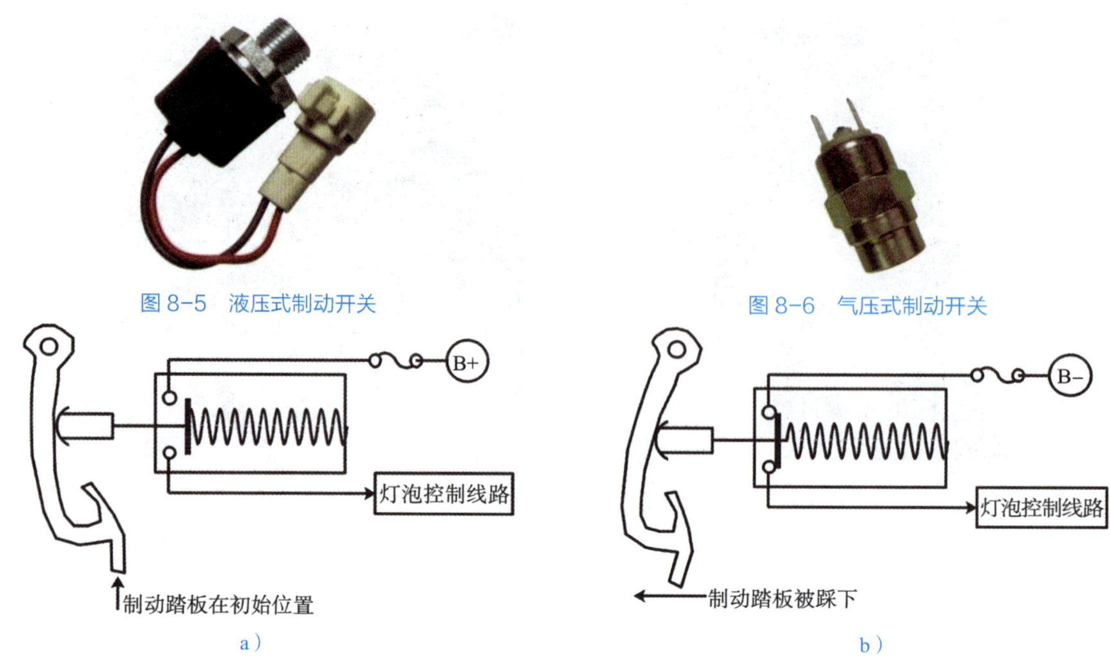

图 8-5　液压式制动开关

图 8-6　气压式制动开关

图 8-7　制动开关的工作原理

a）初始状态（未踩下制动踏板）　b）工作状态（踩下制动踏板）

（4）制动灯的控制原理

当驾驶员踩下制动踏板时，制动开关常开电路闭合，电流由蓄电池正极出发，经熔断器、制动开关到车身控制单元，车身控制单元一方面控制高位制动灯电路接地，使高位制动灯点亮，另一方面给车辆左后和右后制动灯供电，经过线束搭铁形成回路，使左后和右后制动灯点亮。制动灯控制电路简图如图 8-8 所示。

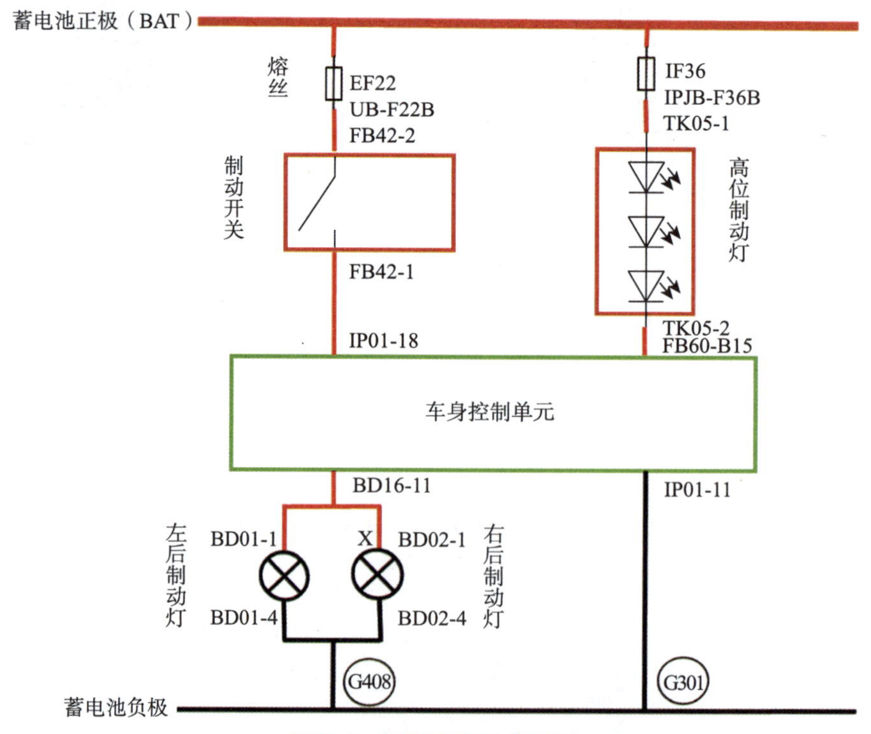

图 8-8　制动灯控制电路简图

2. 技能操作

（1）操作准备

物料准备见表 8-1。

表 8-1　物料准备

类别	所需物料
教学整车 / 实训平台	智能网联实训整车
绘图工具	铅笔、纸张、橡皮、尺子套装
设备、仪器、工具	车辆防护用品、车辆维修手册与电路图、诊断仪

（2）故障验证

1）读取故障码

使用诊断仪读取故障码，将相关内容填写在表 8-2 中。

表 8-2　故障码信息

序号	故障码	故障码描述
1		
2		
3		

2）读取数据流

使用诊断仪读取数据流，根据诊断仪上读取到的信息，完成表 8-3 的填写。

表 8-3　数据流信息

序号	控制单元	名称	当前值 / 状态	标准值 / 状态	是否正常
1					是□　否□
2					是□　否□
3					是□　否□
4					是□　否□
5					是□　否□

（3）故障分析

1）拆画制动灯控制电路图

参考车辆电路图，拆画实训车辆制动灯控制电路图，绘制在图 8-9 中。

图 8-9　制动灯控制电路图

2）初步分析制动灯故障

根据故障验证结果，结合制动灯控制电路图，对故障可能原因进行初步分析，并填写在表 8-4 中。

表 8-4　故障初步分析

故障现象	验证结果	可能原因

二、制动灯故障排除

1. 知识学习

（1）制动灯的常见故障

制动灯的常见故障主要有：踩下制动踏板，所有制动灯不亮；踩下制动踏板，一侧制动灯不亮；踩下制动踏板，高位制动灯不亮；制动灯常亮。

（2）制动灯故障排除思路

1）踩下制动踏板后，若高位制动灯或左后、右后制动灯中有一个或两个不亮，则可能是该制动灯电路故障、用电器故障，因制动灯电路是整体送电，若供电部分有故障不会引起单个灯不亮，应排除制

动开关故障、熔断器故障，需对相应的制动灯电路进行检测。

2）踩下制动踏板后，若所有制动灯都不亮，主要原因可能是制动开关本身、电源、信号以及数据传输线路和参与数据传输的控制单元出现故障，应逐一进行排除。首先检测制动开关输出是否正常、制动灯熔断器是否正常；若都正常，再通过电路图查找供电路径，测量各个供电节点是否正常供电，以此确定是否为制动开关或熔断器的电路故障。

3）检测制动开关常开电路。若是制动开关常开电路输出不正常，应对常开电路相关元器件进行检测。

4）由于高位制动灯多采用 LED 灯泡，当判定是高位制动灯灯泡出现故障时，则直接进行整体更换处理。若对其进行检测，则应使用万用表二极管挡位测量其是否被击穿，若被击穿，则万用表会发出蜂鸣声。

2. 技能操作

（1）操作准备

物料准备见表 8–5。

表 8–5　物料准备

类别	所需物料
教学整车 / 实训平台	智能网联实训整车
设备、仪器、工具	车辆防护用品、车辆维修手册与电路图、智能钥匙、万用表、诊断仪、常用工具套装、塑料撬板、手电筒

（2）制动灯故障检修

1）制动灯控制电路检测

参考车辆维修手册与电路图，对制动灯控制电路进行检测，并将检测过程记录在表 8–6 中。

表 8–6　检测记录

序号	检测项目	检测点		检测条件	检测类型	标准值	检测值	处理方式
示例	AUTO 挡位信号	IP57/2	搭铁	灯光开关 AUTO 挡	电压	$+U_B$	0 V	检测信号输出
1	控制单元							

续表

序号	检测项目	检测点		检测条件	检测类型	标准值	检测值	处理方式
2	制动开关							
3	制动灯							

2）制动灯故障部件更换

查询维修手册，对故障部件进行更换，并将更换操作步骤填写在表 8-7 中。

在拆卸操作前，需注意以下事项：

① 选择合适的工具，严格按照实训车型维修手册的拆装步骤进行操作。

② 必须在专业教师指导下进行更换操作。

③ 在拔连接线束的插接器时，必须拔插接器本体，不得拔线束，拔之前，应检查要断开的插接器类型。

表 8-7　拆装记录

序号	步骤描述	选用工具	注意事项
1			
2			
3			
4			
5			
6			
7			
8			

（3）维修结果检验

完成以上操作后对维修结果进行检验，并记录在表 8–8 中。

表 8–8　结果检验记录

序号	检验项目	是否正常
1	所有制动灯是否正常点亮	是□　否□
2	使用诊断仪清除故障码，确认故障码是否被清除	是□　否□
3	使用诊断仪读取相关数据流，是否全部正常	是□　否□

检查评估

对本任务的学习情况进行检查和评估，并将相关检查结果填写在表 8–9 中。

表 8–9　检查评估表

检查项目	检查结果	结果点评
制动灯故障分析		
拆画的电路图是否正确	是□　否□	
电路图标注是否完整	是□　否□	
是否完成制动灯故障初步分析	是□　否□	
制动灯电路检修		
是否正确判定故障点	是□　否□	
故障是否排除	是□　否□	
制动灯工作是否正常	是□　否□	
整理及恢复		
工具、设备是否整理恢复	是□　否□	
实训工位是否打扫干净	是□　否□	
工作页是否填写完整	是□　否□	

任务小结

本任务小结如图 8–10 所示。

制动灯故障检修
制动灯故障分析
制动灯的作用
安装在车辆后部（左后、右后、后风窗玻璃），提醒后方车辆或行人，防止发生追尾事故，颜色为红色
制动灯的位置参数
横向位置参数
几何可见度
制动灯的重要组成部件
制动开关的作用及位置
制动开关的类型
制动开关的工作原理
制动灯的控制原理
制动灯故障排除
制动灯的常见故障
所有制动灯不亮
一侧制动灯不亮
高位制动灯不亮
制动灯常亮
制动灯故障排除思路
熔断器
制动开关
控制线路
制动灯泡
控制单元

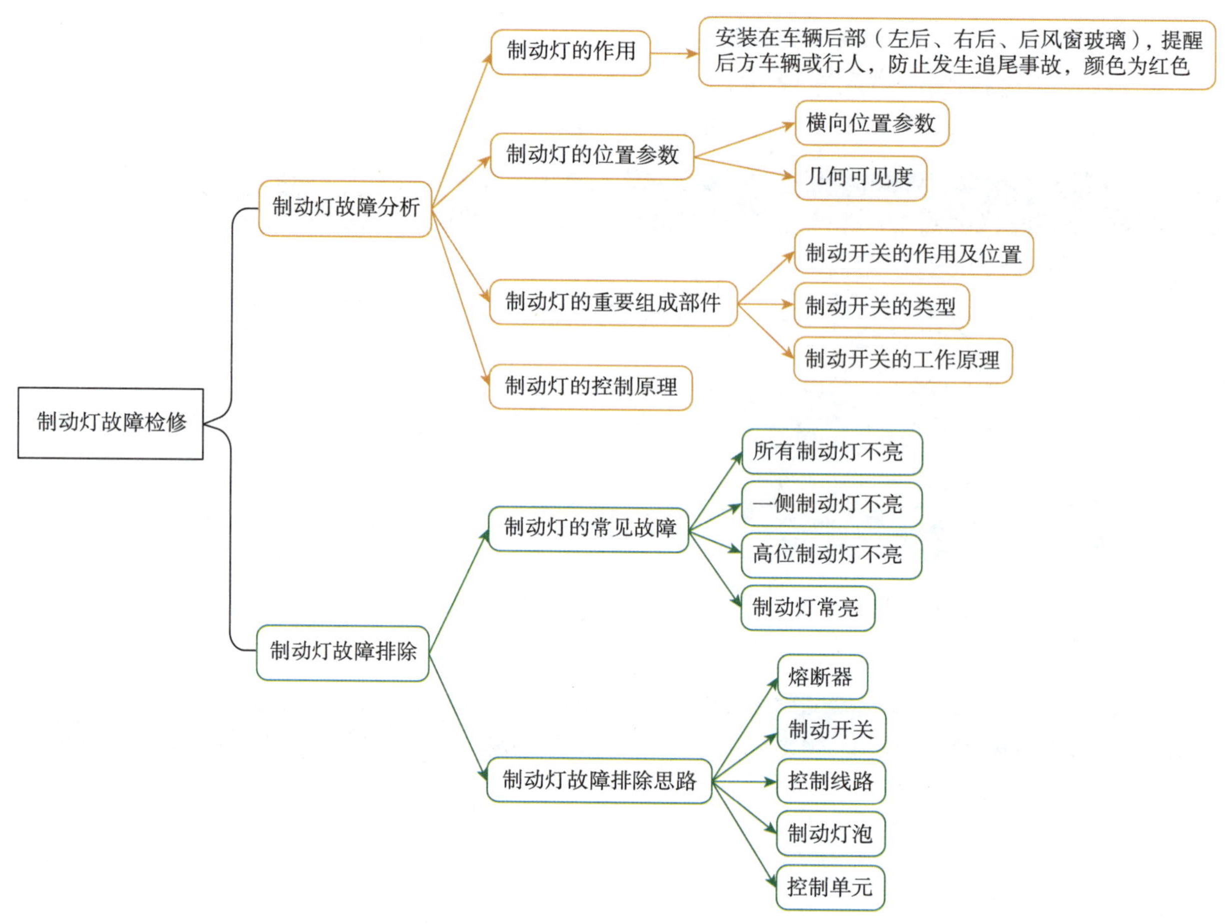

图 8-10　任务小结

任务九
后部灯光总成检查与更换

任务导入

场景： 某国产智能网联汽车售后维修中心

人物： 张先生（客户）、小李（维修技师）

情节： 张先生偶然发现车辆后部灯光总成破损，于是到售后维修中心进行处理，维修技师小李接到指派维修该车辆。

任务目标

- 能按照后部灯光总成检查项目及方法，完成车辆后部灯光总成检查。
- 能按照后部灯光总成更换流程，使用专用工具，规范完成车辆后部灯光总成更换。

任务实施

一、后部灯光总成检查

1. 知识学习

（1）后部灯光总成的认知

汽车后部灯光总成在汽车信号灯中占据重要地位，它们发出的信号反映汽车行驶状态，提示行驶轨迹即将发生变化，对安全行驶肩负重要使命。后部灯光总成内包含多个光源，一般由卤素灯、LED 灯等组成，能够实现多种信号功能，其中包括示宽灯、制动灯、雾灯、转向灯、倒车灯、危险警告灯等。近年来，由于外形设计上的需要、空气动力特性的提高以及美观的需求，低侧面、流线型的外形越来越受欢迎，因此，尾灯的形状也朝着异型化、一体化方向发展，不同车型后部灯光总成的造型会依据车型的整体风格进行设计，如图 9-1 所示。

图 9-1　后部灯光总成

（2）后部灯光总成的组成和功能

后部灯光总成包括示宽灯、制动灯、雾灯、转向灯、倒车灯等多种功能车灯，并可发出危险警告信号。

1）示宽灯

示宽灯是一种用于警示的车灯，可提醒其他车辆本车位置，如图 9–2 所示。这种灯一般安装在汽车后部灯光总成的边缘处，既能表示高度又能表示宽度，后示宽灯一般为红色光源，可增加光源穿透力，让后车在视线不好的情况下更加容易发现前车，避免因无法及时发现前车而导致车祸发生。

2）制动灯

制动灯在车辆进行制动时点亮，主要用于提醒后方车辆保持安全行车距离。制动灯为红色光源，在雨天或夜晚等视线不好的情况下起到有效的警醒作用，减少追尾事故。高位制动灯是制动灯的辅助灯，一般安装在车辆后端的中心线上，也有的安装在车辆后部上端。制动灯如图 9–3 所示。

图 9-2　示宽灯

图 9-3　制动灯

制动灯不得改装，有个别车主为了增加车辆在夜晚行驶时的辨识度，将制动灯改装成为闪光灯，是违法行为，这种改装后的制动灯对后方车辆的干扰很大，甚至还会导致不必要的意外事故。

3）雾灯

雾灯在车尾的左侧或者是两侧，如图 9–4 所示。国家标准规定后雾灯数量可以是一个或两个，如果只配备一个雾灯，要装在行驶方向的左侧。

前雾灯的配备无强制要求，有些车辆为了节省成本而不配备前雾灯。一般雾灯采用红色或者黄色，这两种颜色波长较长，穿透力强。前雾灯一般是黄色，后雾灯一般是红色，同时兼顾对后方的警示作用。雾灯开关有旋钮式、把拉式、点按式等，如图 9–5 所示。

a）

b）

图 9-4　后雾灯

a）单侧后雾灯　b）双侧后雾灯

a）

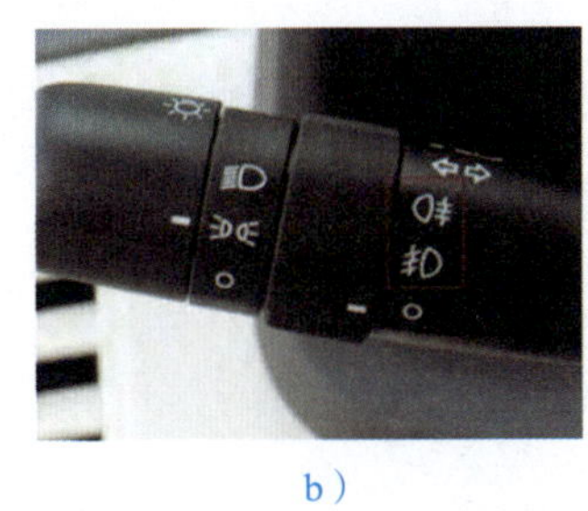

b）

c）

图 9-5　雾灯开关种类

a）旋钮式雾灯开关　b）把拉式雾灯开关　c）点按式雾灯开关

4）转向灯

转向灯在前面的任务中已学习过。在国家标准中，对汽车转向灯的安装位置与数量都做了明确的规定，普通家用车至少要有四个转向灯，分别安装在汽车的四个边角处，对于车长超过一定长度的车型，还要求安装侧面转向灯。侧面转向灯有的安装在侧面叶子板上，有的安装在后视镜上，如图 9-6 所示。尾部的转向灯如图 9-7 所示。

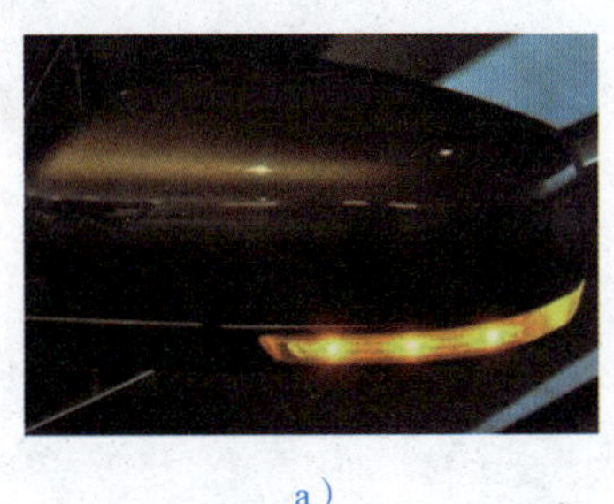

a）

b）

图 9-6　侧面转向灯

a）后视镜侧面转向灯　b）叶子板侧面转向灯

5）倒车灯

倒车灯装于汽车尾部，如图 9-8 所示，用于在车辆倒车时照亮车后路面，并提醒汽车后方的车辆和行人。倒车灯全部采用白色。按照相关规定，倒车灯必须配置，但没有明确规定数量，有些车辆为了节约成本只有一个倒车灯。

图 9-7　尾部转向灯

图 9-8　倒车灯

6）危险警告信号

危险警告信号通过左转向灯和右转向灯同时闪烁实现。在车辆的仪表盘上有一个标有红色三角形的按钮，按下该按钮即可开启危险警告信号，如图 9-9 所示。

应使用危险警告信号的情况如下：

① 雾天行车时，由于视线不好，应开启危险警告信号和雾灯，以提醒过往车辆注意，并为自己照明；

② 在道路上发生故障或者发生交通事故时应开启危险警告信号；

③ 牵引故障机动车时，牵引车和被牵引车均应开启危险警告信号，提醒自己的车处于非正常状态；

④ 在行车道路上临时停车时，应打开危险警告信号提醒其他车注意；

⑤ 在临时停车、天气恶劣特殊情况下应开启危险警告信号，提示来往车辆注意减速慢行或者停车，如图 9-10 所示。

图 9-9　危险警告信号开关

图 9-10　危险警告信号

（3）后部灯光总成的检查项目及方法

1）外观检查

首先需要对后部灯光总成的外观进行检查，检查内容包括外观是否破损、松旷，是否有裂痕，边缘缝隙是否过大，内部是否有水蒸气，车灯是否发黄，外部是否有泥沙或污渍等。

①由于车辆后部灯光总成位于车辆尾部两端，较容易在倒车时发生碰撞，同时也容易成为追尾事故的主要损伤位置，所以要对汽车后部灯光总成的外观进行检查，包括是否有划痕、裂痕、破损、缝隙过大等情况，如图 9–11 所示。

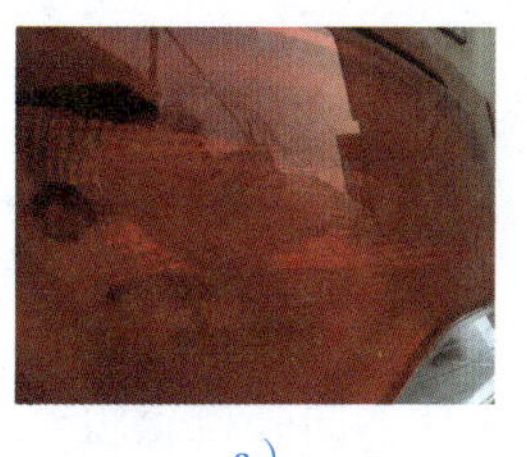
a）

b）

c）

d）

图 9–11　后部灯光总成损坏形式

a）后部灯光总成有划痕　b）后部灯光总成有裂痕　c）后部灯光总成破损　d）后部灯光总成缝隙过大

划痕影响后部灯光效果，车灯破损影响正常显示，碎片在高速行驶过程中还会对道路上的车辆和行人等造成严重伤害。车灯有裂痕、破损、缝隙过大等情况时，也会导致后部灯光总成出现进水短路故障，造成更大的损失。

②车灯内部有雾或有水可能会影响车辆后部灯光的正常显示，如图 9–12 所示。较多的水可能还会引起车灯内部电路出现短路等情况，造成更大的损坏，影响行车安全。后部灯光总成内出现雾或水的情况一般为后部灯光总成的密封出现问题，需要对车灯进行仔细检查，查看是否有密封不严或破损的地方。

③车辆的行驶环境较为恶劣会导致后部灯光总成上沾有污垢、泥沙等遮挡物，如图 9–13 所示，影响后部灯光总成的整体显示效果，影响行车安全。

图 9–12　车灯内部有雾

图 9–13　后部灯光脏污

2）功能检查

后部灯光总成包含的所有灯光功能都要进行检查，包括示宽灯检查、雾灯检查、转向灯检查、危险警告信号检查、制动灯检查、倒车灯检查。

①示宽灯检查

将组合开关置于“-ɔ0ɛ-”挡，示宽灯开启，检查示宽灯是否点亮，如图 9–14 所示。

情境二

a）

b）

图 9-14　示宽灯检查

a）操作示意图　b）仪表显示标识

② 雾灯检查

不同车型雾灯开启方式不同，对图 9-15 所示车型的组合开关，前照灯开启后，向外拉出组合开关即可开启雾灯，共有两挡，拉至第一挡，前雾灯开启，拉至第二挡，后雾灯开启，检查雾灯是否点亮。

a）

b）

图 9-15　雾灯检查

a）操作示意图　b）仪表显示标识

灯光正常开启后，还需要检查灯光是否可以正常关闭，将组合开关置于关闭挡，示宽灯、后雾灯熄灭，如图 9-16 所示。

图 9-16　灯光关闭检查

③ 转向灯检查

向上推灯光组合开关手柄，右转向灯及仪表转向指示灯应同时开始闪烁，向下拉组合开关灯光手柄，左转向灯及仪表转向指示灯应同时开始闪烁，如图 9-17 所示。

④ 危险警告信号检查

按下危险警告信号开关△，所有的转向灯开始闪烁，仪表转向指示灯同步闪烁，再次按下危险警告信号开关，转向灯停止闪烁，如图 9-18 所示。

a）

b）

图 9-17　转向灯检查

a）操作示意图　b）仪表显示标识

a）

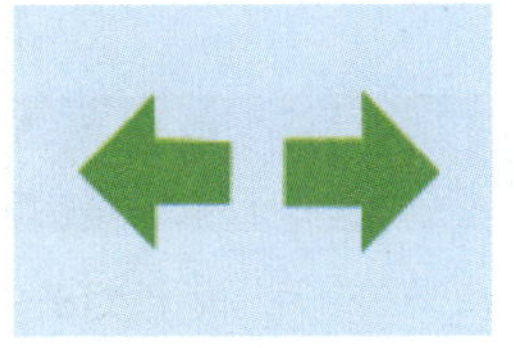
b）

图 9–18　危险警告信号检查
a）操作示意图　b）仪表显示标识

⑤ 制动灯检查

启动车辆，踩下制动踏板，如图 9–19 所示，制动灯点亮，松开制动踏板，制动灯熄灭。

⑥ 倒车灯检查

倒车灯没有单独的开关，而是与倒车挡关联，不用单独操作。启动车辆，倒车灯应为熄灭状态，将换挡杆推到 R 挡位置，如图 9–20 所示。仪表显示 R 挡，倒车灯应点亮，检查完成后，将换挡杆推到 P 挡位置，松开制动踏板，关闭车辆启动开关。

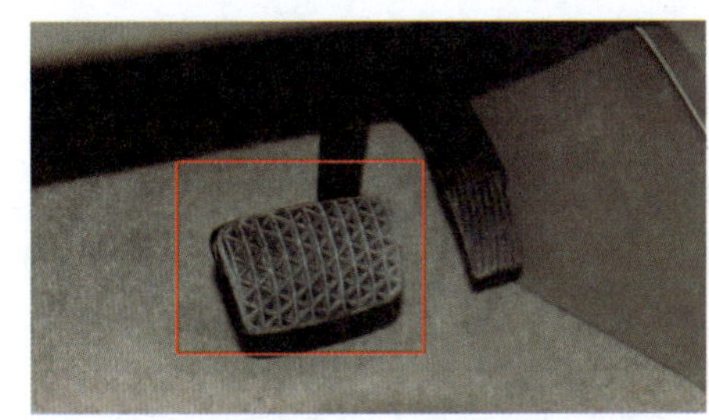
图 9–19　制动踏板

图 9–20　R 挡挡位

2. 技能操作

（1）操作准备

物料准备见表 9–1。

表 9–1　物料准备

类别	所需物料
教学整车 / 实训平台	智能网联实训整车

（2）检查后部灯光总成

根据后部灯光检查内容，对后部灯光总成进行检查，将检查结果记录在表 9–2 中。

二、后部灯光总成更换

1. 知识学习

（1）后部灯光总成更换的注意事项

1）拆装后部灯光总成时谨防刮花灯罩表面。

表 9-2　后部灯光总成检查

序号	检查项目		检查结果
1	外观检查	后部灯光总成是否有破损	是□　否□
		后部灯光总成是否有裂痕	是□　否□
		后部灯光总成是否松旷	是□　否□
		后部灯光总成是否有水、雾	是□　否□
		后部灯光总成是否发黄	是□　否□
		后部灯光总成是否被泥沙、污垢遮盖	是□　否□
2	功能检查	示宽灯是否正常操作、点亮	是□　否□
		后雾灯是否正常操作、点亮	是□　否□
		转向灯是否正常操作、点亮	是□　否□
		危险警告信号是否正常操作、点亮	是□　否□
		制动灯是否正常操作、点亮	是□　否□
		倒车灯是否正常操作、点亮	是□　否□

2）安装时以规定力矩紧固灯具。

3）灯具与车身安装位置的间隙尺寸应符合车身面间隙标准。

4）断开后部灯光总成的插接件时，禁止直接拉拔导线。

（2）后部灯光总成的拆卸流程

1）准备工作

①将车辆停在平坦路面。

②整车处于“OFF”状态，启用驻车制动。

③打开行李箱盖。

④断开蓄电池负极。

⑤将蓄电池负极连接线使用绝缘套包裹。

2）拆卸行李箱内饰板

①查阅维修手册，选择合适的内饰板拆卸工具。

②用工具拆卸遮盖后部灯光总成固定螺栓的内饰板固定销，取下行李箱内饰板，如图 9-21 所示。

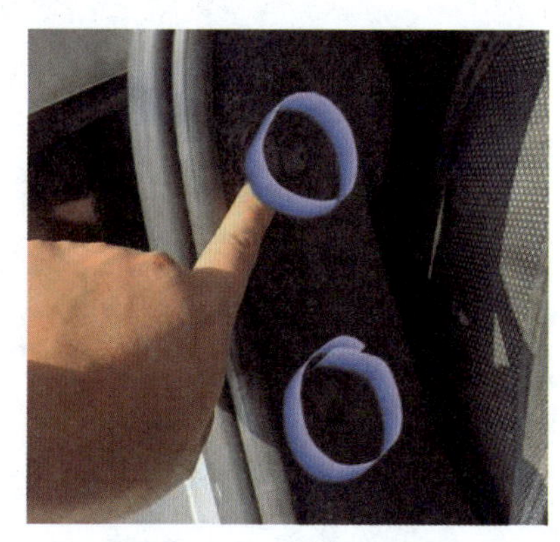

图 9-21　内饰板固定销

3）拆卸后部灯光总成

① 按压插接件锁片，拔出后部灯光总成线束插接件。

② 使用合适的套筒拆卸后部灯光总成固定螺母。

③ 小心取下后部灯光总成，不可用蛮力，如图 9–22 所示。

（3）后部灯光总成的安装流程

1）将后部灯光总成线束插接件穿过车身安装孔并固定。

2）将后部组合灯的安装卡槽对准车身上的卡槽安装，确保安装到位。

3）检查插接件两端是否保持干燥和清洁，避免有任何异物进入，如图 9–23 所示。

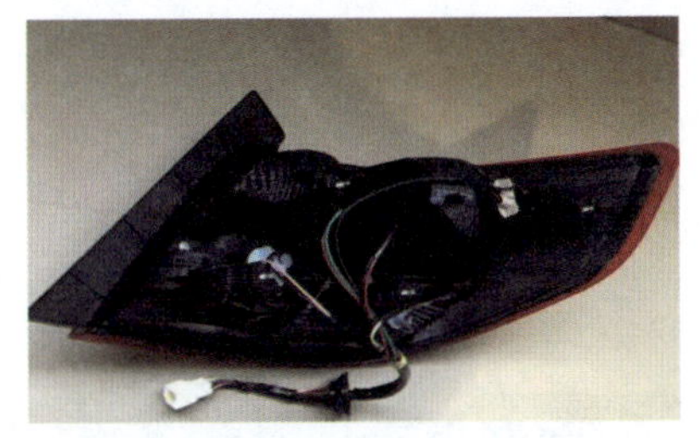

图 9–22　后部灯光总成

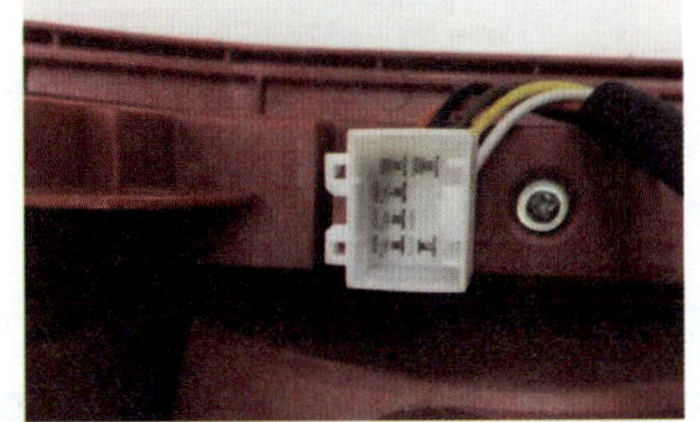

图 9–23　插接件端口

4）连接插接件，轻轻拨动插接件插头，确保插接件连接可靠。

5）安装后部组合灯光的固定螺母，并按照标准力矩进行紧固。

6）以与拆卸相反的顺序安装内饰板。

7）关闭行李箱盖。

8）连接辅助蓄电池负极，关闭电池仓盖。

2. 技能操作

（1）操作准备

物料准备见表 9–3。

表 9–3　物料准备

类别	所需物料
教学整车 / 实训平台	智能网联实训整车
仪器、设备、工具	维修工具套装、内饰件拆卸工具

（2）更换后部灯光总成

1）拆卸后部灯光总成

使用专业工具，按照标准流程，将后部灯光总成拆卸过程记录在表 9–4 中。

表 9-4　后部灯光总成拆卸

序号	操作步骤		操作记录	注意事项
1	准备工作	车辆是否处于“OFF”状态	是□　否□	
		是否启用驻车制动	是□　否□	
		是否断开蓄电池负极	是□　否□	
2	拆卸内饰板	内饰板拆卸工具是否正确	是□　否□	
3	拆卸后部灯光总成	是否使用合适的套筒拆卸	是□　否□	
		是否使用合适的力度拆卸	是□　否□	

2）安装后部灯光总成

使用专业工具，按照标准流程与力矩，将后部灯光总成安装过程填写在表 9-5 中。

表 9-5　后部灯光总成安装

序号	操作步骤	操作记录	注意事项
1	固定后部灯光总成及线束插接件	是□　否□	
2	检查插接件两端是否保持干燥和清洁并连接	是□　否□	
3	安装后部组合灯光的固定螺母并紧固	是□　否□	
4	安装内饰板	是□　否□	
5	关闭行李箱盖，连接辅助蓄电池负极	是□　否□	

检查评估

对本任务的学习情况进行检查，并将相关内容填写在表 9-6 中。

表 9-6　检查表

检查项目	检查结果	结果点评
后部灯光总成检查		
后部灯光总成检查项目是否全面	是□　否□	
后部灯光总成内部是否有雾	是□　否□	
后部灯光各功能是否正常	是□　否□	
后部灯光是否损坏	是□　否□	

续表

检查项目	检查结果	结果点评
后部灯光总成更换		
插接件插拔是否正确	是□　否□	
饰板拆卸工具是否正确	是□　否□	
拆卸步骤是否规范	是□　否□	
是否按照规定紧固螺母	是□　否□	
整理及恢复		
工具、设备是否整理恢复	是□　否□	
实训工位是否打扫干净	是□　否□	
工作页是否填写完整	是□　否□	

任务小结

本任务小结如图 9–24 所示。

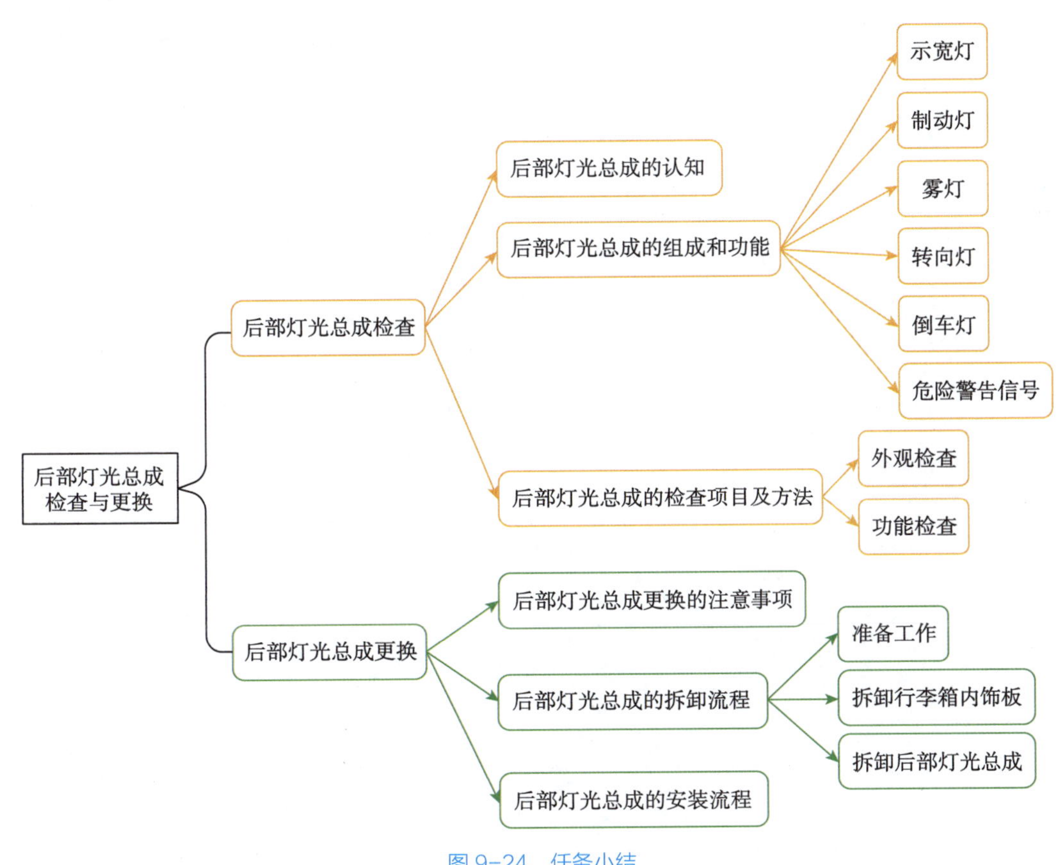

图 9–24　任务小结

情境三
辅助电气系统检修

情境介绍

随着人们生活水平的不断提高，对车辆的需求已不仅局限于单纯的代步，对其舒适性、安全性、可靠性及智能化的需求逐步提高。智能网联汽车辅助电气系统是车辆实现舒适性、安全性、可靠性和智能化的重要支撑，要解决智能网联汽车辅助电气系统相关的故障，需首先掌握车辆各个辅助电气系统的组成、工作原理和控制策略，还要能熟练运用汽车电气系统故障检修基本思路和方法对辅助电气系统出现的故障进行检修。

本情境包含雨刮系统故障检修、组合仪表检测与更换、无钥匙进入系统故障检修、电动车窗故障检修和低速提示音系统故障检修五个工作任务，内容包括雨刮系统、组合仪表、无钥匙进入系统、电动车窗、低速提示音系统等辅助电气系统组成、控制原理、故障检修流程和方法。

情境目标

▸ 能根据车辆用户手册、维修手册要求，结合电路图，使用合适工具，完成车辆雨刮系统故障检修。

► 能根据车辆故障现象，结合组合仪表控制原理，使用专用工具，按照维修手册标准流程，完成组合仪表检测与更换。

► 能根据无钥匙进入系统控制原理，按照维修手册标准流程，使用检测工具，完成无钥匙进入系统及微动开关和天线信号检测。

► 能根据电动车窗组成及控制原理，按照故障检测方法，结合电路图，选择合适的检修工具，完成电动车窗故障初步分析及检修。

► 能依据车辆售后维修标准流程，按照故障检修方法，结合电路图，正确使用诊断设备和检修工具，规范完成提示音系统故障检修。

任务十 雨刮系统故障检修

任务导入

场景：某国产智能网联汽车售后维修中心

人物：小张（服务顾问）、维修技师（小周）

情节：维修技师小周接到服务顾问小张派给他的一张工单，客户的一辆智能网联汽车前雨刮不工作，小周需通过检查该车雨刮系统功能来验证故障现象，如果故障确实存在就需要进行相关检修。

任务目标

- 能按照车辆用户手册与保养手册要求，使用合适的工具，完成车辆雨刮系统检查。
- 能根据车辆维修手册要求，结合电路图，选择合适的工具，完成车辆雨刮系统检修。

任务实施

一、雨刮系统检查

1. 知识学习

（1）雨刮系统的功能

雨刮系统一般具有前、后风窗的雨刮与洗涤两种功能，由安装在方向盘右侧的刮水控制组件（俗称雨刮开关）控制。

雨刮可用来直接刮除前、后风窗玻璃上的雨水、雾气等污物，保持驾驶员的视线清晰，通常包括除雾挡、间歇挡、低速挡、高速挡，有些车型还具有自动雨刮功能，雨刮系统实物如图 10-1 所示。

情境三

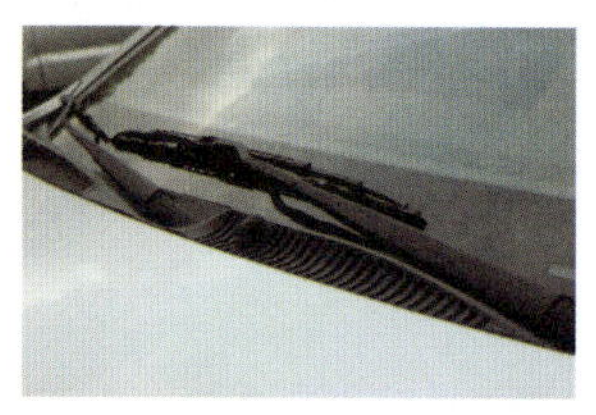

a）

b）

c）

图 10-1　雨刮系统实物

a）前雨刮　b）后雨刮　c）雨刮开关

洗涤功能主要通过喷射洗涤液，配合雨刮完成清洗，有些车型还包括前照灯清洗功能。洗涤系统实物如图 10-2 所示。

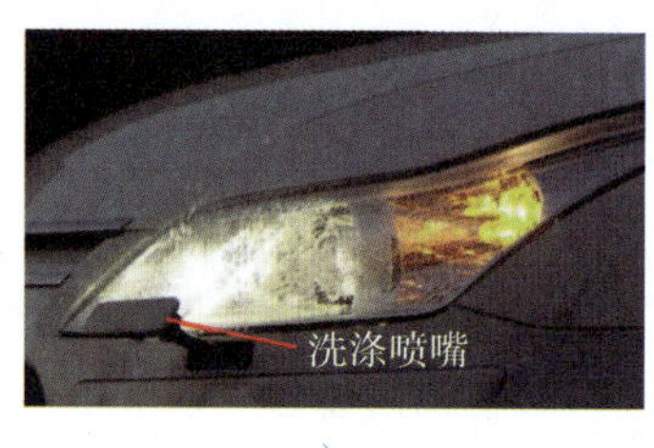

a）

b）

图 10-2　洗涤系统实物

a）前照灯洗涤系统　b）前风窗洗涤系统

（2）雨刮系统的结构

在雨刮系统中，由驱动电机（雨刮电机和洗涤泵）产生动力，刮水系统通过机械传动机构带动雨刮片实现前、后风窗的清洁；洗涤系统通过管路、喷嘴实现洗涤功能。不同品牌车型雨刮系统部件有所不同，典型示例如图 10-3 所示。

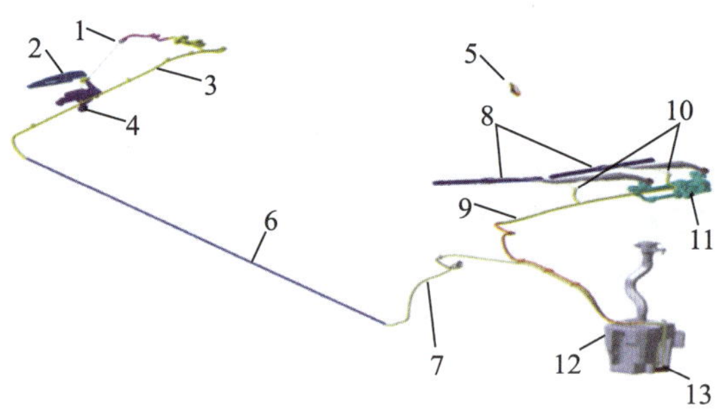

图 10-3　雨刮系统的结构

1—后洗涤喷嘴　2—后雨刮片　3、7—后洗涤管路　4—后雨刮电机　5—雨量传感器　6—后洗涤主管路　8—前雨刮片　9—前洗涤管路　10—前洗涤喷嘴　11—前雨刮电机　12—储液罐　13—洗涤泵

1）雨量传感器

有自动雨刮功能的车辆装有雨量传感器，一般安装在前风窗玻璃处。雨量传感器有两个功能，一是通过检测雨量判定雨量变化的趋势，雨刮控制系统通过这个信号控制雨刮的速度；二是通过检测周围环境光线明暗强度变化，实现前照灯的自动灯光切换功能。其安装位置如图 10-4 所示。

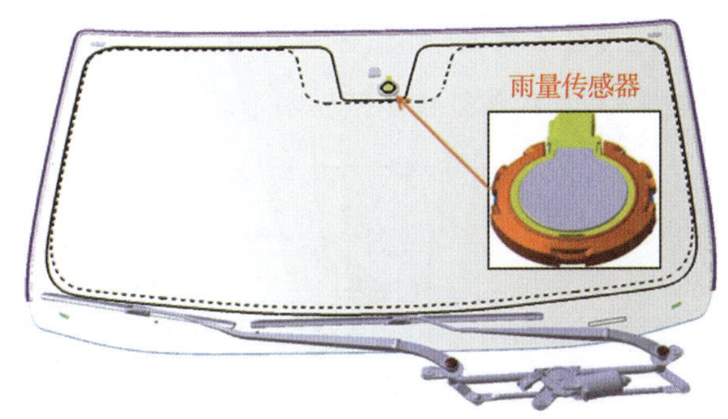

图 10-4　雨量传感器的安装位置

雨量传感器一般由发射红外线的发光二极管和接收红外线的光敏二极管组成，通过检测从风窗玻璃处反射的红外线实现信号采集，原理简图如图 10-5 所示。

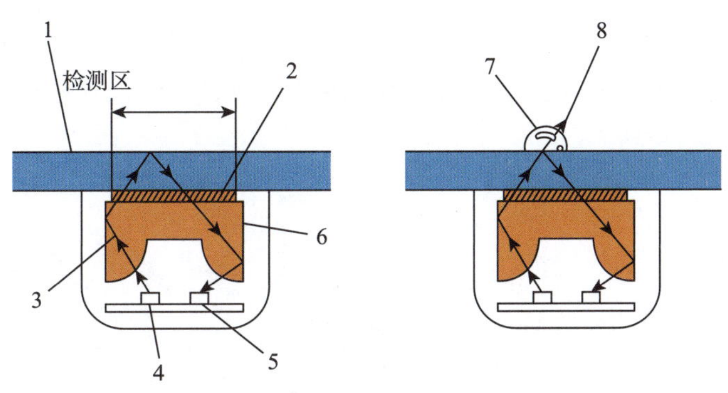

图 10-5　雨量传感器原理简图

1—风窗玻璃　2—雨量传感器硅胶膜　3—红外线　4—发光二极管

5—光敏二极管　6—透镜　7—雨滴　8—穿过的红外线

传感器在工作过程中，如果检测区没有雨滴存在，发光二极管发出的红外线全部被风窗玻璃反射，光敏二极管会接收到全部红外线。雨量传感器硅胶膜在透镜和风窗玻璃之间的间隙内。如果检测区存在雨滴，发光二极管发射的一部分红外线通过雨滴射出，改变了风窗玻璃的反射率，因此光敏二极管接收到的红外线总量减少，控制电路监测这一信号变化反馈给控制单元，从而确定前风窗玻璃上雨量的变化。

雨量传感器一般通过 LIN（本地互联网络）进行信号传输，如图 10-6 所示，通过 LIN 将雨量等信息传输给车身控制器（BCM），BCM 根据这些信号控制前雨刮以最佳的擦拭时间在间歇、低速或高速模式下运行。

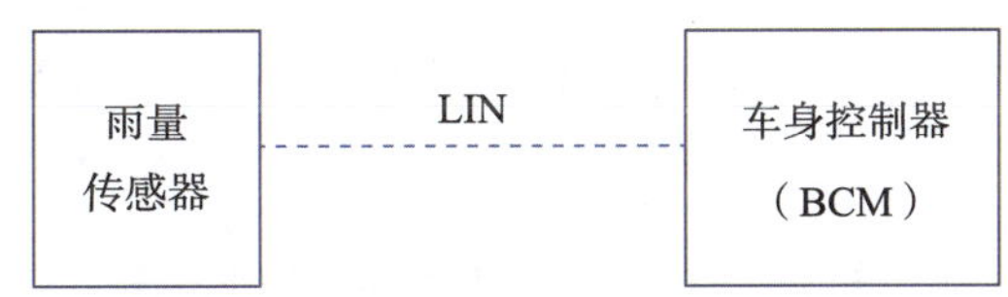

图 10-6　雨量传感器信号传输示意图

2）雨刮与洗涤电机

雨刮电机一般为永磁电机，在运转时，电机的动力通过减速传动装置（蜗轮蜗杆）实现减速后，通过雨刮臂驱动雨刮片动作；在减速传动装置的蜗轮上有一凸轮板开关，使得每次雨刮开关关闭后雨刮电机都会停在同样的位置（雨刮最低位），内部结构简图如图 10–7 所示。

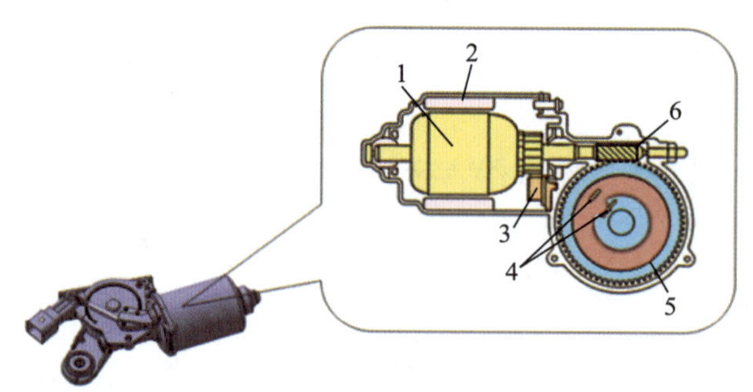

图 10–7　雨刮电机的结构

1—电枢（转子）　2—定子　3—电刷　4—凸轮板开关　5—凸轮板　6—蜗杆

图 10–8 所示为前雨刮电机的一种控制方式，车身控制器（BCM）通过继电器控制雨刮电机的高速电刷 1 或低速电刷 2 进行速度控制，雨刮电机的端子 3 用来反馈电机的初始位置，以便实现回位控制，有些车型还装备了 LIN 线控制的雨刮电机。

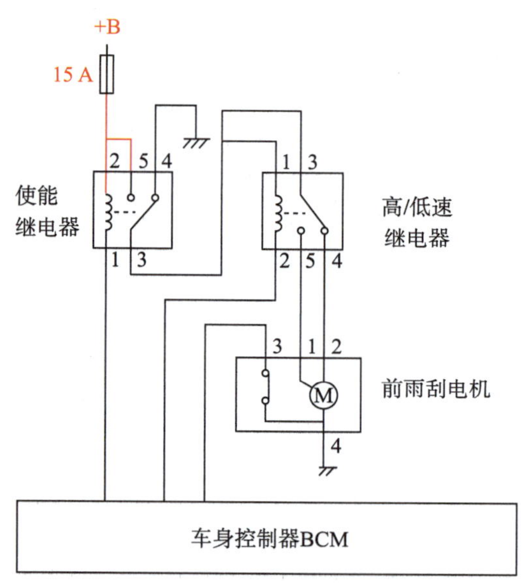

图 10–8　雨刮电机控制原理简图

洗涤系统电机俗称喷水泵，如图 10–9 所示，该电机安装在玻璃洗涤液的储液罐出口，工作时将洗涤液泵出，并通过管路输送到喷水嘴，喷射到风窗玻璃上，配合雨刮片实现清洗功能。从图中可以看到洗涤系统电机有两个出水口，两个出水口交汇位置安装有单向阀，通过电机的正转与反转实现前风挡喷水或后风挡喷水。

有些车型配备有两个洗涤系统电机，一个是风窗玻璃洗涤功能电机，另一个是前照灯洗涤功能电机。

3）雨刮开关

图 10–10 所示为某款车型的雨刮开关，通过开关标识信息可以看出，该车前雨刮具备点动、关闭、自动 / 间歇、低速、高速、喷洗与前照灯清洗等控制功能，后雨刮具备清洗、关闭及雨刮等控制功能。

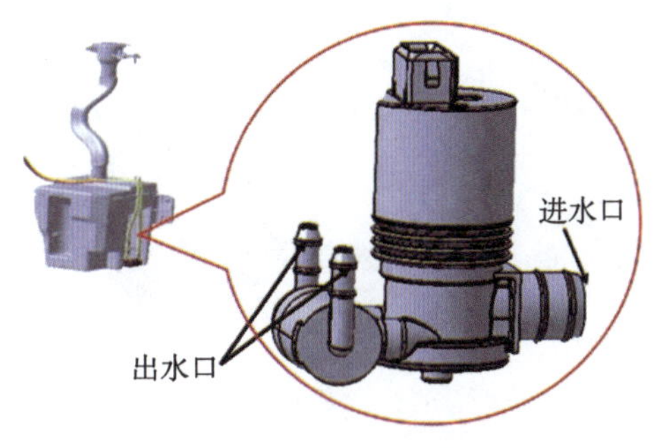

图 10-9 洗涤系统电机

图 10-10 雨刮开关

雨刮开关多为机械触点式开关，当开关拨到不同位置时，即是机械开关内部不同组合接通不同电路的过程，车身控制器（BCM）通过监测不同的信号组合，判断雨刮开关的不同挡位，部分位置的信号传递如图 10-11 所示。

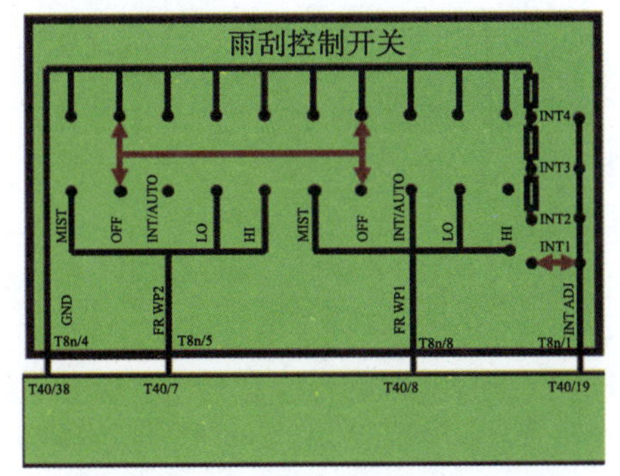

a）

b）

c）

开关挡位	T40/7	T40/8
OFF位置	1	1
MIST位置	0	0
INT/AUTO位置	1	0
LO位置	0	0
HI位置	0	1

d）

图 10-11 机械式雨刮开关结构图

a）前雨刮—“OFF”位置 b）前雨刮—“MIST”位置 c）前雨刮—“HI”位置 d）不同挡位信号变化

有些车型雨刮开关是一个模块，通过 LIN 与 BCM 传输指令信息，信号传递简图如图 10-12 所示。

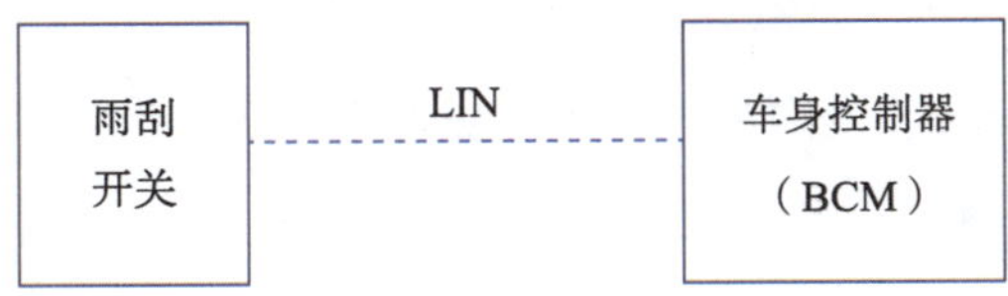

图 10-12 模块式雨刮开关

（3）雨刮系统功能检查

某车型前雨刮器组合开关功能如图 10–13 所示。按以下说明操作前雨刮器，检查其功能是否正常。

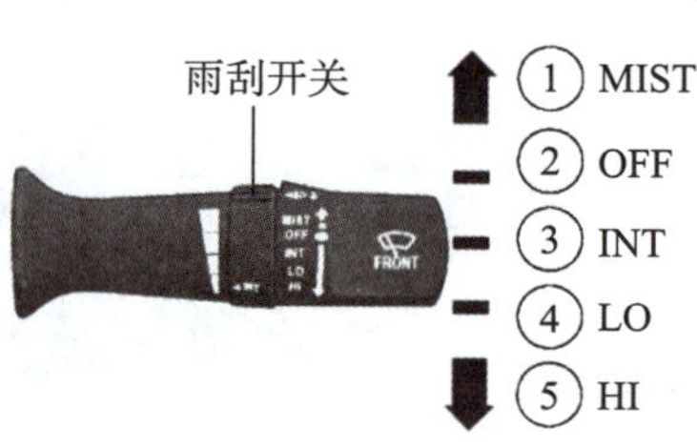

图 10–13　前雨刮器组合开关功能

只有当一键启动开关位于“ON”模式时，刮水与洗涤器才能工作。如果在雨刮动作的过程中，一键启动开关不在“ON”模式，雨刮立即停止动作，待下一次变为“ON”模式时，回到初始位置。若欲选择挡位，上推或下压操纵杆即可，各挡功能如下：

① MIST：将刮水器操纵杆拨至“MIST”挡后松开手，刮水器操纵杆会自动回到“OFF”挡，此时前刮水器低速刮扫一次；将刮水器操纵杆拨至“MIST”挡并保持不动，前刮水器将持续刮刷直到手松开。

② OFF：将刮水器操纵杆拨至此挡，刮水器不工作。

③ INT：将刮水器操纵杆拨至此挡，前雨刮器处于间歇刮刷状态。

④ LO：将刮水器操纵杆拨至此挡，前雨刮器慢速刮刷。

⑤ HI：将刮水器操纵杆拨至此挡，前雨刮器快速刮刷。

间歇时间调节旋钮：旋转此旋钮，可调节前雨刮器的刮刷间歇时间。间歇时间共分为四级，向上旋转旋钮到最高为 4 级（间歇时间最短），向下旋转旋钮到最低为 1 级（间歇时间最长），中间位置则依次为 3、2 级。

洗涤器操作如图 10–14 所示，一键启动开关位于“ON”模式时，向后拉雨刮器操纵杆，洗涤电机开始工作，前风窗洗涤喷嘴进行喷水，松开即停止喷水，前雨刮器继续刮刷几次后自动停止。

后雨刮器操作如图 10–15 所示，向上转动后雨刮器旋钮开关到“ON”位置时，后雨刮器开启并以一定的频率进行刮刷动作；转到“OFF”位置后停止。前雨刮器处于工作状态时，挡位切换到“R”挡超过 1 s，后雨刮器将自动开启。

图 10–14　洗涤器操作

图 10–15　后雨刮器操作

（4）雨刮系统常规检查

雨刮系统一般应每 5 000 km 进行常规保养检查。

1）清洁雨刮片和所有车窗玻璃，雨刮片应每年更换 1~2 次，更换前雨刮片时应使雨刮系统处于维修模式，操作方法如下：将一键启动开关切换到“OFF”模式时，30 s 内操作前雨刮器到“MIST”挡，前雨刮器自动到达维修位置；将一键启动开关切换到“ON”模式，操作前雨刮器到任意挡位，前雨刮器自动复位到初始状态。

2）检查洗涤系统储液罐液位是否符合标准，储液罐位置如图 10–16 所示，如过少应添加同型号洗涤液到规定液位，一般与加液口滤网平齐即可。

3）检查洗涤器喷嘴是否堵塞及喷射角度是否正常，如有杂物应及时清理；将一键启动开关切换到“ON”模式，拨动雨刮器和洗涤器组合开关执行前、后洗涤器喷水操作，观察喷水压力和喷射位置。如果喷水压力过小或喷射位置不正确，应进行相应调整或维修。

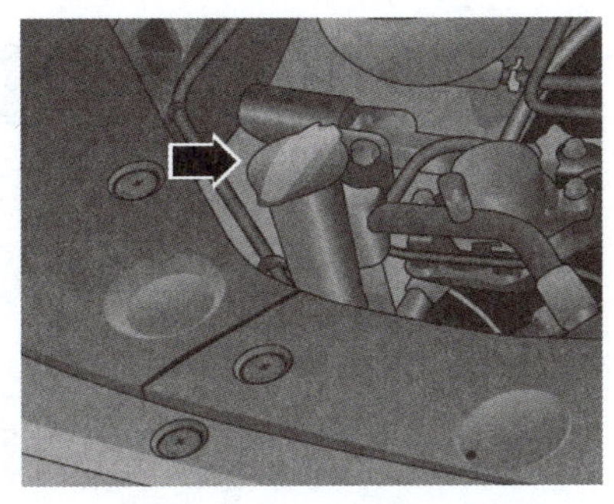

图 10–16　储液罐位置示意图

2. 技能操作

（1）操作准备

物料准备见表 10–1。

表 10–1　物料准备

类别	所需物料
教学整车 / 实训平台	智能网联实训整车
设备、仪器、工具	举升机、车辆防护用品、维修工具套装、用户手册（含保养手册部分）、风窗玻璃清洗液

（2）检查雨刮系统

1）雨刮系统功能检查

参考用户手册，检查雨刮系统（雨刮与洗涤）功能，将检查结果记录在表 10–2 中。

表 10–2　雨刮系统功能检查

序号	操作步骤	检查结果
1	确认一键启动开关的位置	OFF □　ON □
2	前雨刮开关置于 OFF 挡	高速□　低速□　间歇□　停止□　单次□
3	前雨刮开关置于 LO 挡	高速□　低速□　间歇□　停止□　单次□
4	前雨刮开关置于 HI 挡	高速□　低速□　间歇□　停止□　单次□
5	前雨刮开关置于 INT 挡	高速□　低速□　间歇□　停止□　单次□
6	前雨刮开关置于 MIST 挡	高速□　低速□　间歇□　停止□　单次□
7	打开洗涤器开关	喷水□　未喷水□
8	打开后雨刮开关	高速□　低速□　间歇□　停止□　单次□

2）雨刮系统常规检查

参考保养手册，对雨刮系统进行常规检查，将检查结果记录在表 10–3 中。

表 10-3 雨刮系统常规检查

序号	检查项目	检查结果
1	一键启动开关位置	OFF □ ON □
2	雨刮维修位置	雨刮开关位置_____，是否进入维修位置：是□ 否□
3	洗涤液位	储液罐位置_____，液位是否正常：是□ 否□
4	车型洗涤液型号及用量	型号_____；用量_____
5	前雨刮片	工作正常□ 需清洗□ 需更换□
6	后雨刮片	工作正常□ 需清洗□ 需更换□
7	洗涤器喷嘴	工作正常□ 压力异常□ 角度异常□ 后续维修方案__________

二、雨刮系统检修

1. 知识学习

（1）雨刮系统的工作原理

图 10-17 所示为一款雨刮系统的控制电路简图，在这个系统中，雨刮开关通过 5 个信号端子为车身控制器（BCM）提供雨刮挡位信号，前雨刮通过两个外部继电器控制，一个提供电能，另一个控制其速度。车身控制器（BCM）通过控制这些继电器的运行来实现对前雨刮的控制；后雨刮通过单独的继电器控制；通过直接控制洗涤电机的电流实现洗涤喷水控制。不同车型雨刮控制逻辑有所不同，应以实车为准。

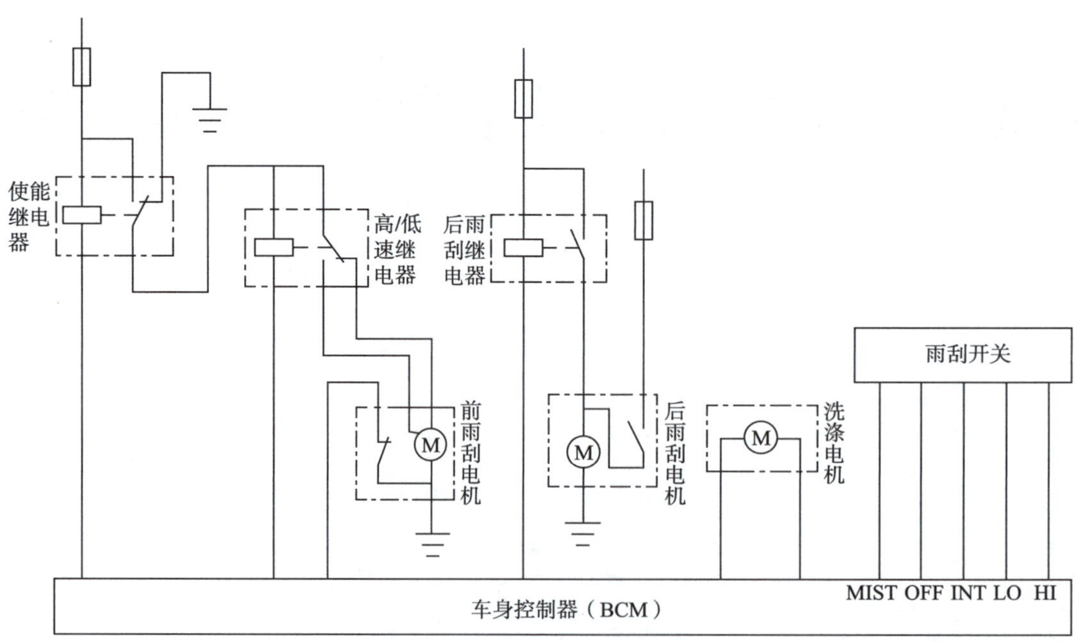

图 10-17 雨刮系统控制电路简图

（2）雨刮系统的检修方法

1）雨刮片的拆卸与安装

雨刮片拆装是雨刮系统常规维修中最频繁的工作，需熟练掌握，拆装应在维修模式进行，下面以驾驶员侧雨刮片拆装为例重点讲解：

① 将一键启动开关切换到“OFF”模式时，30 s 内操作前雨刮器到“MIST”挡，前雨刮器自动进入维修模式；

② 抬起刮水器臂使其离开风窗玻璃；

③ 翻起驾驶员侧雨刮臂；

④ 如图 10–18 所示，沿箭头 A 方向打开盖板，按压锁止件 B，沿箭头 C 方向取下驾驶员侧雨刮片 1；

⑤ 检查、清洁雨刮片或更换新雨刮片后，进行安装。将驾驶员侧雨刮片固定件推入驾驶员侧雨刮臂止位；

⑥ 小心地将驾驶员侧雨刮臂翻回到前风窗玻璃上；

⑦ 将前雨刮臂运行到复位位置，如图 10–19 所示，雨刮片应覆盖初始定位点（图中箭头位置），否则应按维修手册进行调整直至到达该位置。

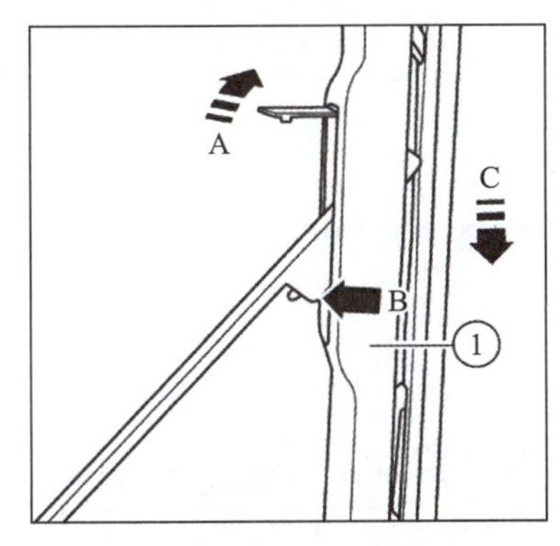

图 10–18　前雨刮片拆卸示意图

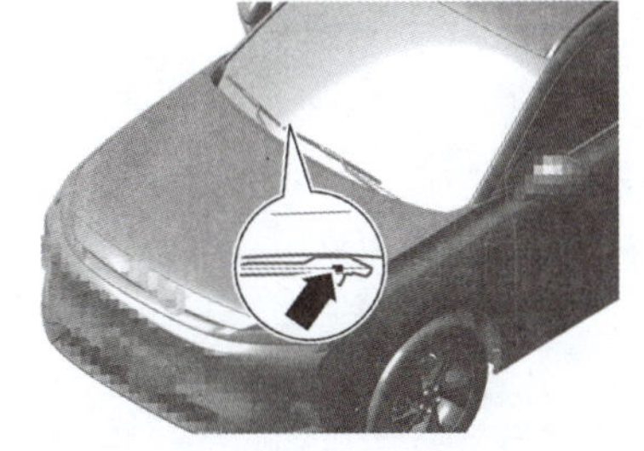
图 10–19　驾驶员侧雨刮片复位位置示意图

其他各雨刮片拆卸安装方法类似，具体可参考相应车型的维修手册进行操作。

2）雨刮系统故障诊断

雨刮系统的常见故障有系统完全不工作、部分挡位不工作、无法运行到指定位置、运行中有异响等，本任务中将以雨刮系统完全不工作为例进行讲解，具体诊断流程如下：

① 检查蓄电池电压。检查蓄电池电压，应超过 9.5 V，此数据应通过蓄电池测试仪（见图 10–20）或诊断仪读取；如电压不符合该标准，应充电，如充电后仍无法达到标准，则更换蓄电池。

图 10–20　蓄电池测试仪实物图

② 通过诊断仪读取数据流中雨刮开关信号数据，确认输入信号是否正常，一般将雨刮开关拨到相应挡位，数据应显示该挡位接通或打开，如果信号异常应检查雨刮开关相关线路或更换雨刮开关，如正常，则进行下一步。

③ 在电路图中调取该车型雨刮系统电路图，电路图部分内容如图 10–21 所示。

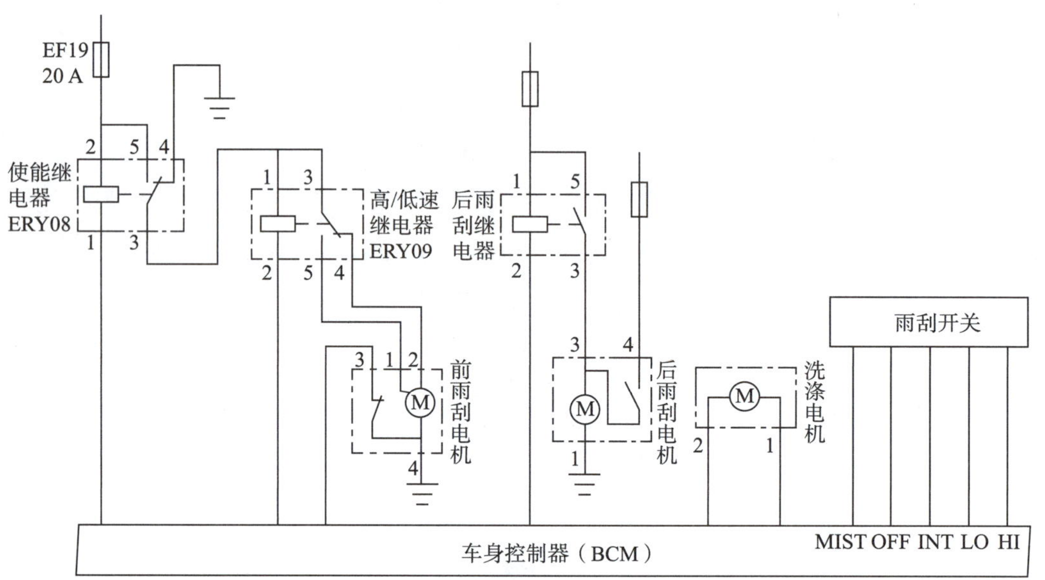

图 10–21 雨刮系统电路图

④ 检查雨刮系统熔断器。如图 10–22 所示，检查雨刮系统熔断器 EF19/20 A 是否熔断，如未熔断，测量熔断器电阻，应小于 1 Ω，如果结果异常，应更换熔断器，如正常，则进行下一步。

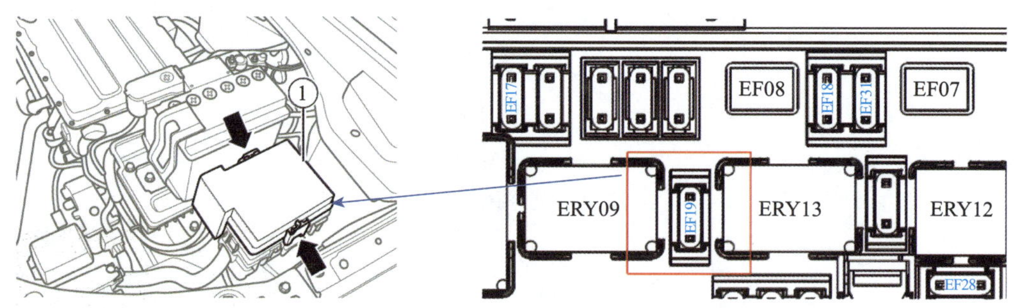

图 10–22 雨刮系统熔断器位置图

①—前舱电器盒

⑤ 检查雨刮臂固定螺母。如图 10–23 所示，检查雨刮臂固定螺母（图中箭头所指）是否松动，如有松动，需按规定力矩 7 N · m 紧固螺母，如正常，则进行下一步。

⑥ 检查雨刮系统继电器。如图 10–24 所示，结合电路图检查使能继电器 ERY08、高低速雨刮继电器 ERY09 是否工作正常，检查项目包括：

a. 测量继电器 1—2 针脚间电阻，应小于 5 Ω；

b. 以 12 V 电源短接继电器 1—2 针脚，3—5 针脚应导通，3—4 针脚应断开，断电后情况相反；

c. 检查继电器插脚与插接器是否插接牢靠。

若上述检查有异常，应调整或更换继电器，若继电器正常，则检查继电器线路，如所有检查正常，则进行下一步。

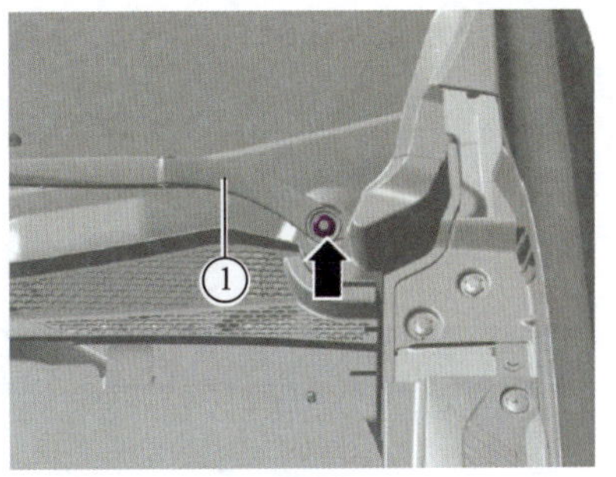

图 10-23　检查雨刮臂固定螺母

①—雨刮臂

⑦ 检查雨刮电机。首先检查雨刮电机插接器是否有松动、脱落、断针等情况，如有，应调整或更换相关部件；然后测量雨刮电机搭铁线与车身电阻，应小于 1 Ω，如超过此值，应检查搭铁线是否有松动、锈蚀等故障，如有，应清理后紧固或更换搭铁线。测量雨刮电机 1—4、2—4、1—2 间电阻，应符合维修手册要求，否则应更换雨刮电机。雨刮电机如工作正常则进行下一步。

⑧ 检查刮水组件。如图 10-25 所示，检查刮水组件是否有损坏、脱落、松动等情况，若有，调整、紧固或更换刮水组件。

⑨ 上述检查若无故障，更换车身控制器。

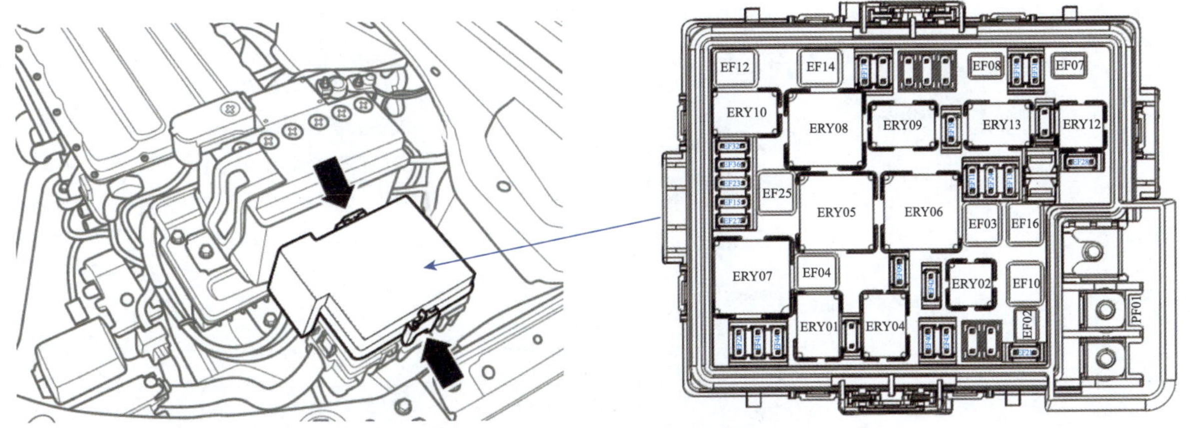

图 10-24　雨刮继电器位置图

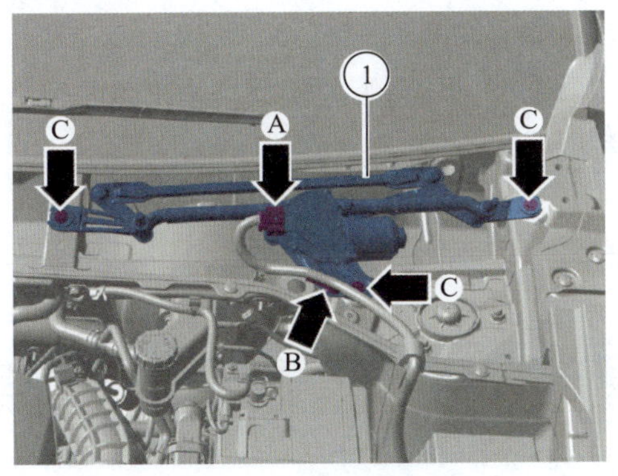

图 10-25　检查刮水组件

①—连杆总成　A/B/C—插头及固定螺钉

2. 技能操作

（1）操作准备

物料准备见表 10–4。

表 10–4　物料准备

类别	所需物料
教学整车 / 实训平台	智能网联实训整车
设备、仪器、工具	举升机、车辆防护用品、维修工具套装、蓄电池测试仪、诊断仪、万用表、车辆电路图与维修手册、同型号雨刮系统熔断器、继电器

（2）检修雨刮系统

参考车辆电路图与维修手册，选择合适的工具，对雨刮系统不工作故障进行检修，将检修结果记录在表 10–5 中。

表 10–5　故障检修记录表

序号	项目	工具	结果
1	蓄电池电压	常规维修工具□　万用表□ 诊断仪□　蓄电池检测仪□	电压值:________ 正常□　不正常□
2	雨刮开关输入信号	常规维修工具□　万用表□ 诊断仪□　蓄电池检测仪□	数据流读取：正常□　不正常□ 各端子电阻测量值:__________
3	雨刮系统熔断器	常规维修工具□　万用表□ 诊断仪□　蓄电池检测仪□	是否熔断：是□　否□ 熔断器电阻值:__________ 插件是否牢靠：是□　否□
4	雨刮系统继电器	常规维修工具□　万用表□ 诊断仪□　蓄电池检测仪□	是否能动作：是□　否□ 继电器线圈电阻值:__________ 继电器线路是否正常：是□　否□ 供电电压值:____搭铁电阻值:____
5	雨刮电机	常规维修工具□　万用表□ 诊断仪□　蓄电池检测仪□	搭铁是否正常：是□　否□ 电机线圈电阻值:__________ 控制线路是否正常：是□　否□
6	诊断完成	常规维修工具□　万用表□ 诊断仪□　蓄电池检测仪□	后续维修方案：

检查评估

对本任务的学习情况进行检查，并将相关内容填写在表 10–6 中。

表 10–6　检查表

检查项目	检查结果	结果点评
雨刮系统检查		
是否正确完成雨刮系统功能检查	是□　否□	
是否按照要求正确完成雨刮系统常规检查	是□　否□	

续表

检查项目	检查结果	结果点评
雨刮系统检修		
是否正确判定故障点	是☐　否☐	
故障是否排除	是☐　否☐	
雨刮系统是否正常工作	是☐　否☐	
整理及恢复		
工具、设备是否整理恢复	是☐　否☐	
实训工位是否打扫干净	是☐　否☐	
工作页是否填写完整	是☐　否☐	

任务小结

本任务小结如图 10–26 所示。

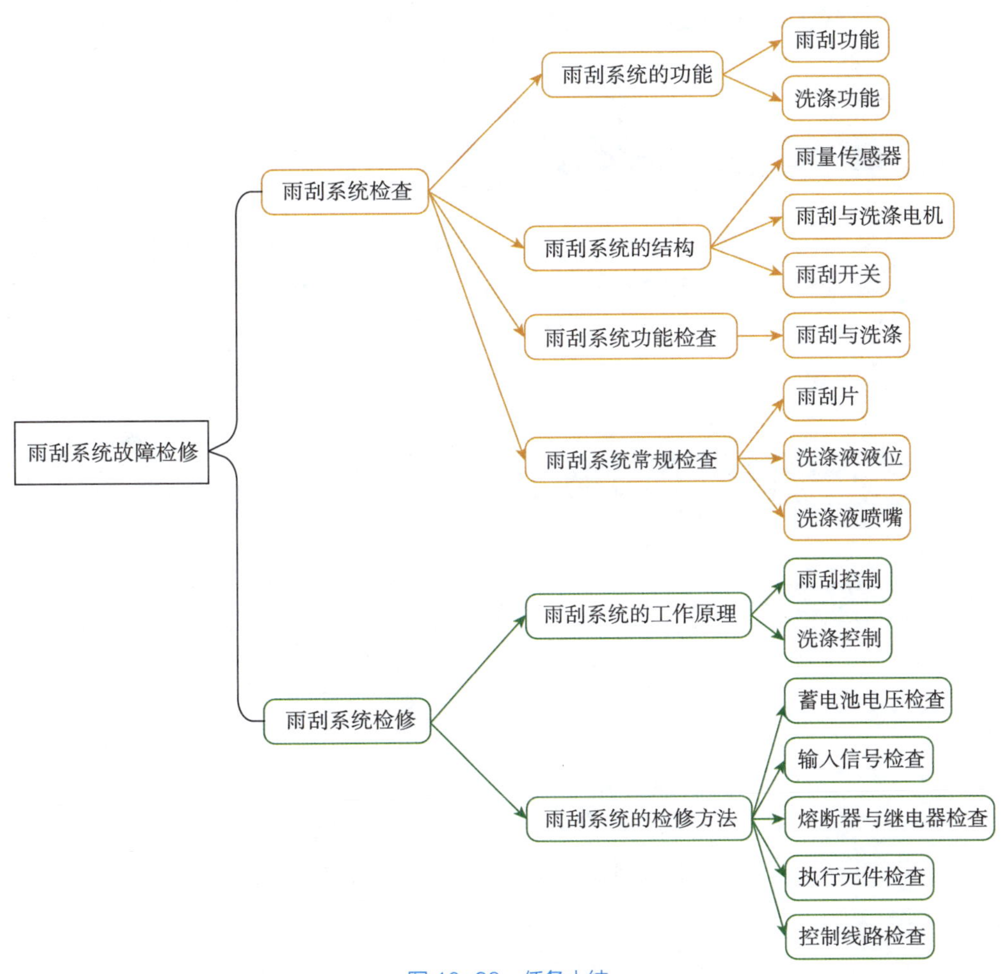

图 10–26　任务小结

任务十一 组合仪表检测与更换

任务导入

场景：某国产智能网联汽车售后维修中心

人物：刘先生（客户）、小王（维修技师）

情节：刘先生的纯电动智能网联汽车在行驶过程中，组合仪表停止工作，于是将车开到售后维修中心进行维修，维修技师小王需要对组合仪表故障进行排除，必要时更换组合仪表。

任务目标

- 能根据车辆故障现象，结合组合仪表控制原理，使用检测工具，完成组合仪表检测。
- 能按照组合仪表更换流程，使用专用工具，规范完成组合仪表更换。

任务实施

一、组合仪表的检测

1. 知识学习

（1）汽车仪表的功能和分类

1）汽车仪表的功能

为了便于驾驶员随时了解汽车运行的各种状态，特别是发动机的各种工作参数，及时发现和排除车辆存在的潜在故障，保证行车安全，在驾驶员前方的仪表板上都装有各种仪表。

2）汽车仪表的分类

汽车仪表按其结构原理的不同可大致分为三代：第一代汽车仪表是机械式仪表，如图 11-1a 所示；第二代汽车仪表是电气式仪表，如图 11-1b 所示；第三代汽车仪表是全数字仪表，如图 11-1c 所示。

a）

b）

c）

图 11-1　汽车仪表分类
a）机械式仪表　b）电气式仪表　c）全数字仪表

传统汽车仪表采用的是机械式仪表，具有显示信息量少、视觉特性不好、易使驾驶员疲劳和准确率低等缺点，难以满足人们对汽车性能越来越高的要求。这种仪表现在已经被逐步淘汰。

电气式仪表是现在最普及的一种仪表。车速和转速用指针表示，而油耗、行驶里程、车内外温度等信息采用液晶屏来显示。

全数字仪表是一种网络化、智能化的仪表，其功能更加强大，显示内容更加丰富，线束链接更加简单、全面，能更人性化地满足驾驶需求。全数字仪表使用一整块液晶屏取代了传统的指针和刻度表，所有的信息都通过这一块显示屏显示出来。目前全数字仪表使用的显示器主要有发光二极管显示器（LED）、荧光屏显示器（VED）和液晶显示器（LCD）3 种。这些显示器又分为发光型和非发光型。发光型显示器自身发光，容易获得鲜艳的流行色显示，但在阳光的直射下，必须有足够的发光亮度，而在夜间必须加以控制，否则由于太亮会造成驾驶员炫目。非发光型显示器靠反射环境光显示，在明亮的外界条件下能获得鲜明的显示，但在夜间或者光线暗的场所必须使用照明光源。

与常规电气式仪表相比，全数字仪表具有以下优点：

① 能提供大量的、复杂的信息，如汽车故障诊断、导航地图显示、交通信息服务等。

② 检测和显示的精度高。电子仪表系统的测量和显示精度远远高于传统的电气式仪表。

③ 具有一表多用的功能。汽车全数字仪表采用数字分时显示，可在仪表的同一区域根据车辆的行驶情况或驾驶员的需求显示不同信息，如汽车电控系统的故障信息、轮胎压力检测信息、保养提示信息；还可以根据车辆的运行状况显示总行驶里程和日行驶里程、车辆油耗信息、续航里程信息等。

（2）仪表盘的组成

汽车仪表通常都安装在仪表盘上组成一个总成。不同车型仪表盘外观也不同，但其基本结构大同小异。传统燃油汽车仪表盘主要包括转速表、里程表、车速表、冷却液温度表、燃油表等各种仪表和转向指示灯、报警、故障等多种报警灯，如图 11-2 所示。在新能源纯电动汽车上，由于没有发动机，仪表盘则主要包括功率表、车速表、里程表、动力电池电量以及各种指示灯和报警灯。

其中部分仪表的功能如下：

1）转速表：指示发动机运转的速度。汽油发动机转速表一般从点火系统获取发动机转速信号。

2）里程表：指示汽车累计行驶里程数。

3）车速表：指示汽车行驶速度。它利用车速传感器的测量信号计算并显示汽车时速的大小。

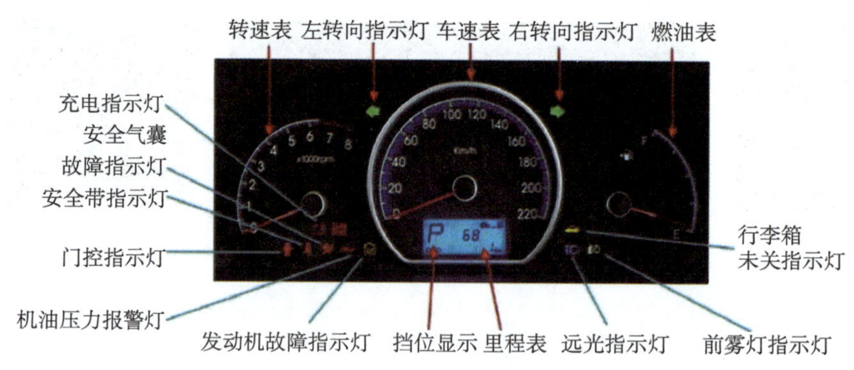

图 11-2　燃油汽车仪表盘

4）冷却液温度表：指示发动机冷却液温度。信号取自发动机的水温传感器。

5）燃油表：指示汽车燃油箱内的储存油量。信号取自油箱中的浮子式燃油量传感器。

（3）指示灯和报警灯

为了显示汽车各个系统的工作状况，防止不良工况的恶化，及时直观地提醒驾驶员注意，保证行车安全，车辆中均设置了指示灯和报警灯，以及提供声音报警信号的蜂鸣器。指示灯和报警灯一般都集成在组合仪表内，灯泡多采用 2 W 的小白炽灯或者发光二极管，在灯泡前有彩色滤光片，使灯光显示为黄色或红色。其图形符号和颜色都沿用国际通用的标准，常见图形符号见表 11-1。

表 11-1　常见指示灯和报警灯

符号	描述	符号	描述	符号	描述
	车门状态指示灯		清洗液不足报警灯	O/D OFF	O/D 挡指示灯
	驻车指示灯	EPC	电子油门指示灯		内循环指示灯
	电瓶指示灯		前后雾灯指示灯		示宽指示灯
	刹车门磨损报警灯		转向指示灯	VSC	VSC 指示灯
	机油指示灯		远光指示灯		安全气囊指示灯
	水温指示灯		安全带指示灯		发动机自检灯
	燃油量不足报警灯		ABS 指示灯		发动机电子防盗指示灯

（4）汽车仪表信号的传输原理

1）传统传输方式

常规仪表的各个显示系统均由传感器接收信号后传输到仪表中，再通过仪表的电热式或电磁式感应元件显示出来，如图 11–3 所示。

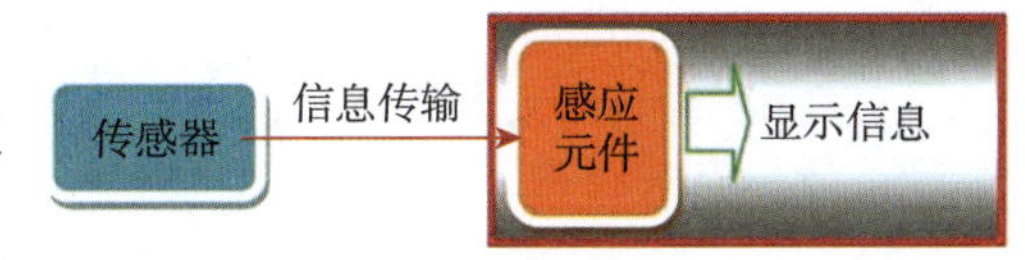

图 11–3　直接显示信号传输示意图

如图 11–4 所示，以电子式车速里程表为例，说明其工作原理。电子式车速里程表主要由车速传感器、电子电路、车速表和里程表四部分组成。

车速传感器的作用是产生正比于车速的电信号，它由一个舌簧开关和一个 4 对磁极的永磁转子组成。变速器驱动永磁转子旋转，转子旋转一周，舌簧开关的触点闭合、断开 8 次，产生 8 个脉冲电信号。该脉冲信号频率与车速成正比。

车速传感器产生的信号送到电子电路，电子电路将收到的信号进行放大、整形、触发后，输出一个与车速成正比的电流信号，驱动车速表。

车速表是一个电磁式电流表，当汽车以不同的车速行驶时，从电子电路输出的与车速成正比的电流信号驱动车速表指针偏转，即可指示相应的车速。

里程表由一个步进电机和六位数字的十进位数字轮组成。车速传感器输出的信号经 64 分频后，再经功率放大器放大到足够驱动步进电机，带动数字轮转动，从而记录行驶的里程。

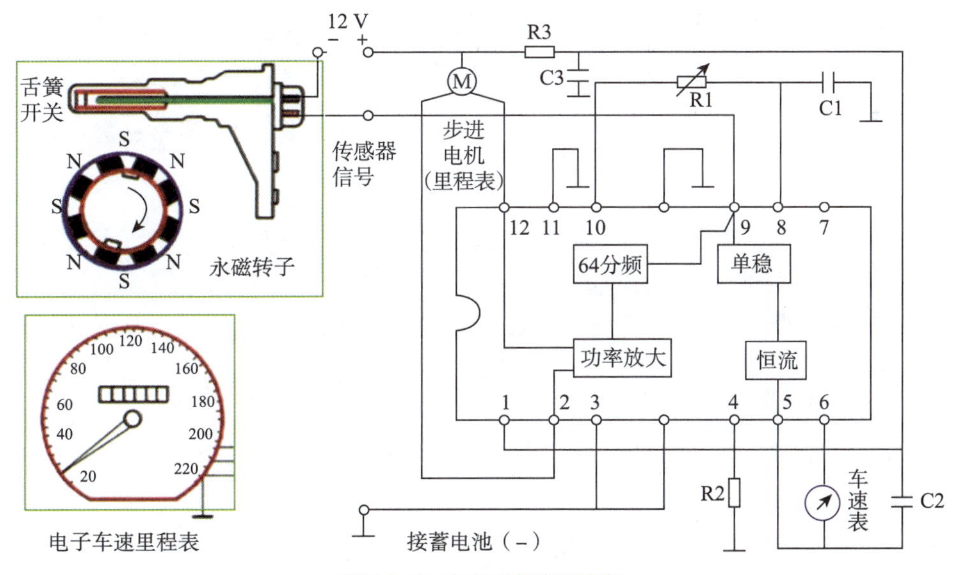

图 11–4　电子式车速里程表

2）数据总线（CAN 总线）传输方式

现代汽车智能组合仪表越来越多，随着仪表智能化和集成化，仪表显示原理也发生了极大的变化。仪表中，各表头（感应元件）不再是由各种传感器直接驱动，而是由传感器将各种信号提供给相对应的控制单元，经过控制单元统一计算、处理后，通过数据总线传给仪表，再由仪表的微处理器直接驱动仪表的显示，如图 11–5 所示。

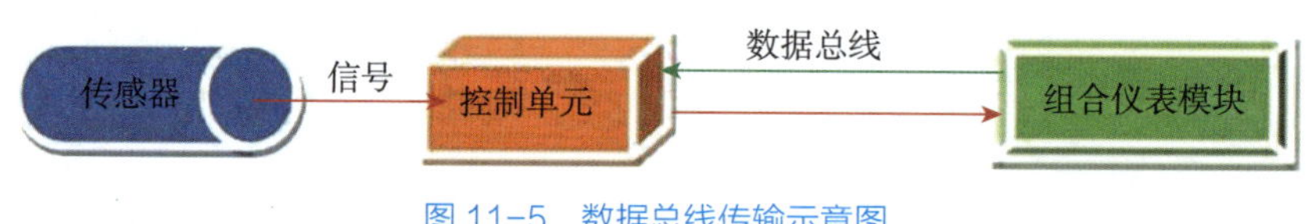

图 11-5　数据总线传输示意图

如图 11-6 所示，以转速表为例，转速传感器信号送到电子控制单元（ECU），电子控制单元处理形成数字信号，并将数字信号发送到数据总线上，组合仪表接收到转速信号并进行处理后，直接驱动转速表进行显示。

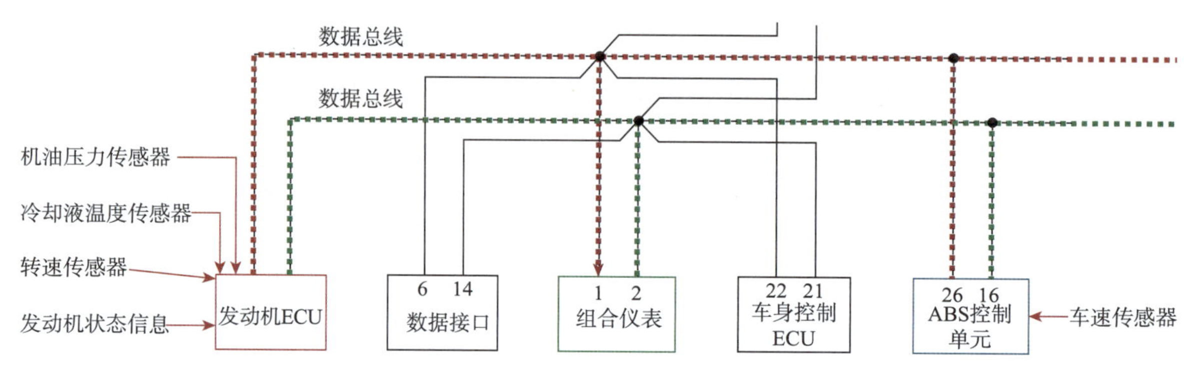

图 11-6　数据总线传输原理

（5）组合仪表与指示灯、报警灯信号电路

汽车组合仪表显示内容总体可分为定量显示和定性显示两类。定量显示是指通过仪表的变化来反映信息状况，最常见的定量显示仪表有电流表、电压表、冷却液温度表、燃油表、转速表、车速里程表、机油压力表、气压表等。定性显示是通过灯的亮灭变化来反映信息情况，最常见的定性显示仪表指示灯、报警灯有充电指示灯、机油压力报警灯、远光指示灯、转向指示灯、制动液位警报灯等。根据车辆配置的不同，指示灯报警的种类和数量也不同。一些汽车上还装有驻车制动器指示灯、制动蹄片磨损指示灯、空气滤清器警告灯。使用了电子控制装置的汽车上还装有与所装备的电子控制装置相适应的指示灯和警告灯。

1）分立元件式仪表与指示灯、报警灯电路

分立元件式仪表与指示灯、报警灯电路如图 11-7 所示，图中大多数为一般汽车常用的组合仪表显示功能。

① 仪表与指示灯、报警灯电路的电源

在组合式仪表与警告信号电路中，一般会有两种电源，一种是常电源，即蓄电池（组合式仪表 3 号端子），主要用于不受点火开关控制的设备，本电路中专指时钟供电；另一种是点火供电电源（组合式仪表 1 号端子），主要是显示仪表和控制电源负极报警指示灯的工作电源。最少会有一个电源负极（组合式仪表 17 号端子）接组合式仪表，一方面是用于电磁式或电子式显示仪表供电，另一方面是给控制电源正极的报警指示灯提供搭铁。组合式仪表的电源供电包括电源正极或负极，供电线路不是绝对的，有时会根据实际情况出现多条线路供电情况。

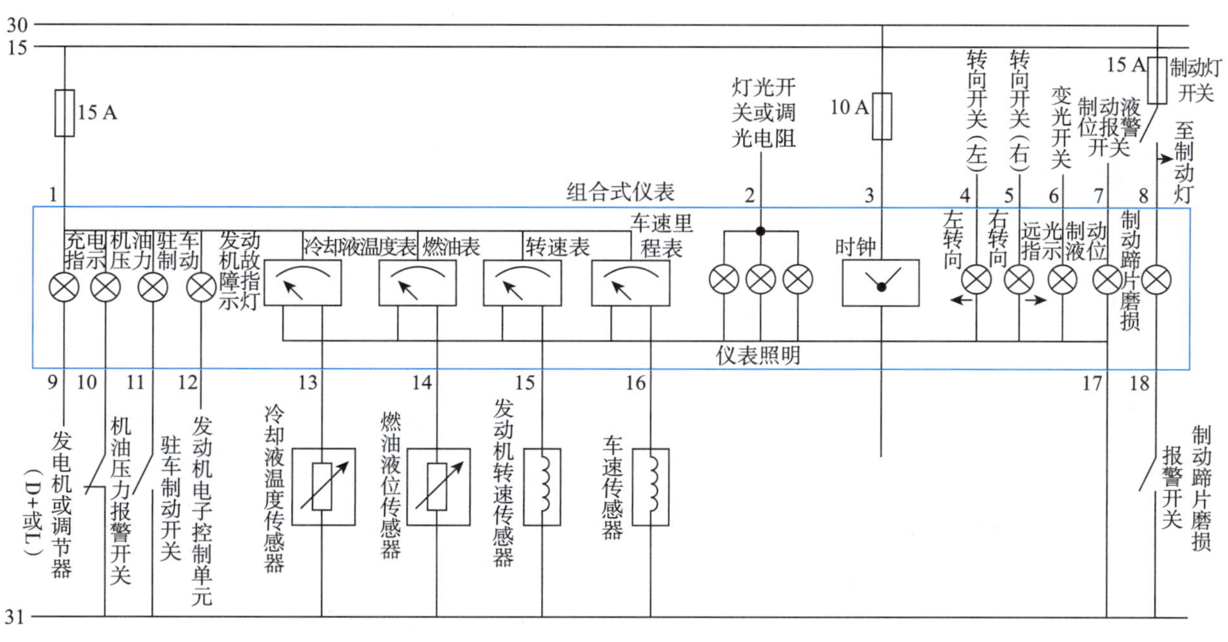

图 11-7　分立元件式仪表与指示灯、报警灯电路

② 由电源负极控制的指示灯、报警灯

由电源负极控制的指示灯、报警灯有充电指示灯、机油压力报警灯、发动机故障指示灯和驻车制动器指示灯，这些指示灯、报警灯均由点火开关供电，灯的另一端由相关开关（包括电子开关）控制搭铁，符合大多数汽车组合式仪表的控制方法。

充电指示灯一般会连接发电机和调节器的 D+ 或 L 端子，接通点火开关时，由发电机或调节器（组合仪表 9 号端子）提供搭铁信号，点亮充电器指示灯；当发动机启动后，发电机正常发电时，从发电机或调节器端送来正极性的信号，此时充电指示灯两端因电位相等而熄灭。

机油压力报警灯大多数由机油压力开关直接控制（组合式仪表 10 号端子），通常采用常闭型开关。在发动机未发动前或发动机内机油压力欠压时，机油压力开关保持闭合状态，机油压力报警灯点亮；发动机正常工作期间，机油压力开关处于断开状态，切断机油压力报警灯的电路。

到目前为止，绝大多数发动机指示灯、报警灯均是由发动机电控单元直接控制（组合式仪表 12 号端子），而且是控制指示灯、报警灯的负极，在接通点火开关后，发动机电子控制单元进行自检输出负极性的搭铁信号，给指示灯、报警灯提供搭铁，使故障指示灯点亮。当自检结束或在发动机正常工作期间，发动机电子控制单元会切断对指示灯、报警灯的搭铁信号，使其熄灭。

驻车制动指示灯的作用是反映车辆行驶或停驶的状态。在车辆停驶状态时，驻车制动应处于作用状态，驻车制动开关闭合，通过组合式仪表 11 号端子将搭铁信号送至驻车制动器指示灯，在车辆处于停驶状态（且）接通点火开关的状态下，驻车制动器指示灯应点亮，否则应熄灭。

③ 由电源正极控制的指示灯、报警灯

图 11-7 所示电路中，由电源正极控制的指示灯、报警灯有转向指示灯、远光指示灯和制动液位报

情境三

警灯。其中转向指示灯和制动液位报警灯在大多数汽车中都是由电源正极控制的，但远光指示灯却不一定，本电路中是由电源正极控制的，有些汽车中则是由电源负极控制的，个别汽车则两者均有，所以在阅读和分析电路时要特别注意。

④ 定量显示仪表电路

定量显示的仪表有冷却液温度表、燃油表、转速表和车速里程表，它们共同的特点是电源并联、信号独立。电磁式或电子式仪表一般有三个端子，电热式仪表大多为两个端子，同样有电源并联的特点。冷却液温度表和燃油表都采用了可变电阻式传感器，冷却液温度传感器是热敏电阻，燃油表传感器则是滑动电阻。除了传感器的参数不同外，它们的工作原理是一样的。转速表和车速里程表电路中都采用了电磁式传感器，但有些车上可能是霍尔式或舌簧开关式传感器，采用电磁式传感器的较多。无论哪种传感器，显示仪表的工作必须具备工作电源，再根据仪表所配备传感器提供的信号，就能完成指示功能。

⑤ 仪表照明电路

仪表照明电路一般受控于灯光开关或调光电阻，有些控制仪表照明灯的正极，有些控制负极。仪表照明灯有些采用灯泡，有些采用发光二极管，在阅读和分析电路图时要注意其对应的电源极性。

2）电子式仪表与指示灯电路

电子式仪表已经发展到了由电子控制单元进行控制的程度，有些车型的仪表电子控制单元甚至作为整车的控制中心，它具有反应快、精度高、显示清晰、体积小、占用空间小、便于布置、信息量大等优点，能显示的信息也越来越多，显示的方式更多地采用文字、图像的形式，是一个系统的数据中心。电子式仪表的组成和原理如图 11-8 所示。

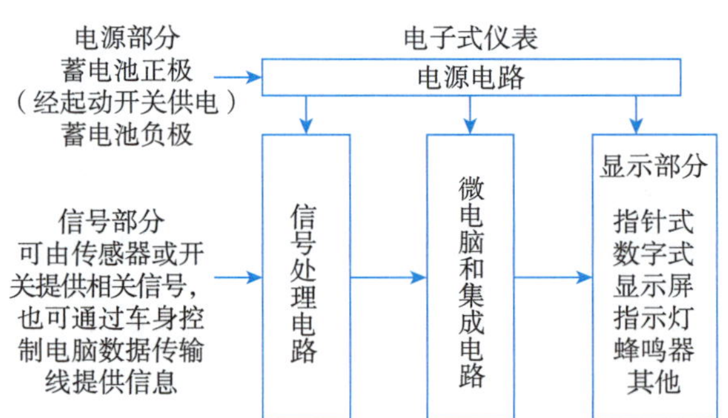

图 11-8　电子式仪表的组成和原理

（6）组合仪表系统的传输信息及传输方式

组合仪表系统的组成及连接关系如图 11-9 所示。来自车辆灯光系统的左转和右转指示灯信号、来自发电系统的充电指示灯信号、来自制动液液位开关的制动液液位指示灯信号都以硬线形式与组合仪表连接，其他信号指示灯用 CAN 网络进行传输。

组合仪表系统传输的具体信息及传输方式见表 11-2。

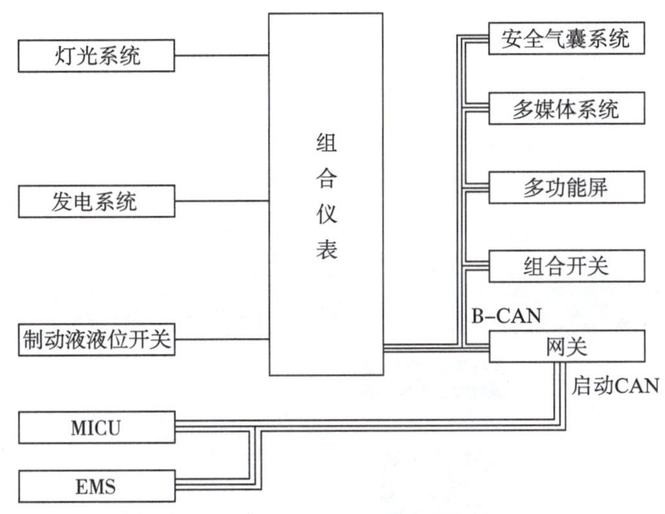

图 11-9　组合仪表系统的组成及连接关系

表 11-2　组合仪表系统的传输信息及传输方式

序号	发送节点	接收节点	信息	传输方式
1	BCM	组合仪表	左前门状态 右前门状态 左后门状态 右后门状态 驾驶员安全带开关信号 整车状态 行李箱信号 智能钥匙系统警告灯信号 蜂鸣器控制信号	CAN 总线
2	SRS	组合仪表	故障指示灯驱动信号	CAN 总线
3	组合开关	组合仪表	远光灯开关信号 前后雾灯开关信号 小灯开关信号	CAN 总线
4	组合仪表	多功能屏	调光挡位信号	CAN 总线
5	组合仪表	多媒体系统	驻车制动开关信号	
6	网关	组合仪表	（MIL）排放故障信号 冷却液温度信号 车速信号 EBD 故障信号 ABS 故障信号 车速信号 Service 报警灯信号 ESP 信号	CAN 总线
7	发电系统	组合仪表	充电系统灯	硬线
8	灯光系统	组合仪表	左转信号指示灯 右转信号指示灯	硬线
9	组合仪表	室内灯系统	背光驱动信号	硬线

组合仪表中有车速表和功率表两个计量类表，车速表的控制原理基于轮速传感器，ABS 将轮速信号转化为车速信号，通过 CAN 总线将数据传给组合仪表；功率表是通过采集 CAN 总线上动力蓄电池管理模块发送的总电压、总电流计算功率，同时判断正负。

仪表盘中警告和指示类信息显示图标及其工作逻辑见表 11-3。

表 11-3　组合仪表各类信息显示图标及工作逻辑

序号	信号名称	信号图标	工作逻辑
1	转向指示灯		仪表通过硬线采集组合开关转向信号
2	远光指示灯		组合仪表接收到远光灯“开启”的 CAN 信息时，点亮此灯并长亮；接收到远光灯“关闭”信息时，此灯熄灭，此指示灯和远光灯同时工作
3	示宽灯		从组合开关接收示宽灯开关信号（CAN）
4	前雾灯指示灯		从组合开关接收前雾灯开关信号（CAN）
5	后雾灯指示灯		从组合开关接收后雾灯开关信号（CAN）
6	驾驶员座椅安全带指示灯		从 BCM 接收安全带开关信号（CAN）
7	SRS 故障警告灯		从安全气囊系统接收安全气囊故障信号
8	充电系统警告灯		从充电系统接收充电系统故障信号（硬线）
9	ABS 故障警告灯	ABS	接收网关发送的 ABS 系统故障信息，点亮指示灯
10	驻车制动警告灯		从驻车制动开关接收驻车信号（硬线）；从制动液位开关接收制动液位信号（硬线）；挡组合仪表采集到的 EBD 故障信号（CAN）
11	EPS 故障警告灯		接收到 EPS 故障信号（CAN）
12	智能钥匙系统故障警告灯		从智能钥匙系统未读取钥匙信息（CAN）

续表

序号	信号名称	信号图标	工作逻辑
13	防盗指示灯		整车进入休眠时，指示灯点亮并保持长亮；经过一段时间后变为闪烁，表明整车已进入休眠状态
14	车门和行李箱状态指示灯		从 BCM 接收各门和行李箱开关状态（CAN）
15	主报警灯		接收到故障信息及提示信息（除背光调节、车门及行李箱状态信息外）
16	ESP 故障报警灯		从 ESP 系统接收到 ESP 故障信号（CAN）
17	ESP OFF 报警灯		从胎压监测系统接收到胎压故障信号（CAN）
18	动力蓄电池充电连接指示灯		从充电口接收到插枪信号（CAN）

2. 技能操作

（1）操作准备

物料准备见表 11–4。

表 11–4　物料准备

类别	所需物料
教学整车 / 实训平台	智能网联实训整车
设备、仪器、工具	车辆防护用品、启动钥匙、绝缘工具套装、万用表、举升机

（2）检测组合仪表

参照实训车辆对应的电路图手册，将组合仪表连接器的引脚位置及编号绘制在图 11–10 中，图中展示的是某车型的实例。对组合仪表各引脚状态进行检测，将相关检测内容记录在表 11–5 中。

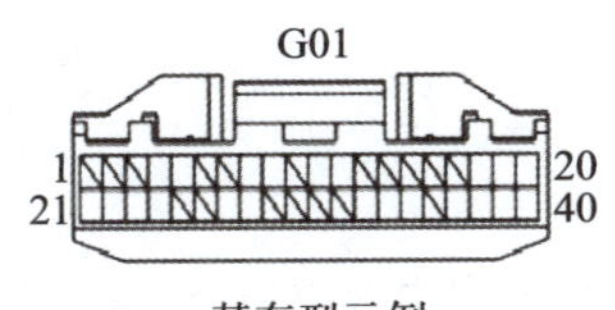

某车型示例　　实训车辆

图 11–10　组合仪表引脚位置及编号

表 11-5　组合仪表引脚检测记录

序号	检测项目	检测点		检测条件	检测类型	标准值 / 状态	检测值	是否正常
例	IG1 供电	G01-38	搭铁	启动开关位于 ON 挡	电压	辅助蓄电池电压	13.24 V	是☑　否□
1								是□　否□
2								是□　否□
3								是□　否□
4								是□　否□
5								是□　否□
6								是□　否□
7								是□　否□
8								是□　否□
9								是□　否□
10								是□　否□
11								是□　否□
12								是□　否□
13								是□　否□
14								是□　否□
15								是□　否□
16								是□　否□
17								是□　否□
18								是□　否□
19								是□　否□
20								是□　否□

二、组合仪表的更换

1. 知识学习

（1）组合仪表的拆卸流程

组合仪表拆卸主要包括车辆防护和仪表盘拆卸（以纯电动智能网联汽车为例），具体拆卸流程如图 11-11 所示。

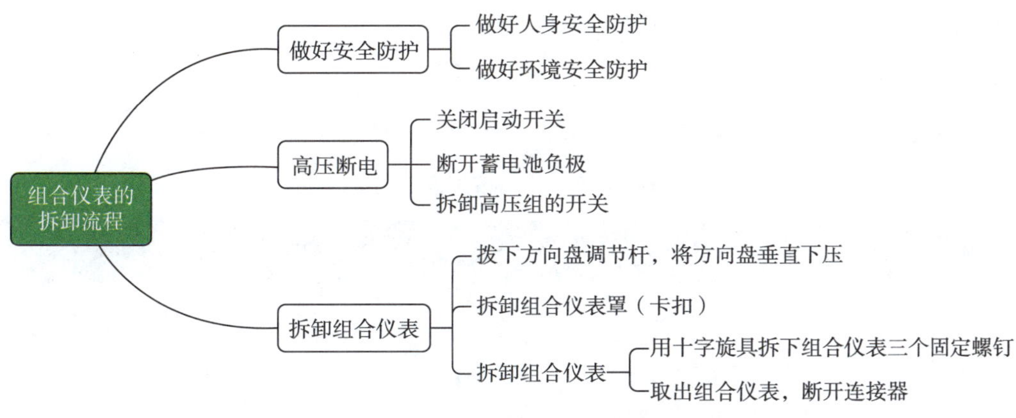

图 11-11　组合仪表拆卸流程

（2）组合仪表的安装流程

组合仪表安装流程具体如图 11-12 所示。

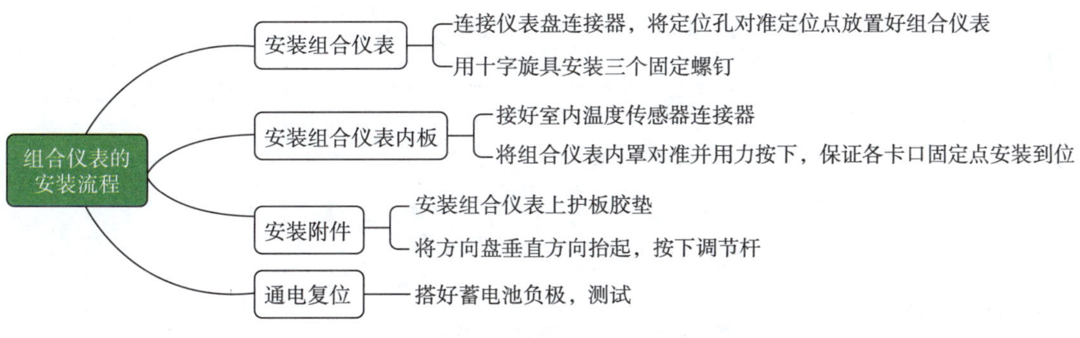

图 11-12　组合仪表安装流程

（3）组合仪表拆装的注意事项

1）拆装组合仪表时，应先拆下蓄电池负极电缆线，以免手触摸仪表盘后面线束时造成线路短路；

2）拆组合仪表装饰面板时，由于固定螺钉是隐蔽的，因此要仔细查找固定螺钉，强行拆卸将会损坏装饰面板；

3）拆装组合仪表时，应注意仪表板后面的线束插接器及车速里程表软轴接头，一般都带有锁止机构，切忌强拆。

2. 技能操作

（1）操作准备

物料准备见表 11-6。

表 11-6　物料准备

类别	所需物料
教学整车 / 实训平台	智能网联实训整车
设备、仪器、工具	高压安全防护用品、启动钥匙、绝缘工具套装、万用表、举升机

（2）更换组合仪表

1）拆卸组合仪表

参考维修手册，按照标准流程拆卸组合仪表，并将相关内容记录在表 11–7 中。

表 11–7　组合仪表拆卸记录

序号	项目	内容	工具	是否完成
1	做好车辆防护	做好人身安全防护	安全防护用具	是□　否□
		做好环境安全防护	安全防护用具	是□　否□
2	高压断电	关闭启动开关	启动钥匙	是□　否□
		断开辅助蓄电池负极	绝缘工具套装	是□　否□
		拆卸高压维修开关		是□　否□
3	拆卸组合仪表	拨下方向盘调节杆，将方向盘垂直下压		是□　否□
		拆卸组合仪表罩（卡扣）	绝缘工具套装	是□　否□
		拆卸组合仪表三个固定螺钉	绝缘工具套装	是□　否□
		取出组合仪表，断开连接器		是□　否□

2）安装组合仪表

参考维修手册，完成组合仪表的安装，并将相关内容记录在表 11–8 中。

表 11–8　组合仪表安装记录

序号	项目	内容	安装记录
1	安装组合仪表	连接仪表连接器，将定位孔对准定位点放置好组合仪表	是否连接牢固：是□　否□
		安装三个固定螺钉	是否安装牢固：是□　否□
2	安装组合仪表内板	接好室内温度传感器连接器	是否连接牢固：是□　否□
		将组合仪表罩对准并用力按下，保证各卡扣固定点安装到位	是否安装牢固：是□　否□
3	安装附件	安装组合仪表上护板	是否安装牢固：是□　否□
		安装组合仪表上护板胶垫	是否安装牢固：是□　否□
		将方向盘垂直方向抬起，按下调节杆	是否安装牢固：是□　否□
4	通电复位	连接蓄电池负极，测试	仪表盘是否能正常点亮：是□　否□

（3）检验维修结果

1）打开启动开关；

2）启动车辆，观察车辆仪表显示，将相关内容填写在表 11–9 中。

表 11–9　维修结果检验记录

序号	项目	是否正常
1	仪表盘灯是否点亮	是□　否□
2	功率表是否正常指示功率	是□　否□
3	车速表是否正常指示车速	是□　否□
4	续驶里程、转向灯等其他信号显示是否正常	是□　否□

检查评估

对本任务的学习情况进行检查，并将相关内容填写在表 11–10 中。

表 11–10　检查表

检查项目	检查结果	结果点评
组合仪表检测		
是否正确识别组合仪表各端子功能定义	是□　否□	
是否规范完成组合仪表各端子的检测	是□　否□	
组合仪表更换		
是否按照流程拆卸组合仪表	是□　否□	
是否完成组合仪表的安装作业	是□　否□	
是否进行维修结果检验	是□　否□	
整理及恢复		
工具、设备是否整理恢复	是□　否□	
实训工位是否打扫干净	是□　否□	
工作页是否填写完整	是□　否□	

任务小结

本任务小结如图 11–13 所示。

组合仪表检测与更换
组合仪表的检测
汽车仪表的功能和分类
功能
分类
机械式仪表
电气式仪表
全数字仪表
仪表盘的组成
燃油车
转速表
车速表
里程表
燃油表等
新能源车
功率表
车速表
里程表
动力电池电量等
指示灯和报警灯
汽车仪表信号的传输原理
直接显示信号
数据总线传输
组合仪表与指示灯、报警灯信号电路
组合仪表系统的传输信息及传输方式
组合仪表的更换
组合仪表的拆卸流程
组合仪表的安装流程
组合仪表拆装的注意事项

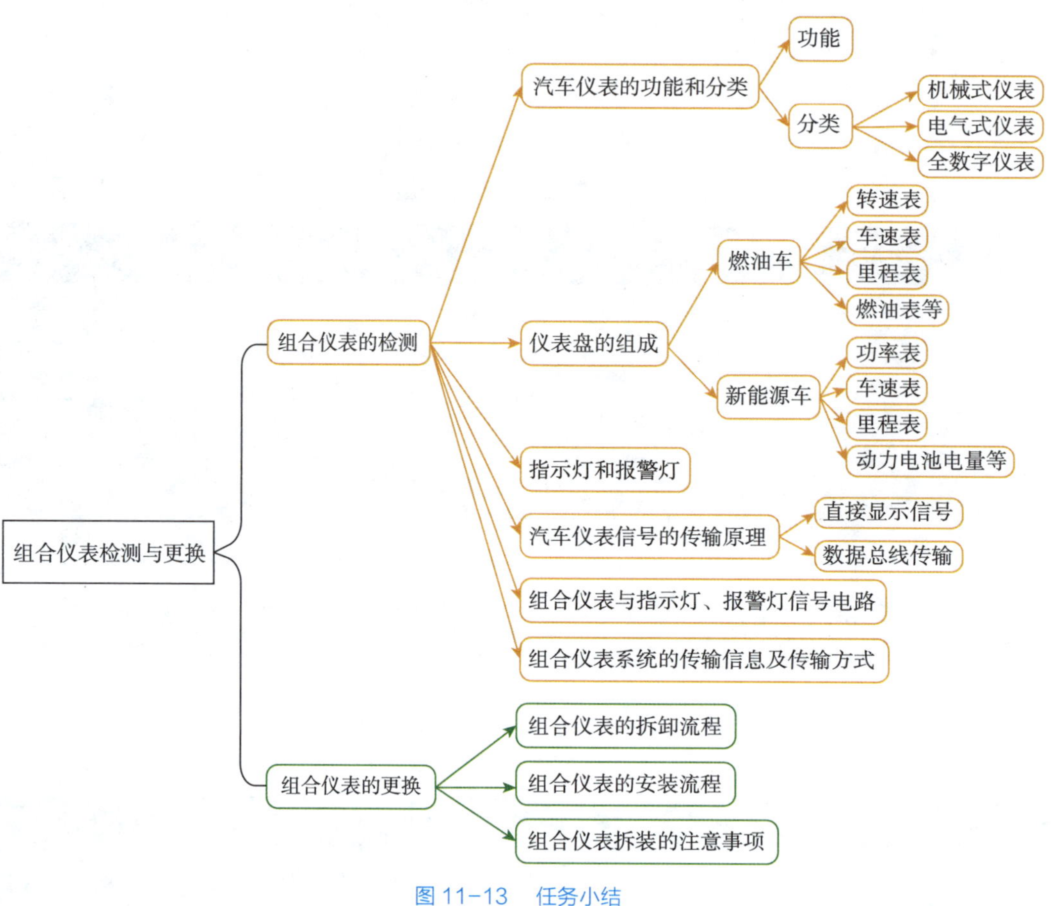

图 11-13 任务小结

任务十二
无钥匙进入系统故障检修

任务导入

场景：某国产智能网联汽车售后维修中心

人物：王先生（客户）、小刘（维修技师）

情节：王先生反映，自己携带启动钥匙靠近车辆，无法打开车门，按下解锁按键，车门也无法解锁，只能使用机械钥匙解锁车门；进入车内，按下启动开关，车辆无任何反应。维修技师小刘接到指派对该车无钥匙进入系统进行检修。

任务目标

- 能根据维修手册，按照标准流程，使用检测工具，完成无钥匙进入系统检测。
- 能根据无钥匙启动系统控制原理，按照标准流程，使用检测工具，完成无钥匙启动系统微动开关及天线信号检测。

任务实施

一、无钥匙进入系统故障检测

1. 知识学习

（1）无钥匙进入系统的定义

无钥匙进入系统简称PKE（passive keyless enter）系统，采用无线射频识别（RFID）技术和车辆身份编码识别系统，并融合了遥控系统，实现双重射频、双重防盗保护。当驾驶员携带智能钥匙到达车辆周边有效范围时，无钥匙进入系统能够识别出授权的智能钥匙信息并自动解锁车门或在驾驶员触摸微动

情境三

开关后解锁车门。无钥匙进入系统通常还会整合无钥匙启动功能，即成为无钥匙进入及启动系统，简称PEPS系统。

传统的遥控钥匙是在按下解锁/闭锁按键时，通过无线射频技术给车辆发送信号；而PKE系统中的智能钥匙则是一个身份编码识别器，由车辆通过无线射频识别技术，在一定范围内时刻检测或触摸微动开关后检测智能钥匙并进行身份编码识别，省去了传统遥控钥匙的解锁、闭锁动作。

（2）无钥匙进入系统的主要功能

1）无钥匙进入功能

① 当钥匙靠近车体时，车门自动开锁并解除防盗警戒状态，同时转向灯闪烁2次；当钥匙离开车体时，车门自动上锁并进入防盗警戒状态，此时转向灯闪烁1次，喇叭响一短声。

② 车辆左前门、右前门与行李箱对钥匙的有效检测距离不大于1.5 m时，才能使用钥匙对车门与行李箱进行自动开锁、上锁操作。

2）自动升窗与设防功能

① 当钥匙离开车体3~5 m时，车门自动上锁并进入防盗警戒状态，此时转向灯闪烁1次，喇叭响一短声。

② 车窗自动升起（此功能视品牌、车型规格定）。

3）无线遥控功能

① 遥控上锁：按此按键，车门上锁，转向灯闪烁1次，同时喇叭响一声，汽车进入防盗警戒状态。

② 遥控开锁：按此按键，车门开锁，转向灯闪烁2次，同时解除防盗警戒状态。

③ 寻车功能：按此按键，电子喇叭响8声，转向灯闪烁8次；若主机检测到钥匙或接收到开门信号，则自动终止寻车功能（此功能视品牌、车型规格定）。

④ 无线遥控距离不大于20 m。

4）防盗报警功能

在防盗警戒状态下，有边门触发或ACC信号触发，则系统开始报警，此时，电子喇叭鸣叫30 s，转向灯闪烁3 min。

一旦防盗报警功能被触发，则系统切断启动电路和油路，只有防盗报警功能被解除后方可恢复。

若在防盗报警功能启动后发现车门未正确关好，则系统发出警示信号：电子喇叭鸣叫8次，同时转向灯闪烁8次；5 s后若仍未关好门则自动切断启动电路和油路。

5）其他功能

① 遥控器低电量提示：当遥控器电池电量过低时，在使用无钥匙进入功能或遥控功能开门、关门时，喇叭鸣叫4短声。

② 在线诊断：可在线检测系统故障、在线升级系统设置。

③ 省电模式：系统采用自动唤醒方式控制，遥控器进入汽车天线辐射领域时自动唤醒，离开时进

入睡眠状态，自动进入省电模式。

（3）无钥匙进入系统的控制原理

无钥匙进入系统的具体工作过程为：携带智能钥匙靠近车辆，将手探入前门把手内或接触微动开关，微动开关收到开门请求，产生一个电流唤醒 PKE 控制单元，PKE 控制单元通过车外天线发送智能钥匙低频（一般为 125 kHz）信号，检测智能钥匙是否在有效范围内，并检测智能钥匙识别 ID，智能钥匙接收到低频信号，响应并回复高频 ID，PKE 控制单元计算智能钥匙 ID，确认智能钥匙合法性，正确无误则传递信号给车身控制单元，车身控制单元控制车门中控锁解锁，如图 12-1 所示。

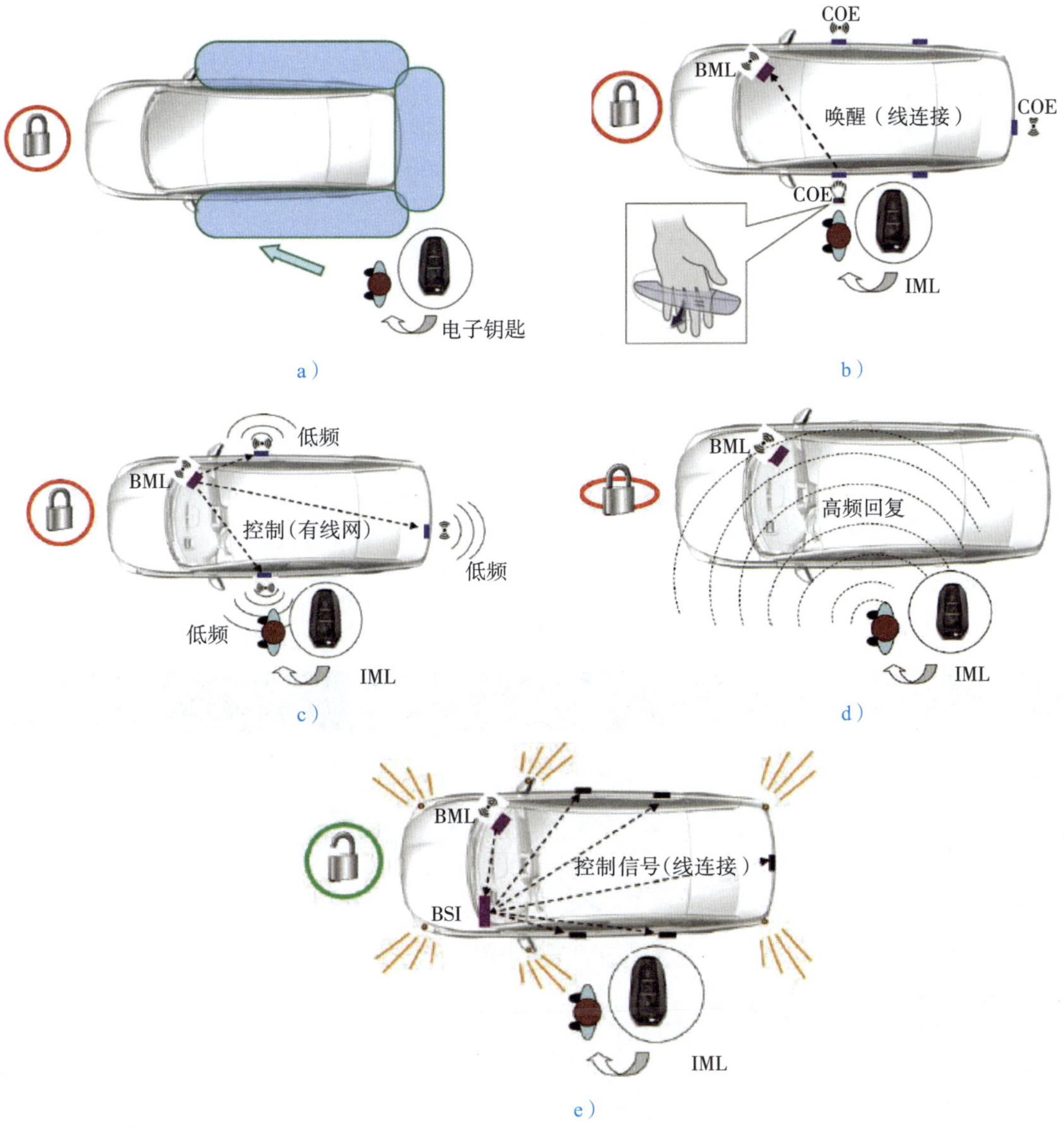

电子钥匙

a）

COE
BML
唤醒（线连接）
COE
COE
IML

b）

低频
BML
控制（有线网）
低频
低频
IML

c）

BML
高频回复
IML

d）

BML
控制信号（线连接）
BSI
IML

e）

图 12-1　无钥匙进入系统的控制原理

a）靠近车辆　b）打开车门请求、唤醒 PKE 控制单元　c）验证智能钥匙　d）智能钥匙回复

e）解锁车门、后备箱

情境三

当车门解锁后，PKE 控制单元使车外天线停止发射低频智能钥匙检测信号。

关闭启动开关，关闭车门后，PKE 控制单元接收到车门关闭信号，通过车外天线检测智能钥匙是否在有效范围内，若超出有效范围，则控制车门中控锁闭锁。

（4）无钥匙进入系统的检测流程（见图 12-2）

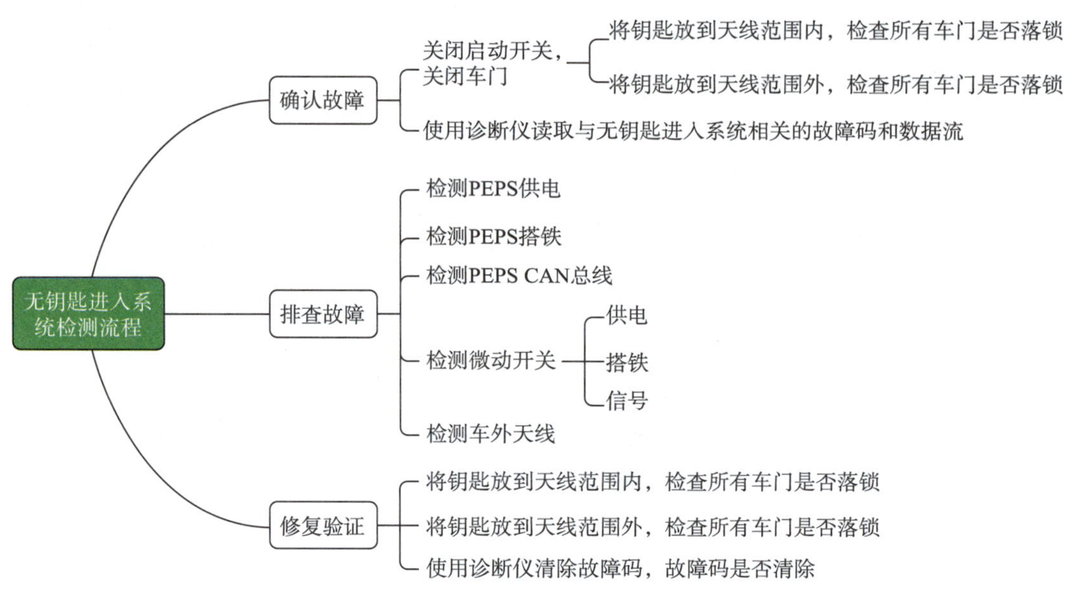

图 12-2　无钥匙进入系统的检测流程

2. 技能操作

（1）操作准备

物料准备见表 12-1。

表 12-1　物料准备

类别	所需物料
教学整车 / 实训平台	智能网联实训整车
设备、仪器、工具	高压安全防护用品、启动钥匙、绝缘工具套装、万用表、举升机

（2）检测无钥匙进入系统

参考维修手册，对无钥匙进入系统进行检测，并将相关内容记录在表 12-2 中。

二、无钥匙进入系统故障处理

1. 知识学习

（1）无钥匙进入系统的组成及工作原理

无钥匙进入系统通常由智能钥匙、前门把手、PKE 控制单元、车身控制单元及相关线束组成。前门把手主要由天线、微动开关、中控锁开关、分析电路和机械部件等组成，如图 12-3 所示。

表 12–2　无钥匙进入系统检测记录
（表格内容以北汽车型为例，具体情况以实际车型为准）

序号	检测项目	检测点		检测条件	检测类型	标准值	检测值	是否正常
1	PEPS 供电	T24/1	搭铁	—	电压	蓄电池电压		是□　否□
		T24/8	搭铁	—	电压	蓄电池电压		是□　否□
		T20d/1	搭铁	—	电压	蓄电池电压		是□　否□
		IF19 输出	搭铁	—	电压	蓄电池电压		是□　否□
		IF19 输入	搭铁	—	电压	蓄电池电压		是□　否□
		T24/1	IF19 输出	断电	电阻	<1 Ω		是□　否□
		T24/8	IF19 输出	断电	电阻	<1 Ω		是□　否□
		T20d/1	IF19 输出	断电	电阻	<1 Ω		是□　否□
		IF19 输出	IF19 输入	取下保险	电阻	<1 Ω		是□　否□
2	PEPS 搭铁	T24/24	搭铁	—	电压	0 V		是□　否□
		T20d/20	搭铁	—	电压	0 V		是□　否□
		T24/24	搭铁	断电	电阻	<1 Ω		是□　否□
		T20d/20	搭铁	断电	电阻	<1 Ω		是□　否□
3	CAN 总线	T24/17	搭铁	打开启动开关	电压	2.5 V 左右		是□　否□
		T24/17	CAN–L 总线通信网络	断电	电阻	<1 Ω		是□　否□
		T24/16	搭铁	打开启动开关	电压	2.5 V 左右		是□　否□
		T24/16	CAN–H 总线通信网络	断电	电阻	<1 Ω		是□　否□

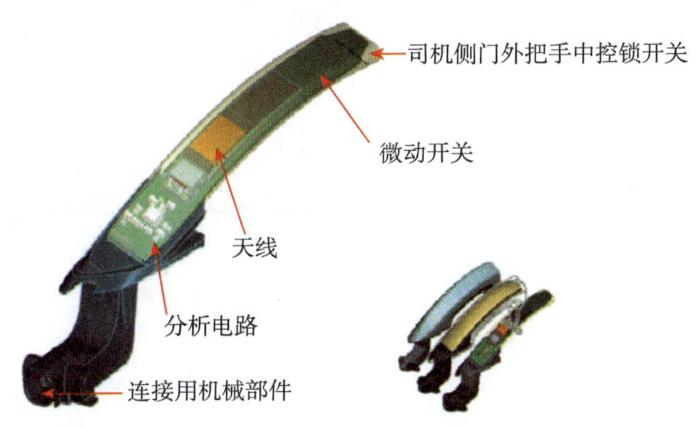

图 12–3　DC/DC 变换器的构成

（2）天线的功能及工作方式

天线用于识别、检测车外智能钥匙信号，安装位置分别是两个前门把手内部和后保险杠内。天线有效工作范围是，使用遥控钥匙解锁、闭锁车辆时不超过 6 m，寻车时不超过 30 m，无钥匙进入时小于 1 m，如图 12–4 所示。

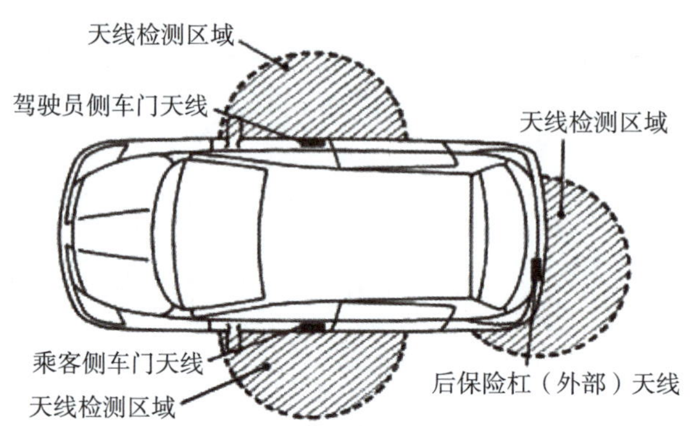

图 12–4　天线有效工作范围

天线工作方式有两种：一种是时刻在工作，不间断地检测智能钥匙，这种方式会造成蓄电池电量过多消耗；另一种是通过微动开关唤醒，天线再进行智能钥匙检测。

（3）微动开关的功能及工作原理

微动开关是具有微小接点间隔和快动机构、用规定行程和规定的力进行开关动作的接点机构，用外壳覆盖，外部有驱动杆的一种开关，因为其开关的触电间距比较小，故名微动开关，又称灵敏开关，电气文字符号为 SM。

微动开关是电容式的，集成在前门把手内。

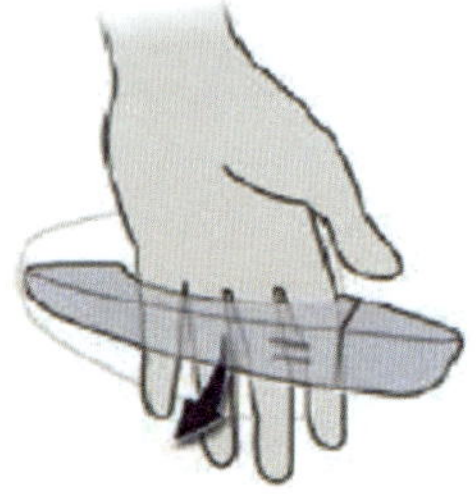

微动开关有两种形式：一种是感应式，前门把手和支座上各装有一个电容片，两个电容片之间插入新的介质（例如手掌），就会有一个电流短时通过，PKE 控制单元检测到电流后被唤醒，如图 12–5 所示；另一种是接触式，前门把手上装有一个电容片，当手指触碰到敏感电极时，微动开关中电容的电量会产生变化，微动开关上的电路检测出这一变化，判断有进入车辆的请求，产生一个电流短时通过，PKE 控制单元检测到电流后被唤醒，如图 12–6 所示。

图 12–5　感应式微动开关

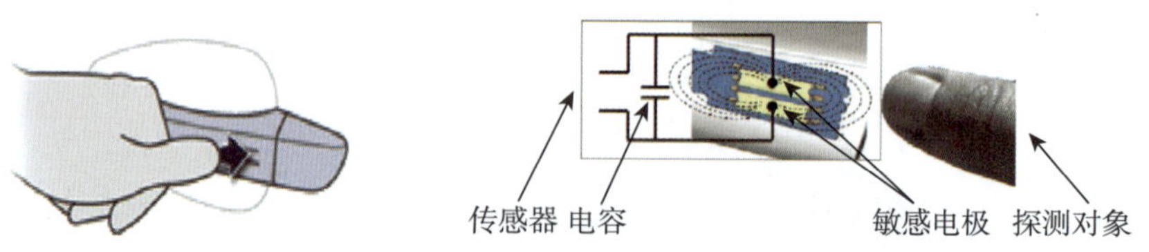

图 12–6　接触式微动开关

应注意，在更换车门外部门把手时，门把手内侧不能刷油漆，门把手外侧应遵守 20~50 μm 的油漆厚度标准，否则探测会出现问题。

微动开关的工作原理是：外机械力通过传动元件（按销、按钮、杠杆、滚轮等）作用于动作簧片上，当动作簧片位移到临界点时产生瞬时动作，使动作簧片末端的动触点与定触点快速接通或断开；当传动元件上的作用力移去后，动作簧片产生反向动作力，传动元件反向行程达到簧片的动作临界点后，瞬时完成反向动作。

（4）智能钥匙的组成及工作原理

智能钥匙（见图 12–7）一般集成了传统的机械钥匙和遥控功能，由发射器、遥控模块、驾驶授权模块三个接收器及相关线束组成。

智能钥匙按键被按下或接收到车外天线的低频信号时，其内部的发射器发出电波，其中包含了一串数据代码，车辆天线接收到数据代码，经控制单元识别确认后，完成解锁或闭锁。数据代码使用跳码式验证方式，除了匹配钥匙的身份码，还增加了验证码，验证码部分会在每发射一次信号后根据一定的编码函数发生变化，相当于换了一把“新钥匙”，增加防盗安全性。

图 12–7　智能钥匙

（5）无钥匙进入系统的应用

1）吉利帝豪车型无钥匙进入系统

① PEPS 系统的组成

以吉利帝豪车型为例，PEPS 系统由 PEPS 控制单元、2 个前门把手总成、电子转向柱锁、车身控制单元（BCM）、点火开关、3 个室内天线、整车控制单元及智能钥匙等组成。

智能钥匙是无钥匙进入车辆的重要元件，其内部具有授权识别代码和密码的功能，从而实现车辆上锁和解锁，能够实现双向传输，既可接收也可发送。智能钥匙发出的高频信号激活 PEPS 控制单元，使 PEPS 控制单元接受来自智能钥匙传递的密码并进行验证。

PEPS 控制单元是无钥匙进入的主控单元，也是钥匙授权识别代码的解码器。PEPS 控制单元的主要功能有：控制和监测无钥匙进入系统；使用外部天线和内部天线来与遥控器进行通信；检查遥控钥匙的标识，并传输信号给车身控制单元（BCM）控制车门上锁或解锁。

车身控制单元（BCM）用于车门解锁或上锁，通过 PEPS 控制单元的 CAN 信号实现快速开启的功能。

前门把手总成通过 LIN 信号（电流信号）直接传输到 PEPS 控制单元上来实现车辆上锁。前门把手总成上由外部天线和锁门键组成。

本系统总共有 5 个天线，2 个前门把手总成中有 2 个外部天线，室内有 3 个天线，天线的主要作用是激活智能钥匙，使智能钥匙发送密码给 PEPS 控制单元进行验证。

汽车起动时，PEPS 控制单元识别到合法钥匙后，向转向柱锁传输信号，通过转向柱锁中的小型电机来实现转向柱的解锁 / 闭锁功能。

② 控制方式

吉利 EV300 的无钥匙进入系统框图如图 12–8 所示。

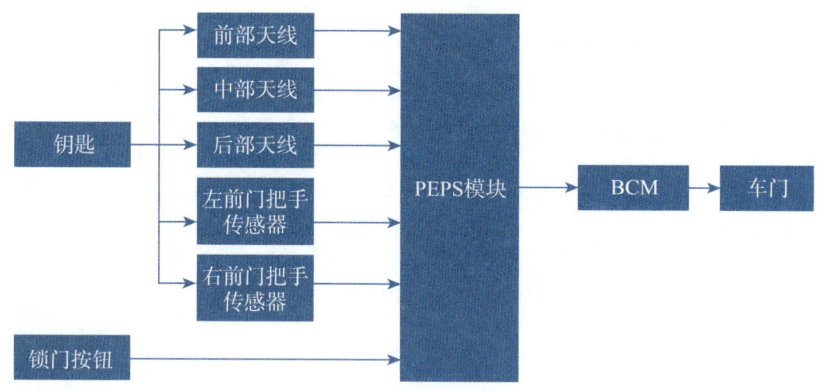

图 12-8　吉利 EV300 无钥匙进入系统框图

其无钥匙解锁控制方式为：距离车门 1.5 m 范围内有一把授权的智能钥匙并激活车门把手时，信号发送给 PEPS 控制单元，PEPS 控制单元激活车辆外部天线发送低频信号给智能钥匙，智能钥匙接收到低频信号，被激活后发送带密码的高频信号给 PEPS 控制单元，PEPS 控制单元接收并与自身的密码进行确认，确认是合法钥匙后将信号传给 BCM，BCM 接收信号控制车门电机解锁。如果不是合法钥匙，PEPS 控制单元将发送信号给 BCM，BCM 将启动防盗指示灯和防盗喇叭。一旦某一车门被打开，该车门的接触开关闭合，并向 BCM 传递搭铁信号，BCM 根据此信号通过 CAN 总线向仪表发送门已打开的信号。

其无钥匙上锁控制方式为：距离车门 1.5 m 范围内有一把授权的智能钥匙并激活锁门按钮时，信号发送给 PEPS 控制单元，PEPS 控制单元激活车辆外部天线发送低频信号给智能钥匙，智能钥匙接收到低频信号后，被激活后发送带密码的高频信号给 PEPS 控制单元，PEPS 控制单元接收并与自身的密码进行确认，确认是合法钥匙后将信号传给 BCM，BCM 接收信号控制车门电机进行上锁功能，车内有 3 根天线用来监测车内是否有智能钥匙，以此来实现启动车辆或者是上锁功能。

无钥匙进入系统的输入、输出信号主要有 3 种形式：直接输入的信号；通过 LIN 网络传输的信号；通过 CAN 网络传输的信号。直接输入的信号有左前门开锁传感器信号、右前门开锁传感器信号。

通过 LIN 网络传输的信号有：PEPS 系统通过 LIN 网络传输至前门把手总成的信号、PEPS 控制单元通过 LIN 网络传输至 ESCL 的信号。通过 CAN 网络传输的信号是 PEPS 系统通过 CAN 网络传输至 BCM 的信号。

2）其他车型无钥匙进入系统

① 长安福特蒙迪欧制胜轿车的无钥匙启动系统

该车只需要驾驶人携带合法的智能钥匙，就可以进入轿车内。即使放在口袋内，按压钥匙上的启动按钮“POWER”也可以启动发动机。启动按钮“POWER”能够实现以下 3 种功能：

不踩制动踏板，按下启动按钮“POWER”，可以接通点火电路；

踩下制动踏板，并且按下启动按钮“POWER”，可以启动发动机；

在发动机运转时，按下启动按钮“POWER”，可以使发动机熄火。

② 上海通用雪佛兰科鲁兹轿车的无钥匙进入系统

按下启动按钮时，内部两个触点闭合，其中一个给车身控制模块（BCM）提供搭铁信号，用来进行电源管理；另一个给中控门锁控制模块提供搭铁信号，模块在收到此信号后，首先通过车内的两个低频天线向遥控门锁发射器发送校验口令，遥控门锁接收器接收遥控门锁发射器返回的校验应答口令，并将信号通过数据线传送给车身控制模块，进行合法性验证。如果通过了验证，BCM 将允许起动机、喷油器和点火系统工作。

③ 丰田轿车的智能进入 / 启动系统

该系统包括以下部件：电源控制 ECU、发动机开关、钥匙孔、钥匙、ACC 继电器、IG1 继电器、IG2 继电器、收发器 ECU 和转向锁 ECU 等。该系统主要具有两大功能：一是启动采用按钮，代替转动钥匙；二是门锁可无线遥控操纵。智能进入 / 启动系统使用带智能码存储芯片的钥匙，所有车门的开、关和发动机的启动无须插入钥匙即可实现。只要携带钥匙靠近汽车，并且触握车门外拉手，门锁即可自动开启。进入驾驶室后，钥匙的智能码被自动识别，只需踩下制动踏板并且按下启动按钮，发动机即可启动。

（6）无钥匙进入 / 启动系统失效的处置

装备无钥匙进入系统的汽车同时也有钥匙和钥匙孔，不过它们与常规钥匙的功能与用法不同。当智能卡（智能钥匙）损坏或电量不足时，可以用手工方式应急启动。

1）上海通用雪佛兰科鲁兹轿车的应急启动方法

将中控台杯托底部的小圆盖揭开，将钥匙发射器插入小圆盖下面的插槽内，该位置正好使钥匙发射器位于防盗控制模块 TDM 线圈的中央，再将变速杆移至 P 挡或 N 挡，踩下制动踏板，按下启动按钮，此时内部两个触点闭合，即可启动发动机。当发动机启动后，再取出钥匙发射器。

2）凌志 GS430/300 轿车的应急启动方法

在踩下制动踏板的同时，将智能钥匙的“LEXUS”标志面贴近启动按钮，使智能钥匙中的芯片靠近启动按钮的识读线圈以作感应，其距离应小于 22 mm，保持 3 s 以上，当启动按钮内的指示灯变为绿色后，在保持上述状态的同时按下启动按钮，发动机即可启动。

3）广州丰田凯美瑞轿车的应急启动方法

先用机械钥匙打开车门，然后将智能钥匙插入转向盘旁的钥匙孔内，将变速杆置于 P 挡或 N 挡，再踩下制动踏板，最后按下启动按钮，发动机即可启动。

4）捷豹路虎 XK 轿车的应急启动方法

当遥控钥匙无电、外界有电磁干扰、无钥匙启动系统有故障时，如果按下启动 / 停止键，显示屏上会显示“SMART KEY NOT FOUND. PLEASE INSERT IN SLOT.”，即“智能钥匙未找到，请插入插槽”。这说明控制模块没有探测到智能钥匙的存在。此时可以将智能钥匙安装到起动机控制单元（位于中控台储物箱滑动盖的下面）上，并且使紧急钥匙释放按键向上，按下启动/停止按键，即可启动发动机。

从起动机控制单元上拔出智能钥匙的方法是，首先确认汽车静止，变速杆处于P位，并且点火开关关闭；然后按下智能钥匙并释放，此时智能钥匙会部分弹出；最后从起动机控制单元上拔出智能钥匙。

2. 技能操作

（1）操作准备

物料准备见表12–3。

表12–3 物料准备

类别	所需物料
教学整车/实训平台	智能网联实训整车
设备、仪器、工具	高压安全防护用品、启动钥匙、绝缘工具套装、万用表、举升机

（2）检测微动开关及天线

无钥匙进入系统的故障常与微动开关和天线有关，这里重点对它们进行检测。微动开关的检测包括微动开关电源、搭铁及信号的检测，根据维修手册对微动开关及天线进行检测，并记录在表12–4中。

表12–4 仪表显示记录

序号	检测项目	检测点		检测条件	检测类型	标准值	检测值	是否正常
1	微动开关供电	T6e/1	搭铁	—	电压	5 V		是□ 否□
		T20e/20	搭铁	—	电压	5 V		是□ 否□
		T61/1	T20e/20	断电	电阻	<1 Ω		是□ 否□
2	微动开关搭铁	T6e/1	搭铁	—	电压	0 V		是□ 否□
		T20e/20	搭铁	—	电压	0 V		是□ 否□
		T6e/1	T20e/20	断电	电阻	<1 Ω		是□ 否□
3	微动开关信号	T6e/3	搭铁	—	电压	0 V		是□ 否□
		T20e/7	搭铁	—	电压	0 V		是□ 否□
		T6e/3	T20e/7	断电	电阻	<1 Ω		是□ 否□
		T6e/2	搭铁	—	电压	0 V		是□ 否□
		T6e/9	搭铁	—	电压	0 V		是□ 否□
		T6e/2	T6e/9	断电	电阻	<1 Ω		是□ 否□

续表

序号	检测项目	检测点		检测条件	检测类型	标准值	检测值	是否正常
4	天线	T6e/4	搭铁	—	电压	0 V		是□　否□
		T20e/17	搭铁	—	电压	0 V		是□　否□
		T6e/4	T20e/17	断电	电阻	<1 Ω		是□　否□
		T6e/5	搭铁	—	电压	0 V		是□　否□
		T20e/16	搭铁	—	电压	0 V		是□　否□
		T6e/5	T20e/16	断电	电阻	<1 Ω		是□　否□

（3）维修及检验结果

针对检测出的问题进行相应处置，按以下步骤进行检验：

1）关闭启动开关。

2）关闭车门，将启动钥匙放置到车外天线有效范围外，检查所有车门中控锁是否落锁（是□　否□）；携带启动钥匙到车外天线有效范围内，检查所有车门中控锁是否落锁（是□　否□）。

3）使用诊断仪清除故障码，确认故障码是否被清除（是□　否□）。

4）使用诊断仪读取数据流，将数据流信息填写在表 12–5 中。

表 12–5　数据流信息

序号	控制单元	名称	当前值 / 状态	标准值 / 状态	是否正常
1					是□　否□
2					是□　否□
3					是□　否□
4					是□　否□
5					是□　否□

检查评估

对本任务的学习情况进行检查，并将相关内容填写在表 12–6 中。

表 12–6　检查表

检查项目	检查结果	结果点评
无钥匙进入系统故障检测		
是否正确检测 PEPS 供电搭铁线路	是□　否□	
是否正确检测 CAN 总线	是□　否□	
微动开关及天线检测		
是否正确检测微动开关的供电搭铁线路	是□　否□	

续表

检查项目	检查结果	结果点评
是否正确检测微动开关的信号线	是□　否□	
是否进行维修结果检验	是□　否□	
整理及恢复		
工具、设备是否整理恢复	是□　否□	
实训工位是否打扫干净	是□　否□	
工作页是否填写完整	是□　否□	

任务小结

本任务小结如图 12-9 所示。

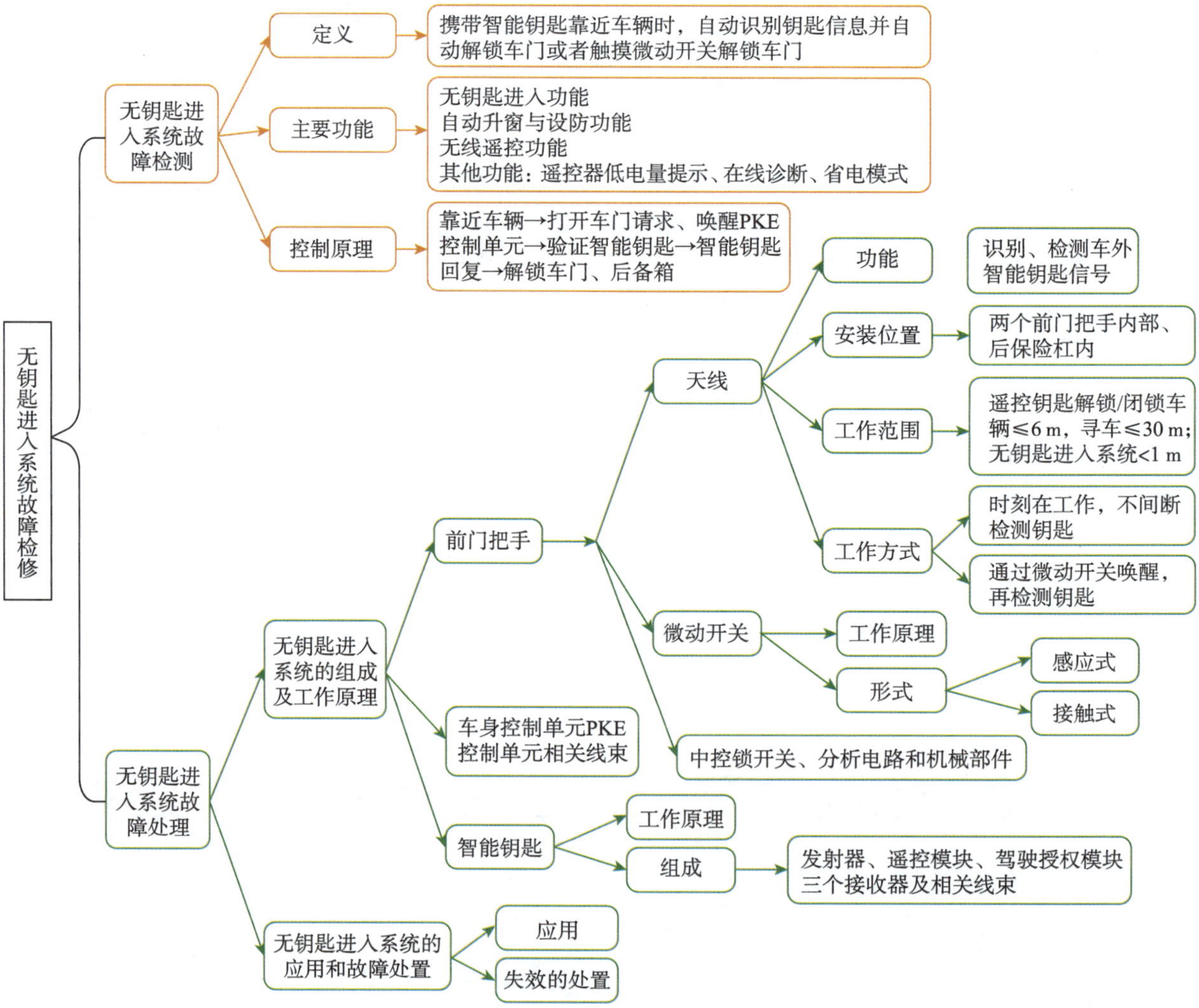

- 无钥匙进入系统故障检修
  - 无钥匙进入系统故障检测
    - 定义 → 携带智能钥匙靠近车辆时，自动识别钥匙信息并自动解锁车门或者触摸微动开关解锁车门
    - 主要功能 → 无钥匙进入功能；自动升窗与设防功能；无线遥控功能；其他功能：遥控器低电量提示、在线诊断、省电模式
    - 控制原理 → 靠近车辆→打开车门请求、唤醒PKE控制单元→验证智能钥匙→智能钥匙回复→解锁车门、后备箱
  - 无钥匙进入系统故障处理
    - 无钥匙进入系统的组成及工作原理
      - 前门把手
        - 天线
          - 功能 → 识别、检测车外智能钥匙信号
          - 安装位置 → 两个前门把手内部、后保险杠内
          - 工作范围 → 遥控钥匙解锁/闭锁车辆≤6 m，寻车≤30 m；无钥匙进入系统<1 m
          - 工作方式 → 时刻在工作，不间断检测钥匙；通过微动开关唤醒，再检测钥匙
        - 微动开关
          - 工作原理
          - 形式 → 感应式；接触式
        - 中控锁开关、分析电路和机械部件
      - 车身控制单元PKE控制单元相关线束
      - 智能钥匙
        - 工作原理
        - 组成 → 发射器、遥控模块、驾驶授权模块三个接收器及相关线束
    - 无钥匙进入系统的应用和故障处置
      - 应用
      - 失效的处置

图 12-9　任务小结

任务十三
电动车窗故障检修

任务导入

场景： 某国产智能网联汽车售后维修中心

人物： 刘女士（客户）、小刘（维修技师）

情节： 车主刘女士驾车出行，想打开车窗通风，按下司机侧车窗控制开关，车窗无法打开，于是到售后维修中心进行维修，维修技师小刘通过验证故障，发现刘女士车辆的四个车窗都无法打开，需要对其进行检修。

任务目标

▸ 能根据电动车窗组成及工作原理，结合电路图，通过故障验证及电路图拆画，准确完成电动车窗故障初步分析。

▸ 能按照故障检测方法，结合电路图，选择合适的检修工具，正确完成电动车窗故障检修。

任务实施

一、电动车窗故障分析

1. 知识学习

（1）电动车窗的组成

电动车窗是通过车载电源来驱动玻璃升降器电动机，使升降器带动车窗玻璃上下运动的装置。目前部分车型电动车窗具备一键升降、防夹等功能。电动车窗装置的主要组成部分除车窗玻璃外，还包括玻璃升降器、车窗驱动电机、控制开关、控制单元等，如图 13–1 所示。

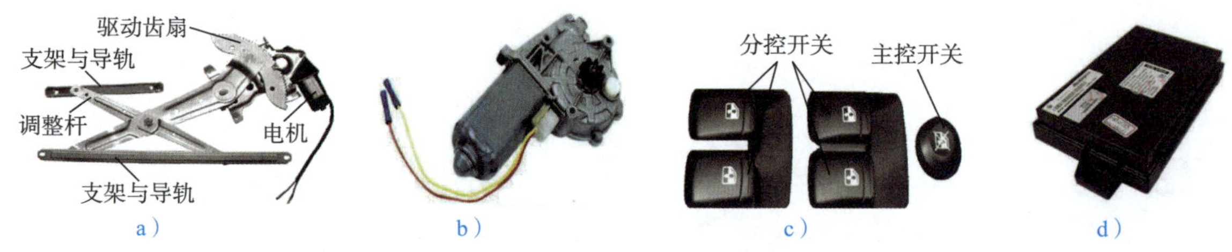

图 13-1　电动车窗的组成

a）玻璃升降器　b）车窗驱动电机　c）控制开关　d）控制单元

1）车窗驱动电机

车窗驱动电机（见图 13-2）采用双向旋转的直流电机，分为双向永磁式和双绕组串励式两种。永磁式电机不直接搭铁，电机的搭铁受开关控制，通过改变电机的电流方向改变其转向，从而实现车窗的升或降；双绕组串励式电机一端直接搭铁，有两组磁场绕组，通过接通不同的磁场绕组，实现不同转向，实现车窗玻璃的升或降。

为了防止电机过载，在电路或电机内装有一个或多个热敏电路开关，用来控制电流，当车窗玻璃上升到极限位置或由于结冰而使车窗玻璃不能自由移动时，即使操纵控制开关，热敏开关也会自动断路，避免电机通电时间过长而烧坏。

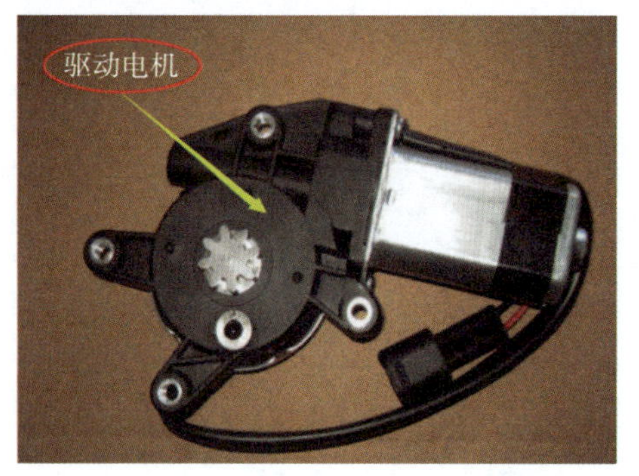

图 13-2　车窗驱动电机

2）车窗控制开关

电动车窗控制开关的作用是控制电流的方向。控制开关主要有驾驶员侧车窗总开关和乘客侧车窗分开关。

车窗总开关（见图 13-3）控制整个电动车窗系统，断开总开关上的锁止开关，分开关就不起作用。

车窗分开关（见图 13-4）安装在每个车门上，控制各自车窗玻璃；在车窗锁止开关锁止时，分开关不起作用。

3）玻璃升降器

① 玻璃升降器的定义

汽车行业标准《汽车用玻璃升降器》（QC/T 626—2008）中对于玻璃升降器的定义为："玻璃升降器是指按某种驱动方式将汽车车窗玻璃沿玻璃导向槽升起或下降，并能停留在任意位置的装置。"实际上，考虑到一些特殊的玻璃调整装置（如某些车型可调开度的三角窗玻璃、太阳顶窗等），应称其为玻璃调整器才更为确切，但由于玻璃的位置调整多为上下运动，故习惯上仍称之为玻璃升降器。常见的玻璃升降器如图 13–5 所示。

图 13–3　驾驶员侧车窗总控制开关

图 13–4　乘客侧车窗分控制开关

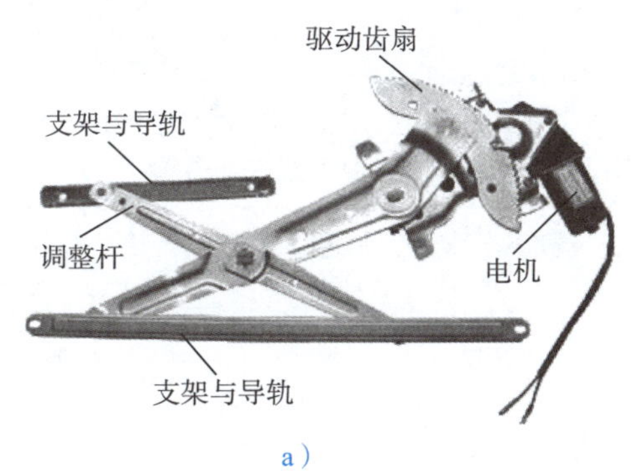

a）

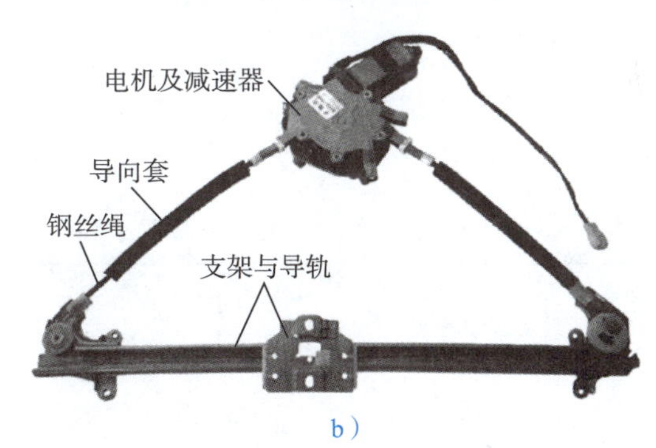

b）

图 13–5　常见的玻璃升降器

a）交叉传动臂式玻璃升降器　b）钢丝滚筒式玻璃升降器

② 玻璃升降器的分类

玻璃升降器按照传动机构可分为臂式玻璃升降器、揉式玻璃升降器、丝杠式玻璃升降器。其中，臂式又分为单臂式和双臂式；双臂式又分为交叉臂式和平行臂式；揉式又分为绳轮式、带式和软轴式。

玻璃升降器按照操纵方式可分为手动玻璃升降器、电动玻璃升降器和液动玻璃升降器。

各种玻璃升降器均需通过某种形式的驱动机构以实现对玻璃运动位置的调整。对于玻璃为上下运动的玻璃升降器而言，当玻璃上升时，通过该机构将玻璃提升至需要的位置；而玻璃下降时，则可依靠玻璃自身重力作为动力，此时驱动机构主要起限位及减缓作用。但由于实际上玻璃下降运动过程中需要克服与密封件（导槽、封口胶条等）间的摩擦及传动机构中的阻力等，因此玻璃升降器也起一部分驱动作用，以保证车窗玻璃的稳定移动。

③ 玻璃升降器的结构

玻璃升降器一般由操纵机构（摇臂或电动控制系统）、传动机构（齿轮、齿板或齿条、齿轮软轴啮合机构）、玻璃升降机构（升降臂、运动托架）、玻璃支承机构（玻璃托架）及止动弹簧、平衡弹簧等部分组成。玻璃升降器的基本工作路线为操纵机构→传动机构→升降机构→玻璃支承机构。其中平衡弹簧用以平衡玻璃的重力，以减轻操纵力；装在小齿轮与支承座间的止动弹簧用以定住玻璃（止动），保证其停留在要求位置。

（2）电动车窗的控制功能

电动车窗控制功能包括手动升／降、自动升／降、车窗锁止、防夹保护、延时操作、门锁联动关闭等。驾驶员可通过左前门扶手上的窗锁开关锁住其他车门的车窗，以防止在行车过程中小孩打开车窗将头或手伸出窗外而发生事故。具体的控制功能见表 13–1。

表 13–1　电动车窗的控制功能

序号	控制功能	功能说明
1	手动升 / 降	按住车窗控制开关时，车窗玻璃会升／降；松开车窗控制开关，车窗玻璃会自动停止
2	自动升 / 降	将车窗控制开关按向自动位置（极限位置）时（按一下），车窗玻璃会自动升／降到极限位置。当车窗上升过程中遇到障碍时，能自动检测出由障碍所引起的阻力，自动停止车窗的关闭，并自动将车窗降到中间或底部位置
3	车窗锁止	启动“车窗锁止”功能后，除驾驶员车窗外，其他车窗玻璃升降功能失效
4	防夹保护	当车窗上升而遇到障碍时，能自动检测出由障碍所引起的阻力，自动停止车窗的关闭
5	延时操作升 / 降	装有延时开关的车上，在启动开关断开约 1 min 内（不同车型时间不同），在车门打开以前，仍有电流供给，使驾驶员和乘客能有时间关闭车窗及操纵其他辅助设备
6	门锁联动关闭	如果驾驶员自车内走出而忘记把车窗关闭，不需再进入车内关窗，可以在车外通过中央门锁系统将车窗关闭

（3）电动车窗控制电路及其工作原理

现在大部分汽车的车窗控制由控制单元完成，操作开关向控制单元传递升、降信号，控制单元接收到信号后控制电机的旋转方向，带动玻璃上升或下降。

1）永磁式直流电机电动车窗的控制电路及工作原理

永磁式直流电机电动车窗通过改变电机电枢的电流方向来改变旋转方向，使车窗玻璃上升或下降。其控制电路如图 13–6 所示，由电源（蓄电池）、易熔线、电动车窗主继电器、开关（主开关、窗锁开关、点火开关）、电动车窗电机和指示灯等组成。

当启动开关转至启动挡时，电动车窗主继电器工作，触点闭合，给电动车窗提供电源。如将主开关（主控开关）上的车窗锁开关闭合，则所有车窗都可随时进入工作状态；若主开关上的车窗锁开关断开，则只有驾驶员侧车窗可进行工作。

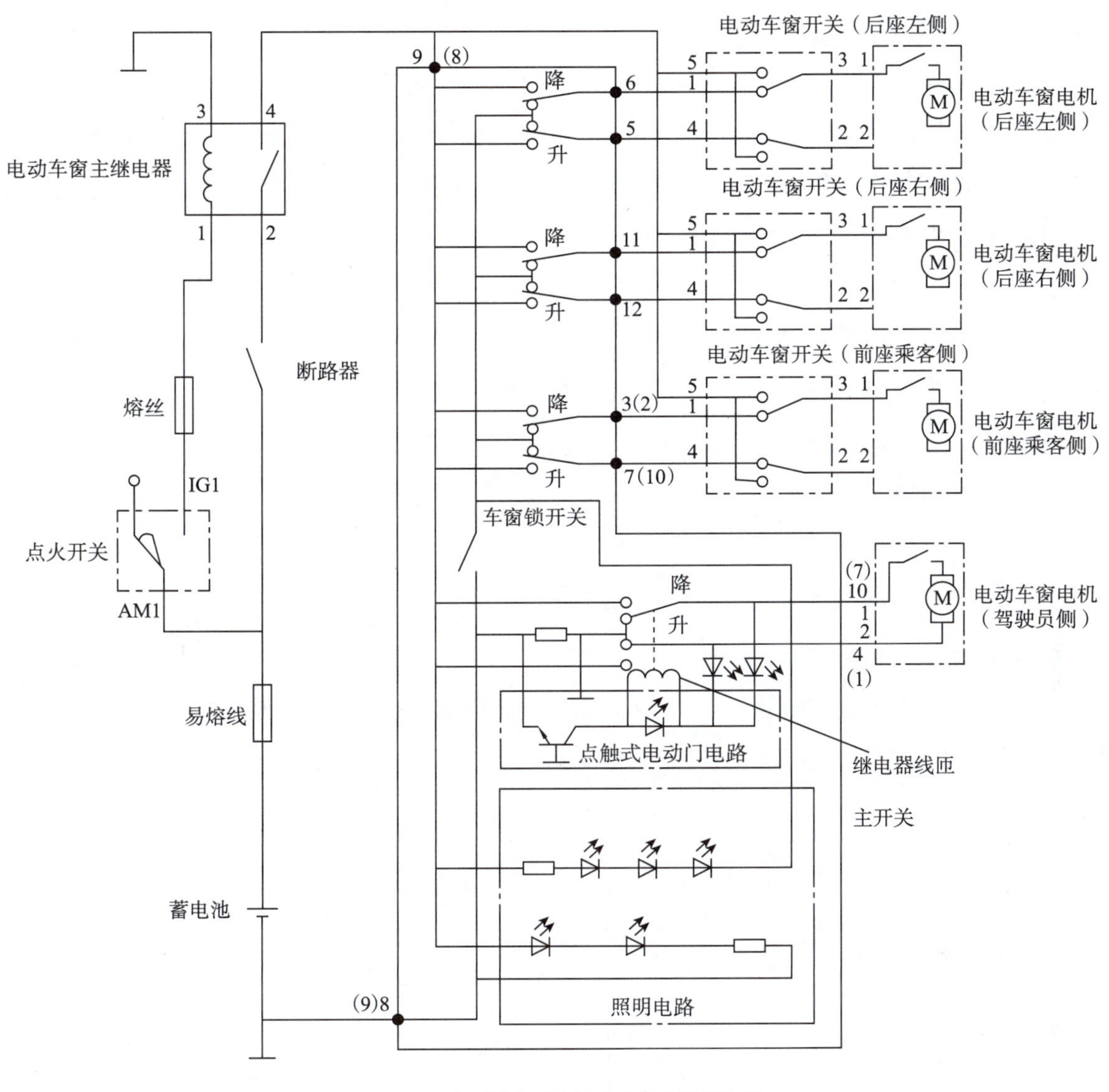

图 13-6　永磁式直流电机电动车窗控制电路

① 前座乘员侧车窗升降

当驾驶员按下主开关上相应的前座乘员侧车窗上升开关时，其电流路径为：蓄电池正极→易熔线→断路器→电动车窗主继电器→主开关→前座乘员侧车窗控制开关左触点→电动车窗电机→断路器→前座乘员侧车窗控制开关右触点→车窗锁开关→搭铁→蓄电池负极，构成闭合回路。该电路中的电动车窗电机通电后工作，使车窗上升。当需要车窗下降时，驾驶员按下主开关上的下降开关时，因电动车窗电机是永磁双向电机，其电流反向，通电后反转使车窗下降。

乘员接通前座乘员侧门窗上升开关时，其电流路径为：蓄电池正极→易熔线→断路器→前座乘员侧开关左触点→电动车窗电机→断路器→前座乘员侧开关右触点→车窗锁开关→搭铁→蓄电池负极，构成闭合电路。该电路中的电机通电后工作，使车窗上升。当需要车窗下降时，乘员按下前座乘员侧开关上的下降开关，电动车窗电机因电流反向而反转，使车窗下降。

② 驾驶员侧车窗升降

若主开关上的车窗锁开关断开，则只有驾驶员侧车窗具备工作条件。另外，驾驶员侧的车窗控制开关由点触式电动门电路控制。车窗在下降过程中，如果要使其停止在某一位置，只要再点触一下开关即可。当驾驶员侧的车窗需要下降时，可按下主开关上的下降按钮，其工作电路电流路径为：蓄电池正极→断路器→电动车窗电机→驾驶员侧开关的另一触点→车窗锁开关→蓄电池负极，构成闭合电路。与此同时，点触式开关的电路也接通，下降指示灯点亮，继电器线圈也通电而产生吸力，保持点触式开关处于下降工作状态，直至车窗下降到极限位置。在下降过程中，如果要使车窗停在某一位置，驾驶员可再点触一下点触式开关，则继电器线圈断路，车窗下降停止。

2）双绕组串励式直流电机电动车窗的控制电路及工作原理

双绕组串励式直流电机电动车窗控制电路如图 13-7 所示。双绕组串励式直流电机有两个绕向相反的磁场绕组，一个称为上升绕组，另一个称为下降绕组，在给不同绕组通电时，会产生相反方向的磁场，电机的旋转方向也就不同，从而实现车窗玻璃的上升或下降。

电动车窗的断路保护开关是双金属片触点臂结构，当电机超载，电路中电流过大时，双金属片因温度上升而变形，触点打开，切断电路。电流消失后，双金属片冷却，恢复变形，触点再次闭合。如此周期动作，使电机电流的平均值不超过规定值，避免其因过热而烧坏。

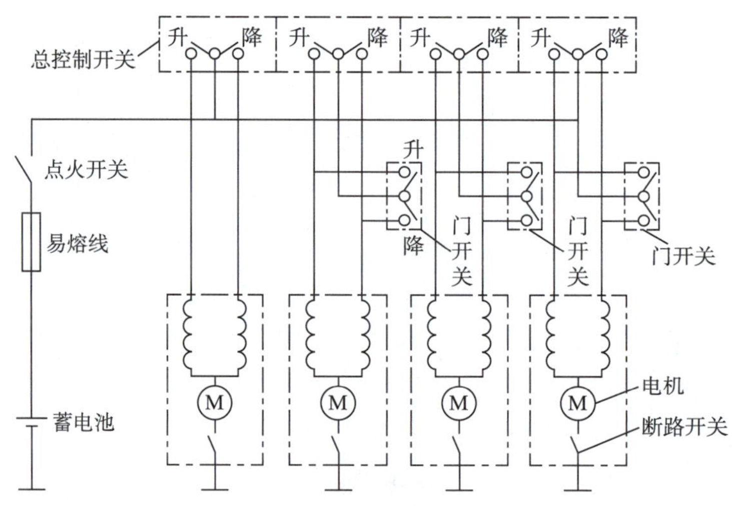

图 13-7　双绕组串励式直流电机电动车窗控制电路

2. 技能操作

（1）操作准备

物料准备见表 13-2。

（2）故障验证

1）电动车窗升降功能检查

检查电动车窗升降功能，并将检查结果记录在表 13-3 中。

表 13-2　物料准备

类别	所需物料
教学整车 / 实训平台	智能网联实训整车（司机侧车窗带一键升降和防夹功能）
绘图工具	铅笔、纸张、橡皮、尺子套装
设备、仪器、工具	车辆防护用品、车辆维修手册与电路图、智能钥匙、诊断仪

表 13-3　功能检查记录

序号	验证项目	验证结果
1	驾驶员侧开关控制左前门玻璃升降	正常□　不正常□
2	驾驶员侧开关控制右前门玻璃升降	正常□　不正常□
3	驾驶员侧开关控制左后门玻璃升降	正常□　不正常□
4	驾驶员侧开关控制右后门玻璃升降	正常□　不正常□
5	故障侧车门单独开关控制玻璃升降	正常□　不正常□

2）读取故障码

使用诊断仪读取故障码，将相关内容填写在表 13-4 中。

表 13-4　故障码信息

序号	故障码	故障码描述
1		
2		
3		

3）读取数据流

使用诊断仪读取数据流，根据诊断仪上读取到的信息，完成表 13-5 的填写。

表 13-5　数据流信息

序号	控制单元	名称	当前值 / 状态	标准值 / 状态	是否正常
1					是□　否□
2					是□　否□
3					是□　否□
4					是□　否□
5					是□　否□

（3）故障分析

1）拆画电动车窗电路图

参考车辆电路图，拆画实训车辆电动车窗电路图，绘制在图 13-8 中。

图 13-8　电动车窗电路图

2）初步分析电动车窗故障

根据故障验证结果，结合电动车窗电路图，对故障可能原因进行初步分析，并填写在表 13-6 中。

表 13-6　故障初步分析

故障可能原因	

二、电动车窗故障检修

1. 知识学习

（1）车窗控制开关的检测方法

若车窗控制开关内部共用搭铁，则在车窗控制开关没有任何操作状态下，控制单元会向各挡位信号线持续输出 5 V 或 12 V 的监测电压。若监测电压为 0 V，则可能是控制单元电路故障或信号线对地短路；若监测电压正常，当开关内部触点接触时监测电压会下降，若电压无变化则表示开关电路存在故障。

若车窗控制开关内部共用供电，首先检测控制单元侧信号线电压是否正常，一般为 0 V 或 5 V、12 V

的监测电压。若监测电压不正常，则可能是控制单元电路故障或开关电路故障。若是控制单元侧信号线电压正常，当车窗控制开关内部触点接触时，控制单元通过挡位信号线收到供电，检测该供电是否正常，若不正常，则可能是开关电路存在故障。

（2）车窗驱动电机的检测方法

由于控制单元通过控制电机的电流方向实现电机的正转或反转，所以可以通过车窗控制开关上升或下降时电机端子的电压判断电机电路是否正常。

1）万用表负极表笔搭铁，正极表笔连接电机端子，然后操作车窗控制开关，若是上升时检测电压为 0 V，则下降时检测电压应为+ U_B；若是上升时检测电压为+ U_B，则下降时检测电压应为 0 V，如图 13–9a 所示。

2）万用表正极表笔与负极表笔分别连接车窗驱动电机两个端子，然后操作车窗控制开关，若是上升时检测电压为+ U_B，则下降时检测电压应为负值的 $-U_B$；若是上升时检测电压为负值的+ U_B，则下降时检测电压应为+ U_B，如图 13–9b 所示。

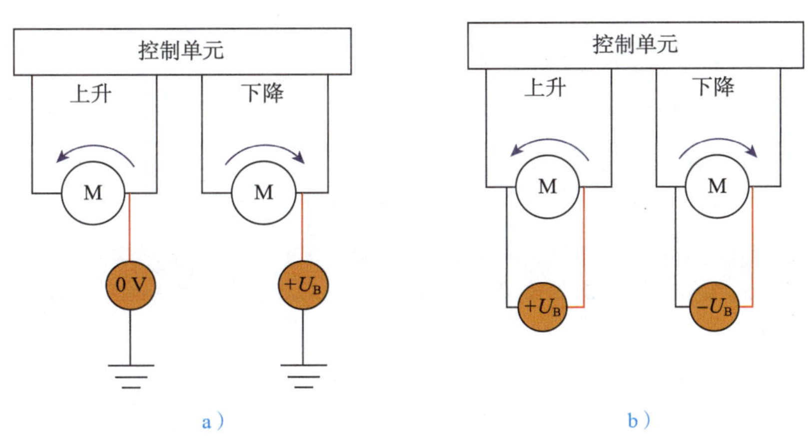

图 13–9　车窗驱动电机的检测方法

a）单侧电压检测法　b）两端电压检测法

（3）电动车窗故障的检测方法

1）通过故障现象分析故障，缩小故障范围。如总控开关能够控制右前玻璃升降，而右前分控开关无法控制右前玻璃升降，说明右前车窗驱动电机工作正常，是右前分控开关出现故障；如总控开关与右前分控开关都无法控制右前玻璃升降，而其他车门玻璃升降控制正常，基本可以断定为右前车窗驱动电机出现故障；如各分控开关都能控制各自车门玻璃升降，而总控开关却无法控制所有车门玻璃升降，总控开关四个车窗控制开关都出现故障的概率很小，基本可以断定为总控开关共用的供电或搭铁出现故障。

2）通过诊断仪读取故障码、数据流、执行元件测试对故障进行分析。若无法判断是车窗控制开关故障还是车窗驱动电机故障，则首先检测控制单元接收车窗控制开关信号是否正常，若不正常，则对开关电路进行检测，若正常，则检测控制单元对电机控制输出是否正常，若不正常则对控制单元电路进行检测，若正常则对电机进行检测。电动玻璃升降系统故障检测方法如图 13–10 所示。

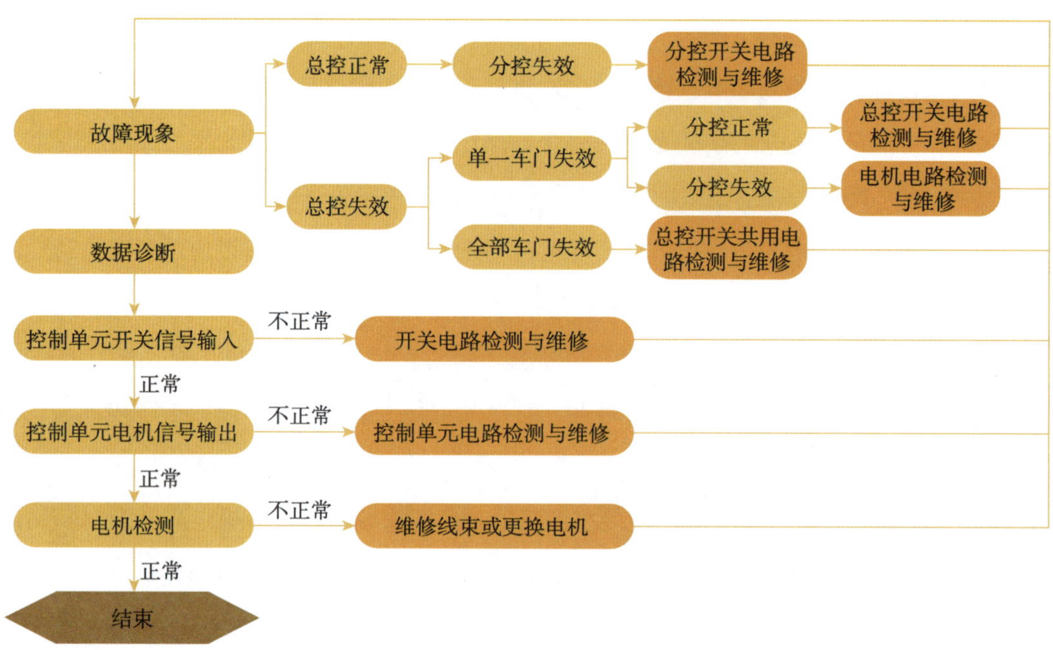

图 13-10　电动车窗故障的检测方法

（4）电动车窗的常见故障现象及故障部位

通过对电动玻璃升降系统常见故障进行分析，可以针对电动玻璃升降系统一些故障现象总结出对应的可能发生故障的部位，见表 13-7。

表 13-7　电动车窗的常见故障现象及故障部位

序号	故障描述	可能发生故障的部位
1	整个窗控系统不工作	（1）左前玻璃升降器开关组配电 （2）车窗驱动电机电源电路
2	只有左前玻璃升降器可以动作，其他玻璃升降器均无法动作	（1）左前玻璃升降器开关组 （2）线束
3	左前车窗控制开关无法控制左前车窗升降	（1）熔断器 （2）左前车窗电机 （3）左前车窗控制开关 （4）线束
4	右前车窗控制开关无法控制右前车窗升降	（1）熔断器 （2）右前车窗电机 （3）右前车窗控制开关 （4）线束
5	左后车窗控制开关无法控制左后车窗升降	（1）熔断器 （2）左后车窗电机 （3）左后车窗控制开关 （4）线束
6	右后车窗控制开关无法控制右后车窗升降	（1）熔断器 （2）右后车窗电机 （3）右后车窗控制开关 （4）线束

续表

序号	故障描述	可能发生故障的部位
7	左前车窗控制开关组无法控制右前车窗升降，但右前车窗控制开关可以控制右前车窗升降	（1）左前车窗控制开关 （2）线束
8	左前车窗控制开关组无法控制左后车窗升降，但左后门车窗控制开关可以控制左后车窗升降	（1）左前车窗控制开关 （2）线束
9	左前车窗控制开关组无法控制右后车窗升降，但右后门车窗控制开关可以控制右后车窗升降	（1）左前车窗控制开关 （2）线束
10	只有左前玻璃升降器可以动作，其他玻璃升降器均无法动作	（1）左前玻璃升降器开关组 （2）线束
11	左前车窗防夹功能失效	（1）左前车窗驱动电机 （2）左前车窗控制开关 （3）线束

2. 技能操作

（1）操作准备

物料准备见表 13–8。

表 13–8　物料准备

类别	所需物料
教学整车 / 实训平台	智能网联实训整车（司机侧车窗带一键升降和防夹功能）
设备、仪器、工具	车辆防护用品、车辆维修手册与电路图、举升机、智能钥匙、万用表、诊断仪、常用工具套装、塑料撬板

（2）电动车窗故障检修

参考车辆维修手册与电路图，对电动车窗故障进行检修，并将检修过程记录在表 13–9 中。

表 13–9　电动车窗故障检修记录

序号	检测项目	检测点		检测条件	检测类型	标准值	检测值	处理方式
示例	右前玻璃升降信号	BCM T26/12	搭铁	操作车窗控制开关	电压	$+U_B$	0 V	检测开关信号输出
1	车窗驱动电机							
2	车窗控制开关							

情境三

续表

序号	检测项目	检测点		检测条件	检测类型	标准值	检测值	处理方式
3	控制单元							

（3）维修结果检验

对维修结果进行检验，并记录在表 13-10 中。

表 13-10 维修结果检验记录

序号	检验项目	是否正常
1	打开启动开关，置于 ON 挡，车窗总控开关与各分控开关是否可以正常控制各车窗玻璃升降	是□ 否□
2	使用诊断仪清除故障码，确认故障码是否被清除	是□ 否□
3	使用诊断仪读取相关数据流，是否全部正常	是□ 否□

检查评估

对本任务的学习情况进行检查，并将相关内容填写在表 13-11 中。

表 13-11 检查表

检查项目	检查结果	结果点评
电动车窗故障分析		
拆画的电路图是否正确	是□ 否□	
电路图标注是否完整	是□ 否□	
是否完成电动车窗故障初步分析	是□ 否□	
电动车窗故障检修		
是否正确判定故障点	是□ 否□	
故障是否排除	是□ 否□	
电动车窗是否正常工作	是□ 否□	
整理及恢复		
工具、设备是否整理恢复	是□ 否□	
实训工位是否打扫干净	是□ 否□	
工作页是否填写完整	是□ 否□	

任务小结

本任务小结如图 13-11 所示。

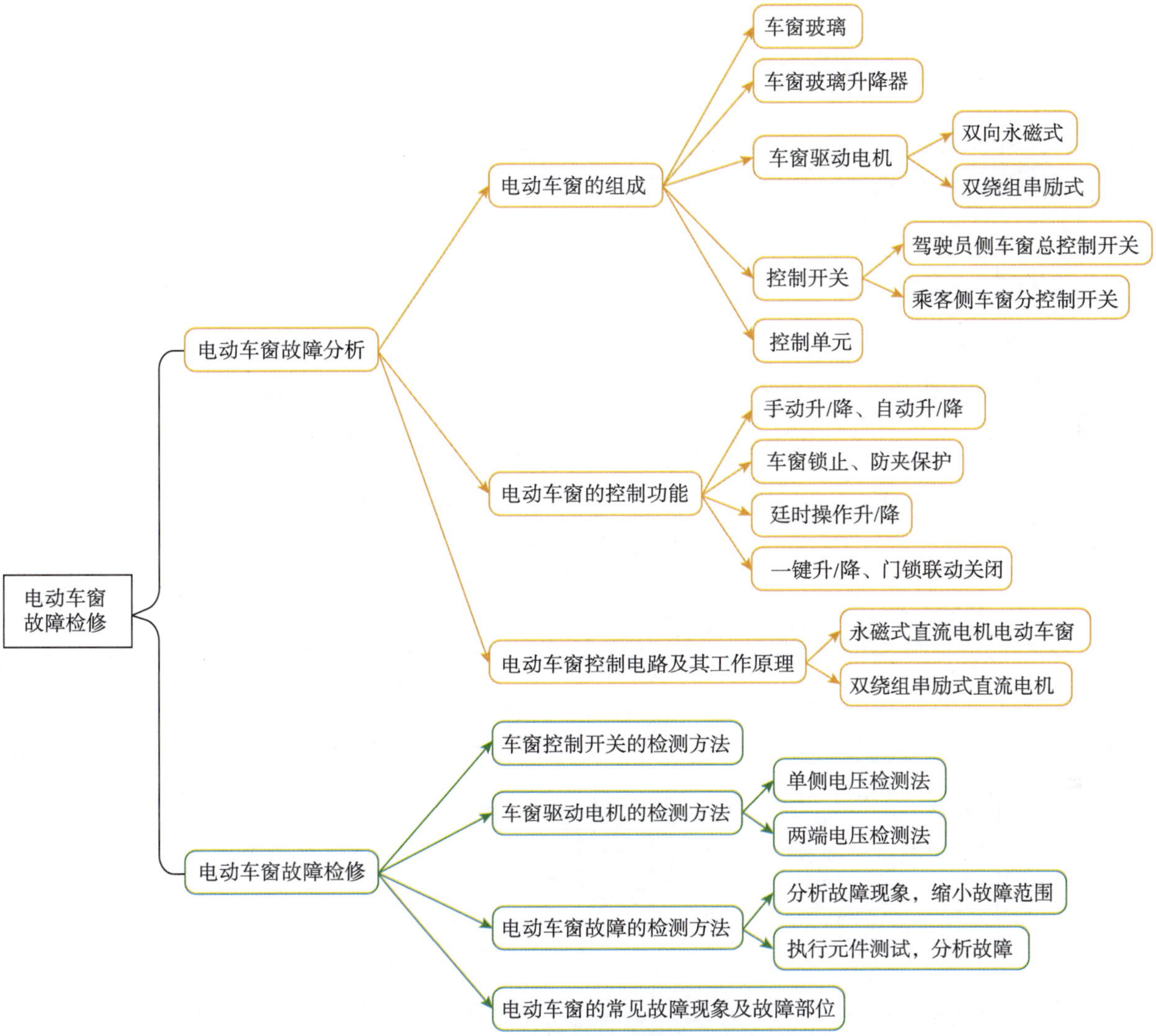

- 电动车窗故障检修
  - 电动车窗故障分析
    - 电动车窗的组成
      - 车窗玻璃
      - 车窗玻璃升降器
      - 车窗驱动电机
        - 双向永磁式
        - 双绕组串励式
      - 控制开关
        - 驾驶员侧车窗总控制开关
        - 乘客侧车窗分控制开关
      - 控制单元
    - 电动车窗的控制功能
      - 手动升/降、自动升/降
      - 车窗锁止、防夹保护
      - 延时操作升/降
      - 一键升/降、门锁联动关闭
    - 电动车窗控制电路及其工作原理
      - 永磁式直流电机电动车窗
      - 双绕组串励式直流电机
  - 电动车窗故障检修
    - 车窗控制开关的检测方法
    - 车窗驱动电机的检测方法
      - 单侧电压检测法
      - 两端电压检测法
    - 电动车窗故障的检测方法
      - 分析故障现象，缩小故障范围
      - 执行元件测试，分析故障
    - 电动车窗的常见故障现象及故障部位

图 13-11　任务小结

任务十四 低速提示音系统故障检修

任务导入

场景：某国产智能网联汽车售后维修中心

人物：王先生（客户）、小李（维修技师）

情节：王先生最近发现车辆低速行驶时很安静，没有了之前“嗡嗡嗡”的声音，但行驶在小区时，按喇叭发出的声音太过尖锐，容易吓到行人或惊扰邻居，遇到前面的行人时，王先生只能等待或扯着嗓子大声提示。王先生对此比较苦恼，希望尽快解决这种尴尬。

任务目标

- 能按照实训车辆电路图，选择适合的绘图工具，正确完成对低速提示音系统电路图的拆画。
- 能按照实训车辆电路图、维修手册，规范完成低速提示音系统相关零部件拆装作业。
- 能按照车辆售后维修标准流程，选择合适的诊断仪器和设备工具，规范完成低速提示音系统故障诊断与维修。

任务实施

一、低速提示音系统电路图拆画

1. 知识学习

（1）汽车低速提示音系统的作用和发展现状

智能网联汽车的动力结构灵活多样，有发动机匹配变速器的形式，有混动形式，还有纯电动形式。目前市面上的智能网联汽车采用动力电池供电、电机驱动的不在少数，此类智能网联汽车在低速运行时就必须由提示音系统介入工作；而对于采用传统发动机提供动力的智能网联汽车，则不需要装配这套系统。

低速提示音系统英文缩写为 AVAS，由于电动汽车和混合动力汽车噪声过低，行人、非机动车和其他道路使用者无法感知这些车辆的靠近，这会给他们的安全带来很大的隐患。电动智能网联汽车在低速行驶时由于噪声过低所造成交通安全事故的问题偶有发生；许多国家和地区都制定了相关法规要求安装一套电子提示音系统来解决这一问题。

20 世纪初，就有厂商通过人为制造声音来解决电动汽车低速无声行驶的问题；20 世纪 80 年代，一些电动汽车从车载控制单元上播放数字接口格式的音乐文件，这也同样是如今 AVAS 运作的主要方式，即通过扬声器或汽车底盘的振动元件发出噪声。

2017 年，国家质量监督检验检疫总局和国家标准化管理委员会联合发布《机动车运行安全技术条件》（GB 7258—2017）国家标准，其中规定纯电动汽车、插电式混合动力汽车应能给车外人员发出适当的提示性声响。另外，国家推荐性标准《电动汽车低速提示音》（GB/T 37153—2018）于 2018 年 12 月 28 日正式发布，该标准规定在具有纯电动行驶模式的电动汽车上，需配备能够在低速行驶时发出警示提示音的装置，以减小和行人发生交通事故的概率。

2019 年 7 月 1 日起，欧盟关于电动汽车的最新法律正式生效：所有新的低排放和电动汽车在驾驶过程中必须产生一定程度的噪声。为了满足欧盟制定的新要求，所有带有四个车轮的新型电动车都需要有一个发出适当声音的声学车辆警报系统。按照新规的要求，若汽车车速低于 30.58 km/h，前进或者后退时必须发出噪声。

美国国家公路交通安全管理局（NHTSA）从 2019 年 9 月 1 日起也做出了新的规定，按该规定要求，所有市场上售卖的电动汽车在速度低于 30 km/h 时，必须自动发出声音以提醒行人。

日本规定 2018 年 3 月以后生产的混合动力汽车、电动汽车都必须加装车辆接近通报装置，以确保行人安全。

非常有趣的是，汽车制造厂家围绕用户需求所做出的产品改进越来越多，很多厂家会根据用户喜好，在不违反强制标准的前提下，提供多种可供选择的音频，这种做法既能保证行驶安全性，又能兼顾客户的驾驶感受，提示音设置界面如图 14-1 所示。

电动智能网联汽车发出提示音后的作用效果如图 14-2 所示。

图 14-1　提示音设置界面

图 14-2　电动智能网联汽车低速提示音效果图

情境三

（2）电动智能网联汽车低速提示音的一般要求

1）当车辆静止时，可以不发出低速提示音。

2）低速提示音系统的工作车速应至少包含大于 0 km/h 且小于或等于 20 km/h 范围；有些车型还可以设置提示音量随车速变化而正比例增减。

3）装备了低速提示音系统的车辆在行驶时发出的噪声最大不超过 75 dB。

4）汽车制造商可以提供多种类型的声音作为提示音，但是不能使用特殊交通工具特定音效，推荐使用类似传统发动机的声音。

5）制造商可以为低速提示音系统装配暂停开关，但当暂停开关被激活时，应有明确的信号装置（声、光、电或其他装置）提示驾驶员该系统已被暂定使用。

6）车辆一旦从断电状态恢复通电或启动开关从“OFF”状态再重新接通时，低速提示音系统应重新开始工作。

（3）低速提示音系统的组成

低速提示音系统主要由低速提示音控制器、低速提示音扬声器及相关线束组成。低速提示音扬声器及其安装位置如图 14–3 所示。

a）

b）

图 14–3　低速提示音扬声器

a）低速提示音扬声器　b）低速提示音扬声器安装位置

低速提示音控制器由电源模块、功放模块、语音模块、MCU 模块、CAN 通信模块等组成，包括 DC/DC 电压转换芯片、CAN 芯片、单片机、语言芯片、功率放大芯片等电子元器件，如图 14–4 所示。该控制器管控整个系统的运行并适时与外界通信。

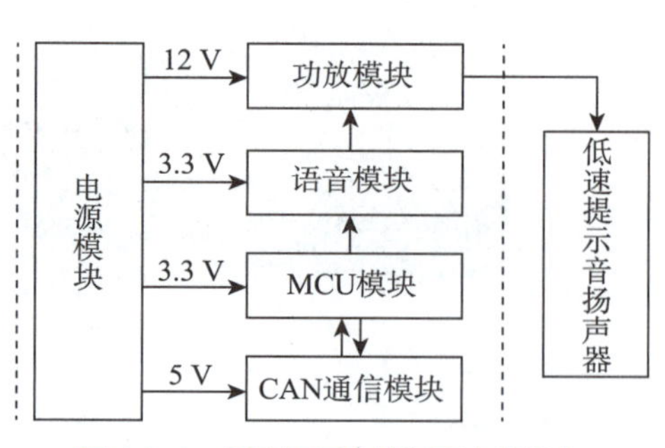

图 14–4　低速提示音控制器内部结构

对于低速提示音扬声器的要求主要有：

1）声音的某些频率随车速线性变化；

2）对行人的警示作用要达到传统燃油汽车水平；

3）能在各种背景声音下被行人（特别是儿童和老人）所辨识，同时能保持安静的车内和车外噪声环境；

4）声音以有未来感、科技感为宜，同时能被认可为汽车的

声音。

在此基础上，考虑 60 岁以上老人在不同频率范围内的听力损失和听力正常人群对声音的灵敏度，结合实际道路环境下背景噪声峰值频率的试验研究，研究人员提出低速提示音设计的指导原则：

① 在 600~800 Hz 频率范围内设计噪声峰值，使在 2 000~4 000 Hz 高频范围内有听力损失的老人更容易察觉到警示声音；

② 在 2 000~5 000 Hz 频率范围内设计噪声峰值，以保证有正常听力的行人能够察觉到警示声音；

③ 减少 1 000 Hz 附近噪声值，以减少对周围环境和车内噪声的提升。

根据以上设计原则，形成“双峰”形状的低速提示音频谱曲线。低速提示音扬声器一般安装在车辆前部散热风扇附近。

较先进的低速提示音系统包括 1 个功放和 3 个扬声器，扬声器布置方案如下：车前部布置 1 个中高频扬声器，用于发声警示车辆前方行人，同时每个后轮的前侧各布置 1 个中低频扬声器，用于改善前进挡行驶低速提示音品质，以及倒车行驶时警示行人。这种多扬声器的布置方案可有效改善声音来源的单一性，使整个低速提示音更加真实。控制器和扬声器安装位置如图 14–5 所示。

部分车型装置了提示音系统暂停开关，能暂时性手动关闭车辆提示音，当再次启动车辆时提示音系统自动运行。提示音系统暂停开关如图 14–6 所示。

图 14–5　控制器和扬声器位置示意图（车前部）

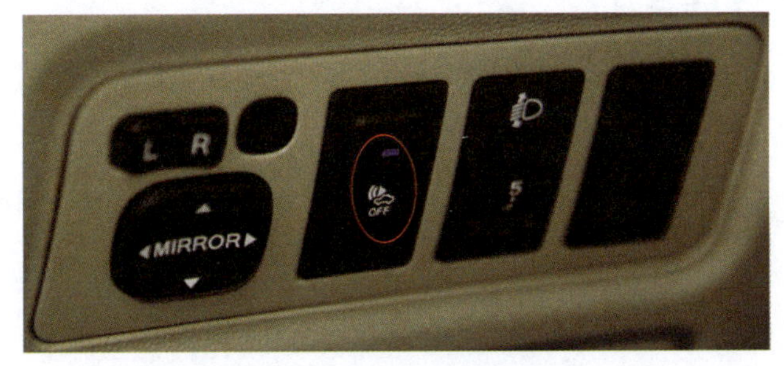

图 14–6　提示音系统暂停开关

2. 技能操作

（1）操作准备

物料准备见表 14–1。

表 14–1　物料准备

类别	所需物料
实训平台	智能网联实训整车
绘图工具	铅笔、纸张、橡皮、尺子套装
设备、工具	车辆防护用品、车辆电路图手册、维修手册

情境三

（2）拆画低速提示音系统电路图

参考车辆维修手册及电路图，对智能网联汽车低速提示音系统电路图进行拆画，绘制在图 14-7 中。

图 14-7　低速提示音系统电路图

二、低速提示音系统故障检修

1. 知识学习

（1）低速提示音系统的工作逻辑

车速与报警音量的关系为：启动开关位于 ON 挡，当车速 v 满足 0 km/h ≤ v ≤ 30 km/h 时，低速报警系统工作；当 0 km/h ≤ v ≤ 20 km/h 时，报警音量随车速的增加而增加；当 20 km/h<v ≤ 30 km/h 时，报警音量随车速的增加而减小。初始音量（0 km/h 和 30 km/h 时）为 50 dB，最高音量（20 km/h 时）不高于 65 dB。低速提示音扬声器技术参数见表 14-2。

表 14-2　低速提示音扬声器技术参数

项目	参数
额定功率	10 W
阻抗	（4 ± 20%）Ω
额定频率范围	150~10 000 Hz
特性灵敏度	（83 ± 3）dB/（W · m）
额定总谐波失真	≤ 5%
共振频率	150 Hz

车辆状态与提示音的关系为：

1）车辆处于怠速状态，即处于 D 挡或 N 挡时，CAN 总线上驱动电机转速信息有效，但车速低于 3 km/h 时，低速报警装置应发出类似传统发动机怠速的声音；

2）车辆处于行驶状态，即处于 D 挡时，CAN 总线上车速信息为 0 km/h<v ≤ 30 km/h 且驱动电机转速信息有效，低速报警装置发出的音量随车速的变化而变化，变化趋势与传统车辆在相应的工况下的运转声音变化趋势一致；

3）车辆处于倒车状态，即处于 R 挡时，CAN 总线上有车速信息且驱动电机转速信息有效，低速报警装置发出的音量随车速的变化而变化，变化趋势与传统车辆在相应的工况下的运转声音变化趋势一致；

4）当车速超过 30 km/h 时，低速报警装置停止发出提示音。

低速提示音系统电气原理如图 14–8 所示。

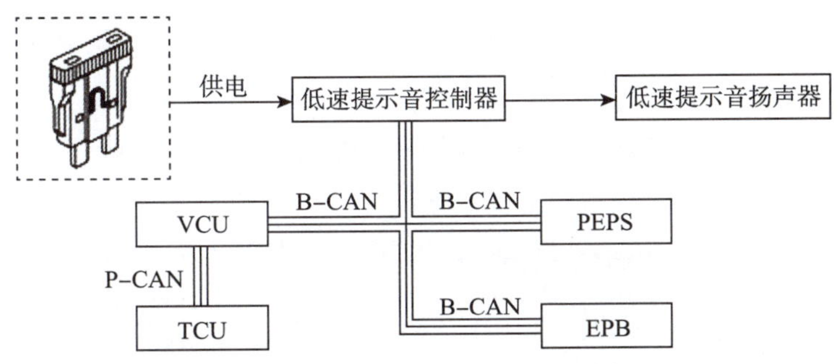

图 14–8　低速提示音系统电气原理图

低速提示音控制器对系统的控制功能主要有短路监测、睡眠唤醒、过压 / 欠压检测等。

短路监测功能用于对扬声器进行短路监控，当检测到扬声器短路时，及时使功放模块进入休眠模式，停止输出，直至短路现象被排除，防止扬声器因短路而自燃。

睡眠唤醒功能用于使系统进入睡眠模式，在该模式下，功耗小于 500 mW，系统停止一切活动，仅等待唤醒命令；系统唤醒后，恢复全部功能，正常工作。

过压 / 欠压检测功能用于系统电压检测，可对系统过压、欠压状态发出报警。当电压高于 16 V 时，发出过压报警；当电压回落至 15 V 时，取消过压报警，当电压低于 10 V 时，发出欠压报警；当电压回升至 11 V 时，取消欠压报警，如图 14–9 所示。

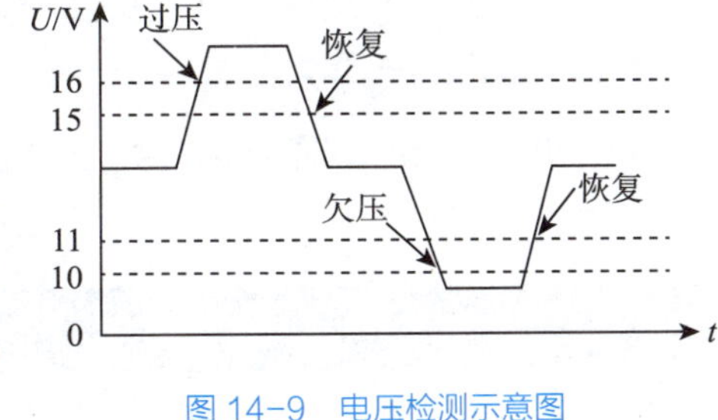

图 14–9　电压检测示意图

（2）低速提示音系统电路分析

低速提示音系统电路如图 14–10 所示。

1）正极电源电路

正极电源电路指低速提示音控制器的供电电路，当启动开关位于 ON 挡时，电流经由一个 15 A 的熔断器传输到控制器的供电针脚。

情境三

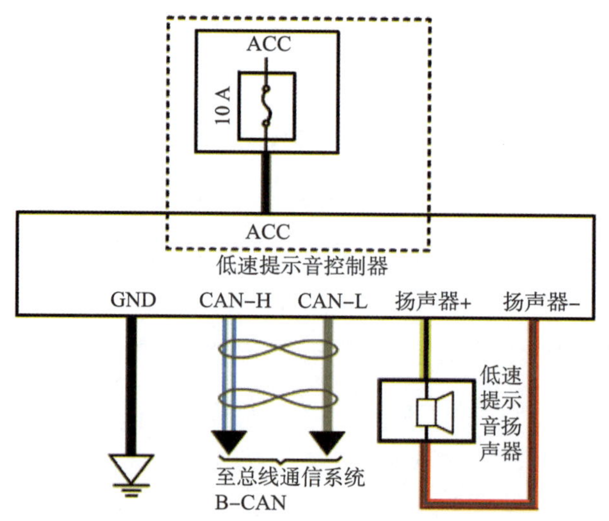

图 14-10　低速提示音系统电路图

2）负极电源电路

低速提示音的控制器通过一根负极搭铁针脚连接到一个搭铁点上，再由搭铁点经车身传输到蓄电池负极。

3）通信电路

低速提示音控制器的启动及不同工况的切换，需要依赖挡位信息、车速信息、唤醒信号等，该系统在出现故障时也要将故障代码传输出来，现代汽车的信息传递广泛采用 CAN 数据总线来进行，低速提示音控制器通过两根针脚连接到 CAN 总线中，一根是 CAN 高位数据总线，另一根是 CAN 低位数据总线，二者缺一不可。

4）输出电路

当低速提示音控制器需要启动提示音扬声器时，低速扬声器的供电和搭铁电路被接通；和灯光电路不同的是，提示音扬声器不是单线制，而是有专门的供电线和搭铁线，也就是说，供电线路没有正极电流送到或者搭铁线路没有正确接地，扬声器都不会工作。

（3）低速提示音系统故障分析

低速提示音系统可能的故障类型和主要原因（故障码可能因不同的车型而有变化）见表 14-3。

表 14-3　故障类型和主要原因

序号	故障类型	主要原因
1	功放故障	低速提示音控制器工作异常
2	与网关模块节点通信丢失	B-CAN 通信线路故障 网关控制器故障 低速提示音控制器故障
3	汽车总线故障	B-CAN 通信线路故障 其他系统 B-CAN 通信故障 低速提示音控制器故障

续表

序号	故障类型	主要原因
4	收发器故障	低速提示音控制器工作故障
5	汽车蓄电池电压过高	集成电源系统工作异常 低速提示音控制器故障
6	汽车蓄电池电压过低	供电熔断器熔断 蓄电池故障（失效、损坏） 集成电源系统工作异常 低速提示音控制器故障

（4）低速提示音控制器的更换方法

如图 14–11 所示，低速提示音控制器的更换步骤如下：

1）打开前机舱盖并断开蓄电池负极电缆；

2）拆卸左前座椅总成；

3）掀开地毯，断开低速提示音控制器线束连接器①，拆卸 4 个固定螺母②和③，将其取下；

4）以相反的步骤安装新的控制器。

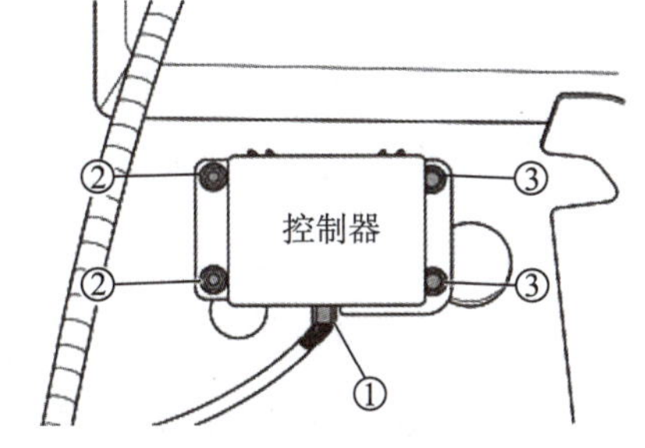

图 14–11　低速提示音控制器安装示意图

①—线束连接器　②、③—固定螺母

更换过程中的注意事项如下：

1）紧固螺母②和③的力矩为 9 N · m；

2）连接控制器线束连接器（图中“①”）时，注意“一插、二响、三确认”；即插牢连接器，直到听到“咔哒”响声确认连接器锁死后，再使用适当力量晃动和拔拽连接器，测试是否松脱。

（5）低速提示音扬声器的更换方法

如图 14–12 所示，低速提示音扬声器更换步骤大致如下：

1）打开前机舱盖并断开蓄电池负极电缆；

2）拆卸前保险杠上饰板；

3）断开拆卸低速提示音扬声器线束连接器①；

4）拆卸低速报警扬声固定螺栓②并取下低速提示音扬声器；

5）以相反的步骤安装新的扬声器。

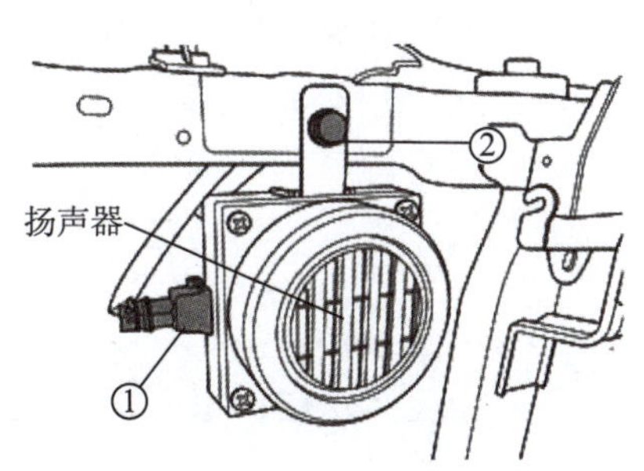

图 14–12　低速提示音扬声器安装示意图

①—线束连接器　②—固定螺栓

更换过程中的注意事项如下：

1）紧固螺栓②的力矩为 20 N · m；

2）连接扬声器线束连接器①时，注意“一插、二响、三确认”。

（6）低速提示音系统电路的检测方法

低速提示音控制器、扬声器线束连接器的针脚分布如图 14–13 所示。

低速提示音控制器连接线束供电检测方法如下：

1）操作启动开关使电源模式至“OFF”状态；

2）断开低速提示音控制器线束连接器；

3）操作启动开关使电源模式至“ON”状态；

4）用万用表测量低速提示音控制器线束连接器端子 4 和端子 8 之间的电压值，标准电压为 11~14 V。

低速提示音扬声器连接线束供电检测方法如下：

1）操作启动开关使电源模式至“OFF”状态；

2）断开低速预紧扬声器线束连接器；

3）操作启动开关使电源模式至“ON”状态；

4）用万用表测量扬声器线束连接器端子 1 和端子 2 之间的电压值，正常值应大于 0 V，如果电压在正常范围，考虑更换扬声器。

低速提示音扬声器部件检测方法如下：

1）操作启动开关使电源模式至“OFF”状态；

2）断开低速预紧扬声器线束连接器；

3）用万用表测量扬声器线束连接器端子 1 和端子 2 之间的电阻值，正常值应小于 1 Ω，如果电阻值不在正常范围内，考虑更换扬声器。

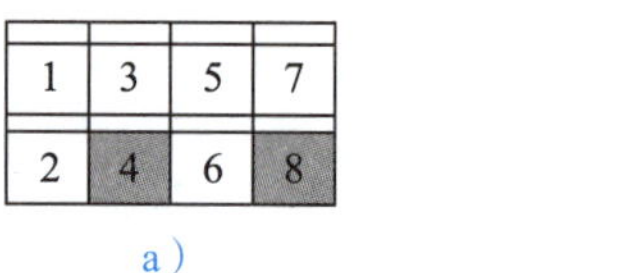

a）

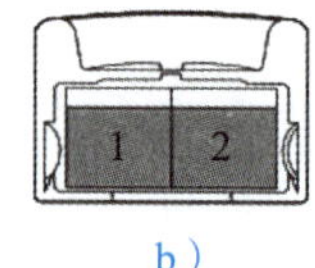

b）

图 14-13　低速提示音控制器、扬声器线束连接器针脚分布

a）低速提示音控制器线束连接器针脚分布　b）低速提示音扬声器线束连接器针脚分布

2. 技能操作

（1）操作准备

确认车辆信息并进行车辆检查，填写表 14-4。

表 14-4　车辆信息和常规检查表

类别	内容或检查结果
车型	
底盘识别号	
行驶里程	
客户抱怨	
常规检查	

根据车辆信息准备对应物料，见表 14–5。

表 14–5　物料准备

类别	所需物料
设备、工具	手套、车辆防护用品、维修手册、智能钥匙、万用表、诊断仪、试灯、示波器、检测工具套装、绝缘工具套装、绝缘扭矩扳手、安全指示牌

（2）故障验证

1）实车验证

模拟该系统工作时的正常条件，使功能被触发，检查系统是否正常工作，将检查结果填写在表 14–6 中。

表 14–6　验证记录

序号	类别	值
1	点火开关挡位	OFF 挡□　Ⅰ挡□　Ⅱ挡□
2	P 挡测试车速区间	km/h –　　km/h
3	R 挡测试车速区间	km/h –　　km/h
4	P 挡时，声音是否发出	是□　否□
5	R 挡时，声音是否发出	是□　否□
6	P 挡时，声音是否随速度改变	是□　否□
7	R 挡时，声音是否随速度改变	是□　否□

2）读取故障码

连接诊断仪器，读取系统故障信息，完成表 14–7 的填写。

表 14–7　故障码信息

序号	故障码	所属系统	故障码描述
1			
2			
3			

（3）提示音系统故障检测与维修

1）读取数据流

使用诊断仪读取数据流，根据诊断仪上读取到的信息，完成表 14–8 的填写。

2）确定针脚规格

查阅本车电路图，确定低速提示音控制器针脚规格，完成表 14–9 的填写。

表 14-8　数据流信息

序号	控制单元	名称	当前值 / 状态	标准值 / 状态	是否正常
1					是□　否□
2					是□　否□
3					是□　否□
4					是□　否□
5					是□　否□

表 14-9　低速提示音控制器针脚规格

序号	针脚号	针脚定义	信号规格
示例	T56/4	控制器供电	点火开关 Ⅱ 挡时，12 V 常电位
1			
2			
3			
4			
5			
6			

3）检测记录

参考车辆维修手册，对低速提示音系统故障进行检测与维修，并将检测过程记录在表 14-10 中。

（4）拆装与更换

对部件进行的拆装和更换应执行维修手册中的流程和标准，将主要的拆装流程填入表 14-11 中。

（5）结果检验

对检修结果进行验证，并记录在表 14-12 中。

表 14-10　低速提示音系统故障检测记录

序号	检测项目	检测点		检测条件	检测类型	标准值	检测值	处理方式
示例	控制器供电	SO83/8	搭铁	ON 挡	电压	$+U_B$	12.5 V	检测控制器搭铁
1	控制器供电							
2	控制器搭铁							

续表

序号	检测项目	检测点		检测条件	检测类型	标准值	检测值	处理方式
3	CAN 总线							
4	扬声器							

表 14-11　拆装流程

步骤序号	事项	操作说明（力矩、顺序、注意事项等）
示例	拆下控制器固定螺母	一共 4 颗 10 mm 六角螺母，对角线顺序拧松后再拆下
1		
2		
3		
4		
5		
6		

表 14-12　检查验证

步骤序号	检查验证事项	结论
1	P 挡时，车速不大于 30 km/h，声音是否发出	是□　否□
2	R 挡时，声音是否发出	是□　否□
3	声音是否随速度改变	是□　否□
4	仪表指示灯是否正常显示	是□　否□
5	使用诊断仪清除故障码，确认故障码是否被清除	是□　否□
6	使用诊断仪读取相关数据流，是否全部正常	是□　否□

检查评估

对本任务的学习情况进行检查，并将相关内容填写在表 14-13 中。

表 14-13　检查表

检查项目	检查结果	结果点评
低速提示音系统电路图拆画		
是否标注电源性质	是□　否□	
是否标注具体端子号	是□　否□	
电路图标注是否完整	是□　否□	
拆画的电路图是否正确	是□　否□	
低速提示音系统故障检修		
是否正确判定故障点	是□　否□	
故障是否排除	是□　否□	
提示音功能是否正常	是□　否□	
整理及恢复		
工具、设备是否整理恢复	是□　否□	
实训工位是否打扫干净	是□　否□	
工作页是否填写完整	是□　否□	

任务小结

本任务小结如图 14-14 所示。

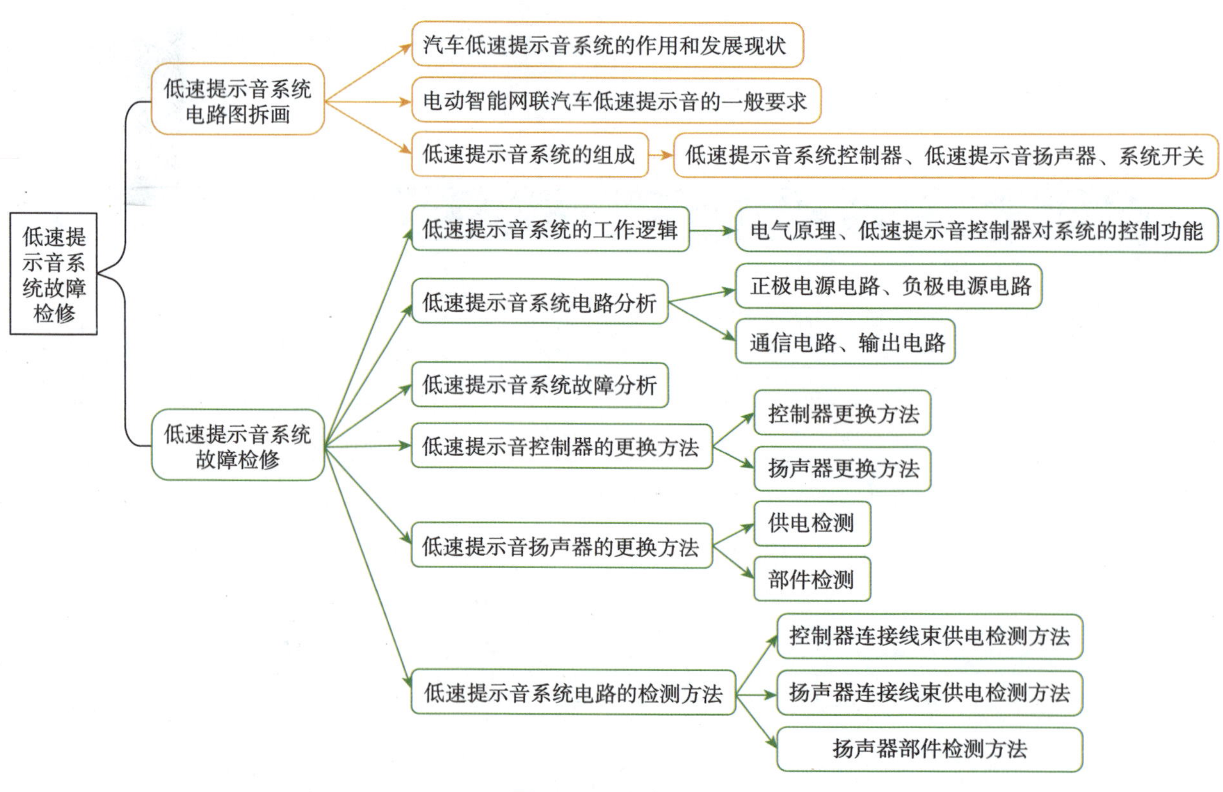

图 14-14　任务小结